ENZYKLOPÄDIE
DEUTSCHER
GESCHICHTE
BAND 88

ENZYKLOPÄDIE
DEUTSCHER
GESCHICHTE
BAND 88

HERAUSGEGEBEN VON
LOTHAR GALL

IN VERBINDUNG MIT
PETER BLICKLE
ELISABETH FEHRENBACH
JOHANNES FRIED
KLAUS HILDEBRAND
KARL HEINRICH KAUFHOLD
HORST MÖLLER
OTTO GERHARD OEXLE
KLAUS TENFELDE

DIE HERRSCHAFTEN DER KAROLINGER 714–911

VON
JÖRG W. BUSCH

OLDENBOURG VERLAG
MÜNCHEN 2011

Bibliografische Information der Deutschen Nationalbibliothek

Die Deutsche Nationalbibliothek verzeichnet diese Publikation in der Deutschen Nationalbibliografie; detaillierte bibliografische Daten sind im Internet über <http://dnb.d-nb.de> abrufbar.

© 2011 Oldenbourg Wissenschaftsverlag GmbH, München
Rosenheimer Straße 145, D-81671 München
Internet: oldenbourg.de

Das Werk einschließlich aller Abbildungen ist urheberrechtlich geschützt. Jede Verwertung außerhalb der Grenzen des Urheberrechtsgesetzes ist ohne Zustimmung des Verlages unzulässig und strafbar. Dies gilt insbesondere für Vervielfältigungen, Übersetzungen, Mikroverfilmungen und die Einspeicherung und Bearbeitung in elektronischen Systemen.

Umschlagentwurf: Dieter Vollendorf
Umschlagabbildung: Utrechter Psalter, Band 1, Handschrift 32, ohne Blattzählung zu Ps. 59; Faksimile-Ausgabe 1982, Akademische Druck- und Verlags-Anstalt Graz
Gedruckt auf säurefreiem, alterungsbeständigem Papier (chlorfrei gebleicht).
Satz: le-tex publishing services, Leipzig
Druck und Bindung: Grafik+Druck, München

ISBN 978-3-486-55779-4

Inhalt

Vorwort IX

I. Enzyklopädischer Überblick 1
  1. Vorbemerkung zum Sprachgebrauch 1
  2. Die Grundlegung eines uneinholbaren Vorsprungs:
    Karl Martell (714–741) 2
    2.1 Das warnende Beispiel der Vorfahren: Arnulfinger
        und Pippiniden (613–714) 2
    2.2 Der ausgeschlossene Erbe als Retter der väterlichen
        Macht (714–719) 6
    2.3 Die permanente Kriegführung und ihre Grundlagen
        (719–739) 8
    2.4 Der Hausmeier ohne König (739–741) 11
  3. Die Absicherung durch Gott: Pippin d. J. (741–768) . . . 12
    3.1 Die königsgleichen Probleme der Hausmeiersöhne
        Karlmann und Pippin (741–747) 12
    3.2 Die Königserhebung Pippins 751 und seine
        Gottbegnadung 754 15
    3.3 Der erste Ausgriff über den merowingischen
        Horizont (754–756) 17
    3.4 Die Konsolidierung der neuen Königsherrschaft
        (756–768) 19
  4. Die Ausdehnung und Überhöhung: Karl I. der Große
    (768–814) 20
    4.1 Der Ausgriff über die Alpen in Folge
        eines Familienkonflikts (768–774) 20
    4.2 Das faktische Westkaisertum als Folge permanenter
        Kriegführung (774–799) 22
    4.3 Das nomen imperatoris und die Grenzen
        der Machtausübung (800–814) 26

5. Das Scheitern eines neuen Entwurfs:
   Ludwig I. „der Fromme" (814–840) und seine Söhne
   Lothar I., Pippin I., Ludwig II.
   und Karl II. (–843) 28
   5.1 Das Projekt der starken Einkaiserherrschaft
       (814–829) 28
   5.2 Das Beharrungsvermögen des Teilungsbrauches
       (829–843) 32
6. Die Teilung in brüderlicher Liebe: Lothar I., Ludwig II.
   und Karl II. (843–876) 35
   6.1 Die gedachte Einheit der Herrschaft und die
       Unterschiede ihrer Ausübung (843–855) 35
   6.2 Die Herrschaft des anderen als Objekt der Begierde
       (855–870) 37
   6.3 Die geplanten Nachfolgen und das Kaisertum
       (871–876) 39
7. Die trennende Vielfalt in den Teilungen: Kaiser
   Ludwigs I. (Ur-)Enkel (877–884) 41
   7.1 Die Behauptung des geteilten Ostens und seine
       Ausdehnung nach Westen (877–880) 41
   7.2 Die Wiedervereinigung der östlichen Völker
       (882–884) 42
8. Die Abkehr von der einen Familie: Karl III. und die
   neuen Könige (885–888) 43
   8.1 Der biologische Zufall als Einheitsstifter und
       Bedrohung 43
   8.2 Die Erhebung neuer Machthaber 887/888 45
9. Das Ende als Übergang: die letzten ostfränkischen
   Karolinger (887–911) 47
   9.1 Der „Oberherr" Arnolf (887–899) 47
   9.2 Die Machthaber hinter Ludwig IV. dem Kind
       (899–911) 50
   9.3 Der „letzte Karolinger" Konrad I. (911–918) 51

II. Grundprobleme und Tendenzen der Forschung 53
   1. Quellen 53
   2. Die ganze Karolingerzeit 54
      2.1 Handbücher und allgemeine Überblicksdarstellungen 54
      2.2 Die Familie und ihre Herrschaften 55
      2.3 Frühmittelalterliche „Staatlichkeit" 56

2.4	Herrschaftsausübung	59
2.5	Herrschaftsteilungen	64
3.	Die Herrschaften der einzelnen Karolinger	66
3.1	Die eine Familie des 8. Jahrhunderts	66
3.2	Karl I. der Große († 814)	74
3.3	Hochkarolingische Herrschaft 800–829	81
3.4	Ludwig I. „der Fromme" († 840) und seine Söhne bis 843	87
3.5	König Ludwig II. († 876) und seine Nachkommen in Ostfranken	93
3.6	Lothar I. († 855) und seine Nachkommen in Lotharingien	104
3.7	Karl II. „der Kahle" († 877) und seine Nachkommen in Westfranken	105

III. Quellen und Literatur 107
1. Quellenausgaben mit Verständnishilfen 108
   1.1 Kritische Editionen 108
   1.2 Lateinisch-neusprachliche Ausgaben 108
   1.3 Hilfsmittel zu Quellen 110
   1.4 Studien zu einzelnen Geschichtswerken 111
2. Die ganze Karolingerzeit 111
   2.1 Handbücher und allgemeine Überblicksdarstellungen 111
   2.2 Die Familie und ihre Herrschaften 112
   2.3 Frühmittelalterliche „Staatlichkeit" 113
   2.4 Herrschaftsausübung 115
   2.5 Herrschaftsteilungen 117
3. Die Herrschaften der einzelnen Karolinger 117
   3.1 Die eine Familie des 8. Jahrhunderts 117
   3.2 Karl I. der Große († 814) 121
   3.3 Hochkarolingische Herrschaft 800–829 125
   3.4 Ludwig I. „der Fromme" († 840) und seine Söhne bis 843 128
   3.5 König Ludwig II. († 876) und seine Nachkommen in Ostfranken 130
   3.6 Lothar I. († 855) und seine Nachkommen in Lotharingien 133
   3.7 Karl II. „der Kahle" († 877) und seine Nachkommen in Westfranken 134
4. Fest- und Gesammelte Schriften 134

Register 137
   1. Vom Verlag erstelltes Personenregister 137
   2. Vom Verlag erstelltes Ortsregister 144

Themen und Autoren 147

Vorwort

Die „Enzyklopädie deutscher Geschichte" soll für die Benutzer – Fachhistoriker, Studenten, Geschichtslehrer, Vertreter benachbarter Disziplinen und interessierte Laien – ein Arbeitsinstrument sein, mit dessen Hilfe sie sich rasch und zuverlässig über den gegenwärtigen Stand unserer Kenntnisse und der Forschung in den verschiedenen Bereichen der deutschen Geschichte informieren können.

Geschichte wird dabei in einem umfassenden Sinne verstanden: Der Geschichte der Gesellschaft, der Wirtschaft, des Staates in seinen inneren und äußeren Verhältnissen wird ebenso ein großes Gewicht beigemessen wie der Geschichte der Religion und der Kirche, der Kultur, der Lebenswelten und der Mentalitäten.

Dieses umfassende Verständnis von Geschichte muss immer wieder Prozesse und Tendenzen einbeziehen, die säkularer Natur sind, nationale und einzelstaatliche Grenzen übergreifen. Ihm entspricht eine eher pragmatische Bestimmung des Begriffs „deutsche Geschichte". Sie orientiert sich sehr bewusst an der jeweiligen zeitgenössischen Auffassung und Definition des Begriffs und sucht ihn von daher zugleich von programmatischen Rückprojektionen zu entlasten, die seine Verwendung in den letzten anderthalb Jahrhunderten immer wieder begleiteten. Was damit an Unschärfen und Problemen, vor allem hinsichtlich des diachronen Vergleichs, verbunden ist, steht in keinem Verhältnis zu den Schwierigkeiten, die sich bei dem Versuch einer zeitübergreifenden Festlegung ergäben, die stets nur mehr oder weniger willkürlicher Art sein könnte. Das heißt freilich nicht, dass der Begriff „deutsche Geschichte" unreflektiert gebraucht werden kann. Eine der Aufgaben der einzelnen Bände ist es vielmehr, den Bereich der Darstellung auch geographisch jeweils genau zu bestimmen.

Das Gesamtwerk wird am Ende rund hundert Bände umfassen. Sie folgen alle einem gleichen Gliederungsschema und sind mit Blick auf die Konzeption der Reihe und die Bedürfnisse des Benutzers in ihrem Umfang jeweils streng begrenzt. Das zwingt vor allem im darstellenden Teil, der den heutigen Stand unserer Kenntnisse auf knappstem Raum zusammenfasst – ihm schließen sich die Darlegung und Erörterung der Forschungssituation und eine entsprechend gegliederte Auswahlbibliographie an –, zu starker Konzentration und zur Beschränkung auf die zentralen Vorgänge und Entwicklungen. Besonderes Gewicht ist daneben, unter Betonung des systematischen Zusammenhangs, auf die Abstimmung der einzelnen Bände untereinander, in sachlicher Hinsicht, aber auch im Hinblick auf die übergreifenden Fragestellungen, gelegt worden. Aus dem Gesamtwerk lassen sich so auch immer einzelne, den jeweiligen Benutzer besonders interessierende Serien zusammenstellen. Ungeachtet dessen aber bildet jeder Band eine in sich abgeschlossene Einheit – unter der persönlichen Verantwortung des Autors und in völliger Eigenständigkeit gegenüber den benachbarten und verwandten Bänden, auch was den Zeitpunkt des Erscheinens angeht.

Lothar Gall

I. Enzyklopädischer Überblick

1. Vorbemerkung zum Sprachgebrauch

Der Leser mag, wie seit langem angekündigt, den Titel „Das Karolingerreich" erwarten. Wer aber noch die „Deutsche Reichsbahn" als den letzten Rest eines anstaltsstaatlich organisierten Reiches kannte, wird die Zurückhaltung verstehen, die Gemeinwesen zwischen 714 und 911 mit einem Begriff zu belegen, der seine letzte Prägung im 19. Jahrhundert erhielt, durch das hindurch der moderne Betrachter unwillkürlich in das Frühmittelalter blicken muss. Deshalb seien die Gemeinwesen, an deren Spitze mit Karl Martells Nachkommen bis zu Ludwig dem Kind die Karolinger standen, Herrschaften genannt. So erhält das lateinische *regnum* sein deutsches Äquivalent, das nur schwer in andere europäische Sprachen zu übersetzen sein soll, obwohl es sich dort in den romanischen Ableitungen von *dominatio* und *potentia* oder in der angelsächsischen Rule durchaus wiederfindet.

Herrschaft meint hier schlicht ein Gemeinwesen, in dem Macht ohne abstrakte Institutionen in wechselseitigen personalen Bindungen ausgeübt wurde. Auch der Plural ist bewusst gesetzt. Doch geschieht dies nicht nur, weil sich nach 843 mehrere Gemeinwesen unter je einem Karolinger und nach 888 auch Nichtkarolinger im Selbstverständnis ihrer Führungsschichten als eigene Einheiten zu verfestigen begannen, auf deren östliche besonders zu blicken ist. Denn dieser Reihe ist ein Teil der „Geschichte Deutschlands vor seiner Entstehung" beizusteuern, um den Untertitel der österreichischen Vorgeschichte von H. WOLFRAM abzuwandeln. Vielmehr wird bewusst auch für das 8. Jahrhundert von Herrschaften gesprochen, weil bereits jede auf Karl Martell folgende Generation das Geflecht personaler Bindungen neu knüpfen, mehr noch gegen Widerstände nicht zuletzt der eigenen Verwandten erkämpfen musste. Denn bis gegen 800 verdeckten expansive Erfolge und bis gegen 829 die imperiale, alles beherrschende Geschichtsschreibung Karls I. und Ludwigs I., dass Macht auf Zustimmung beruht, dass also das personale Geflecht der Machtausübung ein wechselseitiges war, was im 9. Jahrhundert angesichts defensiver Misserfolge immer deutlicher zu Tage trat und schließlich das Gemeinwesen nicht nur, aber worauf vor allem zu blicken ist, östlich vom Rhein in einer Weise formte, mit der sich die nichtkarolingischen Herrscher des 10. Jahrhunderts auseinandersetzen mussten.

2. Die Grundlegung eines uneinholbaren Vorsprungs: Karl Martell (714–741)

2.1 Das warnende Beispiel der Vorfahren: Arnulfinger und Pippiniden (613–714)

Herkunft   Karl Martell, dessen Nachkommen man Karolinger nennt, war väterlicherseits ein Urenkel der beiden Spitzenahnen der nach ihm einen Familie, die erstmals 613 mit Arnulf, später Bischof von Metz, und mit Pippin d. Ä. bezeugt ist. Ihre Familien waren in Austrasien (dem nordöstlichen Teil der seit 567 dauerhaft geteilten Merowingerherrschaft) begütert: die Arnulfinger zwischen der Maas bei Verdun und der Mosel bei Metz, die Pippiniden von dem Kohlenwald (östlich von Brüssel) über die Maas bei Namur hinweg in die Ardennen.

Pippin d. Ä.   Die beiden Spitzenahnen sind als führende Repräsentanten jener austrasischen Großen bezeugt, die nach 623 die Herrschaft des unmündigen merowingischen Unterkönigs von Metz trugen. Als dieser Dagobert I. 629 die väterliche Gesamtherrschaft erbte und nach Neustrien ging, konnte Pippin d. Ä. seine führende Position zunächst noch behaupten. Wenige Jahre später entzog sich Dagobert, der vom neustrischen Paris aus herrschte, Pippins Einfluss, der aber seinen Rückhalt bei maßgeblichen Großen Austrasiens nicht verlor. Denn bei Dagoberts Tod 638 trat Pippin d. Ä. wieder führend in Erscheinung, als dessen Sohn Sigibert III. zwar die Herrschaft in Austrasien antrat, aber als Minderjähriger der Betreuung bedurfte, die Pippin neben Bischof Kunibert von Köln übernahm.

Grimoald I.   Wiewohl Grimoald I. in das personale Geflecht eintrat, das sein 640 verstorbener Vater Pippin geknüpft hatte, ging die Führungsposition in Austrasien keineswegs nahtlos auf den Sohn über. Grimoald musste sich vielmehr erst mit zeittypischen Mitteln gegen Konkurrenten durchsetzen, bevor er um 645 bestimmenden Einfluss auf den mündig gewordenen Sigibert III. erlangte. Doch dieser drohte ohne Sohn und Erben zu bleiben, so dass die Austrasier befürchteten, unter die Herrschaft eines Nachkommen von Sigiberts neustrischem Bruder Chlodwig II. zu kommen, was dem austrasischen Eigenständigkeitsstreben zuwiderlief. Schon Grimoalds Vater und Onkel hatten dieses

2. Die Grundlegung eines uneinholbaren Vorsprungs (–741) 3

613 geltend gemacht und sich der Königin Brunhilde, die eine austroburgundische Einheitsherrschaft anstrebte, entledigt, indem sie den neustrischen König Chlothar II. zu einer bewaffneten Intervention einluden, dann aber darauf drangen, dass dieser 623 seinen Sohn Dagobert I. als austrasischen Unterkönig einsetzte.

Um die austrasische Eigenständigkeit auch ohne einen leiblichen Sigibertsohn zu bewahren, erreichte Grimoald I., dass Sigibert III. Grimoalds eigenen, wohl eher nicht gleichnamigen Sohn unter dem Merowingernamen Childebert adoptierte. Diese Adoption trug dem fränkischen Legitimitätsdenken Rechnung, dass nur Nachkommen Chlodwigs I. Könige sein sollten, und besaß insofern ein Vorbild, als Gunthram 585 seinen Neffen Childebert II. als Nachfolger in seiner Herrschaft über Burgund adoptierte. Als 651 Sigibert III. unerwartet ein Sohn geboren wurde, nahm Grimoald es hin, dass dieser Dagobert II. die Nachfolge seines 653 gestorbenen Vaters antrat. Childebert

Als sich aber der neustrische Druck auf Austrasien verstärkte und als sich Grimoald I. des personalen Geflechts, das seine faktische Machtausübung in Austrasien ermöglichte, ganz sicher war, putschte er und ließ Dagobert II. 657 in ein irisches Kloster (ent)führen, um seinen eigenen Sohn an dessen Stelle zu setzen. Dennoch lässt sich die weitere austrasische Geschichte nicht als die der Childebertinger schreiben, weil Grimoalds Griff nach der Königsmacht in einem Desaster endete. Zwar konnte sich der um 635 geborene Childebert nach 657 ausweislich der Datierung einer Privaturkunde mindestens sechs Jahre als König in Austrasien behaupten. Doch trug das personale Geflecht noch nicht soweit, seinen eigenen Vater Grimoald 659 vor einem neustrischen Hinterhalt und der grausamen Hinrichtung in Paris zu schützen. Spätestens 661/2 zerbrach unter neustrischem Druck der Rückhalt für Childeberts Herrschaft. Ob der Pippinide dabei friedlich oder gewaltsam zu Tode kam, ist ungewiss. Gewiss aber überlebte 662 nur Pippin d. M. als männliches Mitglied der beiden Familien, die seine Eltern, der Arnulfsohn Ansegisel und die Pippintochter Begga, vereinigt hatten. Grimoalds Putsch

Die Geschichtsschreiber ihrer Nachfahren sollten alles tun, die Ereignisse um 660 vergessen zu machen. Doch muss sich Grimoalds I. Scheitern tief in die Erinnerung eingegraben haben: Denn wiewohl sein Großneffe Karl Martell 737 bis 741 ohne einen Merowinger herrschte, sollte erst dessen Sohn Pippin d. J., wie von Grimoald I. angestrebt, die Merowinger in der Königsherrschaft ablösen. Dessen Neffe Pippin d. M. dürfte seinen zweiten Sohn gerade deshalb nach dem Onkel benannt Trauma haben, um mit Grimoald II. die Erinnerung an Grimoalds I. desaströses Scheitern zu verdecken.

Pippin d. M. Der Überlebende musste nach der normsetzenden Tat, den Mörder seines Vaters Ansegisel zu erschlagen, mühsam das personale Geflecht wieder knüpfen, das seinem Vater und Onkel die Machtausübung in Austrasien ermöglichte. Anhang, Freunde und Verbündete zu gewinnen, dieses Mobile personaler Bindungen im Gleichgewicht und sich selbst an seiner Spitze zu halten, gelang Pippin d. M., wenn auch nach Rückschlägen, letztlich so erfolgreich, dass er 714 faktisch im gesamten fränkischen Herrschaftsverband die Macht ausübte, und nicht mehr nur im heimatlichen Austrasien.

Plektrud Die Ressourcen, mit denen Pippin d. M. das personale Geflecht seiner Macht knüpfte, waren nicht mehr allein die, die seine Mutter Begga und er nach 662 retten konnten. Vielmehr heiratete Pippin um 670 Plektrud, die offensichtlich keine Brüder, dafür aber Güter von der Mosel bei Trier über die Eifel hinweg bis an den Niederrhein besaß, die den Besitz der Arnulfinger um Metz und den der Pippiniden in den Ardennen verbanden.

Pippin und Martin Der Zuwachs an Ressourcen und Anhang brachte Pippin d. M. in die erste Reihe, aber noch nicht an die Spitze der austrasischen Führungsschicht. Denn bei der ersten bezeugten Aktion, die austrasische Eigenständigkeit gegen die neustrische Dominanz zu behaupten, musste Pippin die Führung noch mit einem *dux* Martin teilen. Beide versuchten, Dagobert II., den Pippins Onkel in ein irisches Kloster abgeschoben hatte, als König durchzusetzen und damit selbst Einfluss auf die Herrschaft gegen den neustrischen Hausmeier Ebroin zu gewinnen, der ebendies mit seinem Merowinger Theuderich III. anstrebte. Dieser Versuch, den Neustriern zu widerstehen, scheiterte zwischen 675 und 679 bei Lucofao an dem kriegerisch geschickter vorgehenden Ebroin: Pippin rettete sein Leben, Martin verlor seines durch eine Hinterlist in Laon, auch ihr Merowinger endete gewaltsam.

Kontakte nach Neustrien Ein neustrischer Ausgriff auf Austrasien aber unterblieb, weil Ebroin 680 einem Anschlag zum Opfer fiel, wobei sein Mörder Ermenfred in Pippins Schutz floh. Zudem verständigte sich dieser mit Ebroins Nachfolger Waratto, der zwar kurz durch seinen eigenen Sohn Gislemar verdrängt bis zu seinem Tod 686 an einer einvernehmlichen Abgrenzung der beiderseitigen Interessen festhielt. Soweit erkennbar knüpfte also erstmals Pippin d. M. Kontakte über Austrasien hinaus zu führenden Großen Neustriens. Auch in der Heimat verstärkte Pippin durch eigenen Einsatz das personale Geflecht, indem er in den späten 680er

2. Die Grundlegung eines uneinholbaren Vorsprungs (–741)

Jahren neben seiner Ehe mit Plektrud eine weitere Verbindung einging mit Chalpaida aus der Maasgegend um Lüttich.

Die Westkontakte gewannen 686 Bedeutung. Denn als Berchar seinem Schwiegervater Waratto als Hausmeier nachfolgte, konnte er sich nicht mehr auf alle Großen Neustriens stützen. Berchars geringer Rückhalt ermöglichte Pippin d. M., das neustrische Heer 687 bei Tertry zu schlagen und damit den Merowinger Theuderich III. in die Hand zu bekommen, so dass er Berchar als Hausmeier belassen konnte. Wichtiger war das Einvernehmen mit Warattos Witwe Ansefledis, die, nachdem sie 688 ihren Schwiegersohn Berchar hatte erschlagen lassen, Pippins Einfluss nach Neustrien hinein derart absicherte, dass dieser sich dort als Hausmeier durch einen gewissen Nordilus vertreten lassen konnte. Drogos Ehe mit Ansefledis' Enkelin festigte diese ersten personalen Bindungen der Arnulfinger-Pippiniden nach Neustrien, so dass sich Pippin darauf beschränkte, von Austrasien aus einem *princeps* gleich zu wirken.

Tertry 687

Wiewohl personale Bindungen fluent sind und damals dem biologischen Zufall unterlagen, erschien schon den Nachlebenden der Sieg 687 als Zäsur der fränkischen Geschichte. Zwar hielt Pippin d. M. wie sein Nachfolger an den Merowingerkönigen fest, doch die Macht übte faktisch er selbst in dem ganzen fränkischen Herrschaftsverband aus, denn Teil- oder Unterkönige verschwanden nun. Der eine König diente (kaum wegen einer wie auch immer gearteten übernatürlichen Begnadung zur Herrschaft) als Legitimation für Pippins faktische Machtausübung vor allem gegenüber den Großen in den fränkischen Randzonen, die sich den Arnulfinger-Pippiniden ebenbürtig, wenn nicht überlegen sahen. Im Inneren aber beendete Tertry, langfristig gesehen, die Kämpfe zwischen den Teilkönigen.

Zäsur 687

Pippin d. M. wirkte von Austrasien aus, verschob so den fränkischen Schwerpunkt nach Osten und lenkte das kriegerische Potential in die Randzonen. Wiewohl Pippin keineswegs alle ihm später zugeschriebenen Kriege auch tatsächlich führte, war seine Expansion nach Friesland als Mittel der Machtsicherung insofern beispielgebend, als sich damit die widerstreitenden Kräfte, die den Herrschaftsverband im Inneren stets bedroht hatten, von nun an konsequent nach außen ablenken ließen. Weniger dauerhaft war das personale Band, das Pippin knüpfte, indem sein Sohn Grimoald eine Ehe über Austrasien hinaus mit der friesischen Herzogstochter schloss. Dauerhaft weiterwirkend hingegen war die Verbindung, faktisch das Bündnis mit der angelsächsischen Missionsbewegung: Willibrord erhielt, aus Plektruds Besitz gegründet, das Kloster Echternach, das ihm den materiellen wie spirituellen Rück-

Beginn der Expansion

halt geben sollte, damit seine Friesenmission geistlich, kulturell und organisatorisch absicherte, was fränkische Waffengewalt erreicht hatte.

Krise 714   Pippin d. M. überwand das Desaster von 662, indem er sich nicht nur in Austrasien durchsetzte, sondern seinen Einfluss auch, was keinem seiner Vorfahren gelungen war, auf Neustrien ausweitete. Doch die personalen Bindungen, die Pippin geschickt auch bei der Besetzung wichtiger geistlicher Ämter gerade in Neustrien knüpfte, erwiesen sich bereits vor seinem Tod am 16. Dezember 714, weil dem biologischen Zufall unterworfen, als letztlich doch fluent. Auch diese Erfahrung sollte seinem eigentlich nicht vorgesehenen Nachfolger Karl Martell als warnendes Beispiel dienen, die personalen Bindungen so zu verstetigen, dass ein uneinholbarer Vorsprung gegenüber anderen großen Familien die eigene nie wieder von außen bedrohen sollte.

2.2 Der ausgeschlossene Erbe als Retter der väterlichen Macht (714–719)

Pippins d. M. Erben   Karl Martell, der um 690 geborene Sohn Pippins mit Chalpaida, aus deren Familie der bisher unübliche Name stammen dürfte, war von seinem Vater und dessen Frau Plektrud nicht als Erbe vorgesehen. Die faktisch errungene Macht über den gesamten fränkischen Herrschaftsverband sollte vielmehr, nachdem ihr Erstgeborener Drogo bereits 708 verstorben war, auf Grimoald II. übergehen, den aber ein Friese noch vor Pippins Tod in Lüttich ermordete.

Nachfolgeplan 714   Zumindest unter Berufung auf Pippins letzten Willen versuchte seine Witwe Plektrud, den Übergang der faktischen Macht auf die Enkelgeneration sicherzustellen. Dabei schloss sie Karl Martell aus, ließ ihn aber keinen Unfall erleiden, sondern in Haft nehmen. Während Plektrud wie eine Königswitwe die Ressourcen ihrer Familie in Austrasien selbst kontrollierte, fiel Drogos Sohn Arnulf als *dux* der Champagne ein strategisch wichtiger Grenzraum zu, Grimoalds Sohn Theudoald als Hausmeier Dagoberts III. die Kontrolle Neustriens. Dort aber trugen die von Pippin geknüpften personalen Bindungen noch nicht soweit, die Formierung von Widerstand gegen die austrasische Vorherrschaft zu verhindern.

Plektruds Scheitern   Als Theudoald 715 versuchte, diese erneut durchzusetzen, verlor er die Entscheidungsschlacht bei Compiègne und seinen Merowinger. Die Neustrier besaßen wieder einen solchen, dem sie bald Chilperich II. folgen ließen. Derart legitimiert gingen sie unter Führung ihres neuen Hausmeiers Raganfrid zum Gegenangriff über und drangen, während die Friesen sich erhebend am Rhein vorstießen, bis nach Köln vor,

2. Die Grundlegung eines uneinholbaren Vorsprungs (–741) 7

wo sie Plektrud Anfang 716 zur Auslieferung von Schätzen zwangen. Dieser Zangenangriff, den Sachsen zu einem Einfall in das Rheinland nutzten, drohte das Desaster von 662 zu wiederholen. Während 662 der Mannesstamm der Pippiniden erlosch, überlebten 716 aber neben zwei minderjährigen Söhnen Drogos noch sein Sohn Hugo, der aber in der Obhut der neustrischen Gruppe um Ansefledis für den geistlichen Stand bestimmt war, sein Bruder Arnulf, der jedoch nichts zur Abwehr der Neustrier beitragen konnte, und ihr Onkel Karl Martell, der als Gefangener der Plektrud handlungsunfähig war.

Karl Martell floh mit Gottes Hilfe aus der Haft, behauptet die Überlieferung seiner Anhänger. Doch bedurfte Gott irdischer Helfer, die entweder aus Einsicht, nur so die neustrische Dominanz abwenden zu können, oder aus Hinterlist, gerade durch einen offenen Konflikt der Pippinnachfahren Austrasien zu lähmen, die Kölner Kerkertür nicht absperrten. Karl Martell gelang ersteres: Er floh zu seiner mütterlichen Verwandtschaft, sammelte ihren Anhang in der Maasgegend um Lüttich und wandte sich, weil Erfolg im Krieg weiteren Anhang versprach, gegen die aufständischen Friesen, die ihn aber zur Flucht zwangen. Diese aber verwandelte er noch 716 in einen ersten Erfolg, weil er auf dem Rückmarsch bei Amblève die von Köln abrückenden Neustrier schlagen und ihnen vor allem ihre Beute abnehmen konnte.

Karl Martells Flucht

Der Erfolg verschaffte weiteren Anhang, weil Karl Fähigkeit und Willen bewiesen hatte, die neustrische Dominanz über Austrasien zurückzudrängen. Um dies zu bekräftigen, ging Karl 717 zum Gegenangriff über und konnte den Neustriern unter Raganfrid bei Vinchy eine empfindliche Niederlage beibringen. Seine Möglichkeiten und vor allem die Gefahren in seinem Rücken realistisch einschätzend, stieß Karl aber nicht weiter vor, sondern marschierte zurück nach Köln. Dort musste Plektrud anerkennen, dass ihr Stiefsohn nach etwas mehr als einem Jahr unablässiger Kriegführung an der Spitze jenes austrasischen Personengeflechts stand, das seinen Vater getragen hatte, und dass dem eigentlich ausgeschlossenen Erben dieser Führungsanspruch nicht mehr streitig zu machen war. Inwieweit Pippins Anhänger, so sie Compiègne überlebten, zu Karl Martell übergingen, bleibt im Dunklen. Spätestens 717 war sich Karl seines Rückhaltes in Austrasien so sicher, dass er seinen Neffen Arnulf zunächst außer Acht ließ und sich Neustrien zuwandte.

Rückgewinnung Austrasiens

Um auch dort seinen Führungsanspruch zu legitimieren, kreierte sich Karl mit Chlothar IV. einen eigenen Merowinger gegen Chilperich II., für den der neustrische Hausmeier Raganfrid handelte. 718 gelang Karl mit einen Sieg bei Soissons der Durchmarsch quer durch

Rückgewinnung Neustriens

Neustrien über Paris hinaus zur Loire, wo er Raganfrids Verbündeten, den Herzog Eudo von Aquitanien, zur Auslieferung von König und Schatz zwang. Daher bedeutete 719 Chlothars IV. Tod keinen Verlust, verfügte Karl doch mit dem erbeuteten Chilperich II. über einen weiteren Merowinger, der ihn als Hausmeier in Neustrien so sehr legitimierte, dass er seinen Konkurrenten Raganfrid 730 friedlich sterben lassen konnte.

Kontrolle Neustriens   Karl Martell konnte so nachsichtig sein, weil er wie sein Vater personale Bindungen nach Neustrien knüpfte, die er aber ganz konsequent auf seine eigene Person bezog. So erlangte sein Neffe Hugo durch ihn, wiewohl vom Kirchenrecht untersagt, die Kontrolle über mehrere neustrische Bistümer und Abteien. Inwieweit Karl in Austrasien Nachsicht mit seinen Gegnern, also Plektruds Anhängern, übte, ist schwer einzuschätzen. Doch fällt auf, dass er Hugo als einzigen seiner Neffen förderte, der gerade nicht in Austrasien verwurzelt, sondern in Neustrien aufgewachsen war. Möglich ist, dass Hugos Brüder ihren Frieden mit dem Onkel machten, sicher aber ist, dass der Schleier der Erinnerung über ihre Entmachtung gelegt wurde.

2.3 Die permanente Kriegführung und ihre Grundlagen (719–739)

Expansion als Machtmittel   Die Sukzessionskrise lehrte Karl Martell, dass die widerstreitenden Kräfte der fränkischen Gesellschaft stets jenes personale Geflecht bedrohten, das die Machtausübung trug, und dass sie nur dann nutzbringend waren, wenn sie sich beständig nach außen ablenken ließen. Indem er die Expansion in die fränkischen Randzonen, die sich seit dem 6. Jahrhundert immer mehr verselbständigt hatten, durch permanente Kriegführung forcierte, festigte er zugleich mit den dort erzielten Erfolgen seinen Anhang und schuf stabilere Personenbeziehungen im Inneren. So führte er die Expansion rasch über die friesischen Ansätze seines Vaters hinaus in alle Randzonen. Doch diese gelangten mit höchst unterschiedlicher Nachhaltigkeit unter fränkischen Einfluss, den erst sein Enkel Karl I. vollends durchsetzte.

Friesen und Sachsen   Karl Martell schlug 722 und 733/4 seine Gegner der ersten Stunde, die Friesen, so nachhaltig, dass seine Herrschaft über die Rheinmündungen gesichert war. Doch erst sein Enkel unterwarf die nach Nordosten zur Wesermündung hin siedelnden Friesen, als er sich 32 Jahre lang abmühte, zwischen Niederrhein und Unterelbe jene sächsischen Gruppen einzubinden, gegenüber denen Karl Martell in Feldzügen von 718, 720, 722, 724 und 738 nur den alten merowingischen Anspruch auf Oberhoheit demonstrieren konnte.

2. Die Grundlegung eines uneinholbaren Vorsprungs (–741)

Die südlich an die sächsischen angrenzenden Gebiete jenseits des Rheins bedurften nach dem (erzwungenen?) Erlöschen regionaler Herzogsgewalten um 720 keiner kriegerischen Machtdemonstration. Im heutigen Hessen, Thüringen und Mainfranken sicherten fränkische Kräfte das Vorfeld, indem sie Stützpunkte an den Anmarschwegen nach Sachsen anlegten. Zugleich eröffnete sich zur weiteren geistlichen, kulturellen und organisatorischen Durchdringung ein Betätigungsfeld für angelsächsische Missionare. Wie Pippin d. M. für Friesland Willibrord, dem der Sohn 723 mit der Ausstattung seines Bistums Utrecht weiteren Rückhalt gab, nahm Karl Martell für die Gebiete jenseits des Rheins 723 den Winfried-Bonifatius in seinen Schutz. Zwar wollte dieser eigentlich die ihm verwandten Sachsen bekehren, was nicht gelang. Deshalb beschränkte er sich darauf, den hessisch-thüringischen Raum intensiver mit dem stärkeren Gott der Franken vertraut zu machen (der ihn 723/4 unbeschadet die Donareiche von Geismar fällen ließ) und damit endgültig der fränkischen Beherrschung zu öffnen. *Hessen und Thüringen*

Östlich vom Oberrhein und östlich vom Lech standen Karl Martell Herzöge gegenüber, die als Agilolfinger miteinander verwandt waren, die den Merowingerkönig als ihren Oberherrn anerkannten, die aber den faktischen Machthaber als nicht gleichrangig ablehnten. Während der Dukat der Etichonen im Elsass 739 erlosch, demonstrierte Karl seinen Anspruch auf Vorherrschaft in Alemannien, indem er 724 den Reichenaugründer Pirmin in seinen Schutz nahm, 725 und wohl 728 quer durch Alemannien nach Baiern marschierte sowie 730 den Herzog Lantfrid zu Tode kommen ließ. Doch letztlich brechen konnten erst seine Söhne den alemannischen Widerstand gegen Karls Vorherrschaft. Erst sein Enkel setzte diese 788 auch in Baiern durch. Dort band Karl Martell 725 und 728 Odilo an sich, indem er ihn mit Waffengewalt als Herzog einsetzte. Auch führte Karl die Agilolfingerin Swanahild heim, die er nach dem Tod seiner ersten Gattin Chrodtrud ehelichte. Damit erhob Karl den Anspruch auf Gleichrangigkeit mit der bairischen Herzogsfamilie. So versuchte er die Konkurrenz, die seit dem ersten Auftreten der Arnulfinger bestanden hatte, aufzulösen, was aber Baiern zu einem agilolfingisch-karolingischen Familienproblem werden ließ: Denn Swanahild schenkte Karl den Sohn Grifo und seine Tochter Chiltrud nach ihrer später legitimierten Affäre mit Odilo, dem zeitweise vertriebenen Baiernherzog, 741 den Enkel Tassilo III. *Alemannien und Baiern*

Der permanent kriegführende Karl Martell sicherte in den Augen der Nachwelt, nicht der Zeitgenossen, den Anspruch seiner Familie auf die fränkische Herrschaft, indem er in der südwestlichen Randzone einstiger merowingischer Macht jene muslimischen Heere abwehrte und *Aquitanien und Burgund* letztlich zurückdrängte, die Aquitanien regelmäßig plünderten, seit sie sich nach ihrem Sieg 711 über die Westgoten in Spanien an der französischen Mittelmeerküste festgesetzt hatten. Karls schulbuchrelevanter Sieg bei Tours und Poitiers 732, der ihm später nach alttestamentarischem Vorbild den Beinamen „der Hammer" (*Martellus*) einbrachte, war aber nur eine Schlacht. Ihr 737 folgte eine weitere an der Berre und 739 mit langobardischer Hilfe die dauerhafte Zurückdrängung der Muslime auf ihre Küstenpositionen. Indem Karl Martell die bereits erlahmende arabische Expansion endgültig zum Stehen brachte, wirkte er nachhaltig auf die südwestliche Randzone ein, zwang die bedrängten Aquitanier und ihre um Eigenständigkeit ringenden Herzöge zur Anerkennung seiner Vormacht. Auch drang er durch das Rhônetal an die Mittelmeerküste vor, wobei er burgundische Einzelherrschaften nachhaltig beseitigte und dort geistliche Schlüsselpositionen wie schon in den Kernzonen mit Vertrauensleuten besetzte.

Alimentierung der Krieger

Die erfolgreichen jährlichen Kriegszüge, die nur 740 und 741 unterblieben, verschafften Karl Martell Ansehen, Anhang und Einfluss bis an die einstigen Grenzen merowingischer Macht. Doch das schlagkräftige, scheinbar unüberwindliche Heer, das seine Erfolge ermöglichte, war nicht mehr mit den bisher üblichen Ressourcen, nämlich Eigengut, Beute und Tribute, an seinen Anführer gebunden. Vielmehr verstand es Karl, in weitaus stärkerer Weise als frühere Machthaber seine Krieger an sich zu binden und zu unterhalten, indem er ältere personale Treuebindungen zwischen Herr und Mann aufgriff und auf sich zuschnitt, vor allem aber indem er seine materiellen Ressourcen im Inneren durch den Zugriff auf Königs- und Kirchengut erweiterte. Wiewohl er nicht mehr als Erfinder des Lehnswesens gilt, gelang es Karl Martell doch, überlegen bewaffnete und schnell verlegbare, weil berittene Krieger auszurüsten, zu unterhalten und auf sich zu verpflichten. Nicht der Steigbügel, also nicht der noch unbekannte Reiterkampf, vielmehr die Alimentierung berittener Krieger aus Grundbesitz, der dem Hausmeier eigentlich nicht zustand und seinen eigenen bei weitem übertraf, und die unmittelbare Treuebindung dieser Krieger an ihn selbst, ermöglichten Karl die ständige Kriegführung und verschafften ihm und seinen unmittelbaren Nachkommen einen uneinholbaren Vorsprung vor anderen Großen, gerade vor den konkurrierenden Familien in den Randzonen. Karl Martell zog also die Konsequenzen aus jenen Erfahrungen, die seine Vorfahren gesammelt hatten, als sie mit letztlich fluenten Personenbeziehungen versuchten, Macht auszuüben. Indem Karl diese in Bindungsformen wie der Vasallität verfestigte und verstetigte, veränderte er die Gesellschaft der

2. Die Grundlegung eines uneinholbaren Vorsprungs (–741) 11

fränkischen Freien und schuf das Machtmittel, dessen sich zunächst und dann nicht nur seine Erben bedienen sollten.

2.4 Der Hausmeier ohne König (739–741)

Wiewohl Karl Martell für die Ausstattung seiner Krieger auf die agrarischen Ressourcen der Bischöfe und Äbte zurückgriff (wofür ihn Hinkmar von Reims in der Hölle schmoren ließ) und wiewohl er geistliche Schlüsselpositionen, um seine Macht im Inneren abzusichern, konsequent mit Vertrauensleuten besetzen ließ, förderte er in den Randzonen das Wirken angelsächsischer Missionare wie Willibrord und Bonifatius. Die Annahme, Karl habe ihre kulturelle und organisatorische Durchdringung des Vorfeldes nur aus machtpolitischem Kalkül gefördert, um diese seiner Kontrolle zu unterwerfen, wird ihm nicht gerecht. Doch fällt auf, dass Karl es nicht begünstigte, dass die Angelsachsen mit ihrer an der reinen Lehre orientierten Ordnung religiösen Lebens nach innen wirkten und so den durchaus innerweltlichen Wirkungsverbund antasteten, den Karl mit führenden fränkischen Geistlichen hergestellt hatte.

Bischöfe und Äbte

Eine solche Zurückhaltung zeigte Karl Martell auch, als er in das Blickfeld jener religiösen Potenz geriet, auf die das angelsächsische Kirchendenken anders als das gallische seit Anbeginn hin orientiert war: auf den Bischof der Stadt Rom, auch Papst genannt. Der Patriarch des Westens stand von dem oströmischen Reich, dem er zugehörte, ungeschützt den Ober- und Mittelitalien beherrschenden Langobarden gegenüber, die um 700 katholisch geworden darauf drängten, den Besitz des Apostels Petrus zu schützen. Da sein Stellvertreter Gregor III. vom Ostreich keine Hilfe erwartete, wandte er sich 739 an den einzigen ernstzunehmenden Machthaber, den er neben dem näherrückenden Langobardenkönig Liutprand auf dem Boden des einstigen Westreiches sah: an den *subregulus* der Franken. Der so titulierte Karl Martell antwortete sehr diplomatisch, aber letztlich verweigerte er sich einem Eingreifen in Italien. Damit hätte er nicht nur über die Grenzen einstiger merowingischer Macht hinausgegriffen, die für ihn den Raum seines Wirkens umschrieben. Auch war der Unterkönig nicht bereit, seinem langobardischen Bundesgenossen gegen die Muslime in den Rücken zu fallen, zumal der kinderlose Liutprand Karls zweitgeborenen Pippin 737 adoptiert haben soll.

Gregors III. Ruf

Auch wenn die später so wirkmächtige Verbindung zwischen nordalpiner weltlicher und romzentrierter geistlicher Gewalt 739 noch nicht, sondern erst nach 751 zustande kam, beleuchtet Gregors III.

Alleinherrschaft

Hilfegesuch doch schlaglichtartig, welche Macht der 714 als Erbe ausgeschlossene Karl Martell errungen hatte. Dabei war die Anrede *subregulus* eher formal korrekt, aber sachlich unzutreffend, denn es gab keinen Merowingerkönig mehr, dem ein Unterkönig hätte zugeordnet werden können. Als Theuderich IV., den Karl 721 auf den in Neustrien erbeuteten Chilperich II. hatte folgen lassen, 737 starb, besaß der Hausmeier so weitgehenden Rückhalt in der Führungsschicht, dass er es erstmals in der fränkischen Geschichte wagen konnte, keinen Merowingerkönig mehr erheben zu lassen. Vielmehr handelte Karl Martell wie ein Alleinherrscher, nutzte die Merowingerpfalzen in Neustrien und wählte die Königsgrablege St.-Denis zu seiner eigenen. Mit bescheidenen Ressourcen beginnend, aber erfolgreich um die Macht kämpfend, hatte der erste Karolinger in über 20 Jahren permanenter Kriegführung mit einem schlagkräftigen Heer letztlich auch die Strukturen der fränkischen Gesellschaft derart verändert, dass sich das Gravitationszentrum der Macht unumkehrbar in seine eigene Familie verlagert hatte. Als Karl Martell im Oktober 741 starb, war unter den karolingischen Familienmitgliedern, nicht mehr gegenüber innerfränkischen Konkurrenten, das königsgleiche Problem der Nachfolge strittig, das künftig jede Generation der Nachkommen Karls lösen musste.

3. Die Absicherung durch Gott: Pippin d. J. (741–768)

3.1 Die königsgleichen Probleme der Hausmeiersöhne Karlmann und Pippin (741–747)

Karl Martells Pläne Die Franken kannten nur die Teilhabe aller Söhne am väterlichen Erbe, so dass auch die Merowinger stets die Herrschaft unter sich aufteilten und nur der biologische Zufall oder Gewalttaten ihre Einheit wieder herbeiführten. Auch Karl Martell, der bislang kein Familienmitglied an der Macht teilhaben ließ, musste diesem Teilungsbrauch Rechnung tragen. Seit 737 faktisch alleinherrschend, entschied er, die errungene königsgleiche Macht nur an die beiden Söhne seiner ersten Gattin Chrodtrud weiterzugeben. Der ältere Karlmann sollte in dem „theodisken" Austrasien, Alemannien und Thüringen, der jüngere Pippin in dem romanischen Neustrien und Burgund sowie in der Provence die Macht ausüben, während die Oberhoheit über Aquitanien und Baiern gemeinsam zu behaupten war. Kurz vor seinem Tod 741, als mit dem vertriebenen Herzog Odilo eine Baiernpartei bei Karl Martell dafür eintrat, entschied er, den dritten Sohn Grifo seiner zweiten agilolfingischen

3. Die Absicherung durch Gott (741–768) 13

Gattin Swanahild an der Herrschaft zu beteiligen, und wies ihm um Laon zentriert Anteile an allen drei merowingischen Herrschaften zu.

Karlmann und Pippin waren sich des Rückhaltes fränkischer Großer gewiss, als sie sofort nach Karls Tod den bairischen Nachfolgeplan so zunichte machten, dass ihre Schwester Chiltrud nach Baiern fliehen und ihr Halbbruder Grifo sich ergeben musste, weil er im Zentrum fränkischer Macht keinen Rückhalt besaß. Doch erlitt er keinen Unfall, sondern kam bei Lüttich in Haft und in Kloster Chelles seine Mutter, die nachträglich als Konkubine denunziert wurde, um den alleinigen Herrschaftsanspruch ihrer Stiefsöhne gegenüber dem angeblich illegitimen Halbbruder herauszustellen. Grifos Verdrängung

Der rasche Schlag gegen Grifo klärte die Lage in den Kernlanden. In den Randzonen hofften deren Führungsfamilien darauf, zerstrittene Brüder könnten die von ihrem Vater erzwungene Oberhoheit nicht durchsetzen. Deshalb demonstrierten Karlmann und Pippin 742 sowohl in Aquitanien als auch in Alemannien Eintracht und militärische Stärke. Doch waren sie der Legitimation ihres Anspruches auf Oberhoheit nicht völlig sicher, denn Anfang 743 ließen sie nach fünf königslosen Jahren mit Childerich III. wieder einen Merowinger erheben, in dessen Namen sie gegenüber den Randzonen auftreten konnten. Nach Innen war die erneute Königserhebung kaum berechnet, denn auf ihrem Rückmarsch aus Aquitanien legten die Brüder, was ohne Billigung ihres Anhanges nicht möglich war, ihre Einflusssphären neu fest: Sie teilten in Vieux-Poitiers entgegen den merowingischen Abgrenzungen ziemlich genau von West nach Ost, so dass Karlmann den nördlichen und Pippin den südlichen Teil erhielt. So konnte kein austrasisch-neustrischer Gegensatz mehr entstehen, denn jeder erhielt einen Anteil an dem austrasischen Eigen- und einen an dem neustrischen Königsgut. Zugleich schlossen die Brüder mit Billigung ihres Anhanges erneut ihren Halbbruder von jeder Teilhabe aus. Brüderliche Teilung

Es war ein Novum, dass zwei Hausmeierbrüder gemeinsam unter einem Merowinger faktisch die Macht ausübten; doch die Probleme, die sich ihnen stellten, waren vom Vater ererbt. Zum einen galt es, die Oberhoheit über die Randzonen zu behaupten. Dem gemeinsamen Zug gegen Aquitanien 742 folgte 743 einer gegen den ungewollten Ehemann ihrer Schwester Chiltrud: Odilo von Baiern konnte, wiewohl er Hilfe aus allen östlichen Randzonen erhalten hatte und der Aquitanier Hunoald in Neustrien eingefallen war, dem Heer seiner Schwäger nicht standhalten und musste ihre Oberhoheit anerkennen. 743 und 744 demonstrierte Karlmann allein im späteren Sachsen Stärke, allerdings ohne nachhaltigen Erfolg. Während Karlmanns Abwesenheit 744 ging Brüderliche Eintracht

Pippin allein gegen den Alemannenherzog vor, der über den Rhein ins Elsass ausgegriffen hatte. 745 agierten die Brüder wieder gemeinsam in Aquitanien, zwangen *dux* Hunoald in Klosterhaft und ersetzen ihn durch seinen Sohn Waifar. Die äußersten Randzonen hatten somit die Oberhoheit der abgestimmt vorgehenden Hausmeierbrüder anerkennen müssen. Alemannien hingegen kam endgültig unter fränkische Grafen, nachdem Karlmann 746 eine Empörung blutig niedergeworfen hatte.

Kirchengut als Machtmittel

Während die Brüder die Oberhoheit über die Randzonen konsolidierten, wandten sie sich weniger einträchtig der Frage zu, die ihr Vater nicht angegangen war, nämlich wie sein Rückgriff auf Kirchengut zur Ausstattung seiner Krieger in Einklang zu bringen sei mit jenen Vorstellungen, die Angelsachsen von dem religiösen Leben hegten. Die Missionare ließen sich nicht mehr in den östlichen Randzonen halten, sondern wirkten in das Innere zurück, als sie dort Rückhalt für ihr Missionswerk suchten. Anders als Karl Martell strebten seine vielleicht durch eine Klostererziehung problembewussteren Söhne nach einer Lösung, weil sie sich dadurch einen Zuwachs an sakraler Legitimation ihrer faktischen Herrschaft versprachen. Allerdings mussten sie damit rechnen, dass die religiösen Forderungen der Angelsachsen nicht gerade auf das Wohlwollen jener fränkischen Kirchenmänner stießen, mit denen ihr Vater in einem durchaus innerweltlichen Wirkungsverbund gestanden hatte.

Abweichende Lösungen

Als ob es keinen Merowinger gäbe, versammelten die Hausmeier die Hirten ihrer Diözesen um sich und verkündeten deren Beschlüsse. Dabei zeigte sich Karlmann, in dessen Randbereich Bonifatius wirkte, vorwärtsdrängender, Pippin hingegen zurückhaltender und letztlich realistischer. Bonifatius, die gerade geweihten Bischöfe seines hessisch-thüringischen Missionsgebietes und wenige andere formulierten 743 als „Concilium Germanicum" Maßstäbe für die Lebensführung von Klerus und Volk, wobei sie die Maximalforderung stellten, alles Kirchengut sei zurückzugeben. Weil es aber dem Unterhalt der Krieger diente, hätte eine Rückgabe das bislang so erfolgreiche Heer entscheidend geschwächt. Daher versammelte Karlmann 744 in Les Estinnes noch einmal alle seine Bischöfe und ließ formulieren, dass grundsätzlich das kirchliche Obereigentum an den betreffenden Gütern anzuerkennen sei, ihre Nutzung aber der Abwehr andrängender Feinde dienen solle. In abgeschwächter Form ließ Pippin seine in Soissons versammelten Bischöfe Gleiches verkünden, was letztlich auf eine Einbindung kirchlicher Grundbesitzer in die weltliche Herrschaft hinauslief.

Bonifatius

Bonifatius blieb die Durchsetzung der reinen Lehre ebenso versagt wie ein Erzstuhl am Rhein, auf dem er als Metropolit in Karlmanns

3. Die Absicherung durch Gott (741–768)

Bereich hätte wirken wollen. Statt dessen musste der Angelsachse sich 746/7 mit dem Bistum Mainz begnügen, konnte aber 744 mit Rückhalt seines Hausmeiers Kloster Fulda und damit eines der geistigen Zentren im späteren Ostfranken gründen. Hingegen hatten seine Initiativen, das religiöse Leben nach den kanonischen Vorschriften zu gestalten, erst Erfolg, als fränkische Kräfte sie nach seinem Martyrium in Friesland 754 aufgriffen.

Dennoch blieben vor 754 Vorstellungen der Angelsachsen nicht völlig wirkungslos, so mochte Karlmann sich am Beispiel einiger ihrer Könige orientiert haben, als er sich 747 aus der Welt in eine Zelle bei Rom zurückzog. Der Machtverzicht war rein religiös motiviert, zumal Karlmann seine Nachfolge gesichert wusste, besaß er doch anders als der kinderlose Pippin den heranwachsenden Sohn Drogo. Indem Karlmann darauf setzte, Pippin würde Drogos Rechte als einziger Erbe wahren, überschätzte er aber den angelsächsischen Einfluss auf das christliche Miteinander. Doch handelte Pippin bei Karlmanns Rückzug nach dem August 747 noch nicht arglistig: Denn konnte er bereits wissen, dass seine Ehefrau Bertrada schwanger ging mit einem Jungen? *Karlmanns Rückzug*

Vielmehr handelte Pippin nach 747 konsequent aus der Erfahrung seines gescheiterten Versuchs heraus, sich mit seinem Halbbruder Grifo zu verständigen. Der sechs Jahre Inhaftierte ging darauf 747 nicht ein und floh, wobei er die fränkischen Randzonen in Aufruhr brachte. Über Sachsen gelangte Grifo, verfolgt von Pippin, nach Baiern, wo 748 Odilo starb, so dass Grifo als Sohn einer Agilolfingerin auf bairischen Rückhalt hoffte und tatsächlich für seine Halbschwester Chiltrud und ihren kleinen Sohn Tassilo zu herrschen begann. Eine wichtige Randzone als Basis eigener Herrschaft schien Pippin zu gefährlich, weshalb er 749 nach Baiern marschierte und den Halbbruder zur Aufgabe zwang. Weil aber Grifos Anspruch als legitimer Sohn Karl Martells nicht einfach zu leugnen war, was die Federn der siegreichen Partei taten, fand Pippin ihn mit 12 Grafschaften um Le Mans ab. Dort aber sah Grifo sich wie 741 in Laon eingekreist und floh zu Waifar von Aquitanien, der ihn, selbst in prekärer Lage, nicht lange schützen konnte. Als Grifo 753 zu den Langobarden ausweichen wollte, stellte ihn ein fränkischer Trupp 20 km vor dem Mont Cenis und tötete ihn nach verlustreichem Kampf, weil er sich nicht ergeben wollte. *Grifo als Konkurrent*

3.2 Die Königserhebung Pippins 751 und seine Gottbegnadung 754

Während Pippin sich mit Grifo auseinandersetzte, gebar Bertrada am 2. April 748 Karl, den späteren Großen. Ein eigener Sohn ließ es Pippin *Geburt Karls I.*

angeraten erscheinen, die faktische Machtausübung auf seine Erben zu beschränken und endgültig Ansprüche von Verwandten auszuschließen, die wie Grifo zudem die Oberhoheit über die Randzonen bedrohten. Weil sich die dortigen Führungsfamilien immer noch dem Merowingerkönig verpflichtet sahen, dem auch die Franken bei seiner Erhebung Treue geschworen hatten, musste Pippin bestrebt sein, die von ihm seit 748 angestrebte Alleinherrschaft in neuartiger Weise zu legitimieren.

751 bei Childebrand

Faktisch setzte Pippin eine eigene, sicher 754 durch eine Salbung von Gott legitimierte Königsherrschaft an die Stelle der nur noch nominellen Childerichs III., der 751 abgesetzt und gemöncht wurde. Nach dem Bericht, den sein Halbonkel Childebrand in der Continuatio Fredegarii zeitnah verantwortete, ging Pippin so vor, dass er sich zunächst der Zustimmung aller Franken versicherte, dann namentlich nicht genannte fränkische Gesandte eine nicht näher bezeichnete *auctoritas* des apostolischen Stuhles einholen, bevor Pippin zusammen mit Bertrada durch eine Zustimmungshandlung (*electio*) aller Franken, eine Segenshandlung (*consecratio*) ungenannter Bischöfe und eine Huldigung (*subiectio*) der Vornehmsten zur Herrschaft erhoben wurde.

751 in den Reichsannalen

Indem die Fredegarfortsetzung als einzige Quelle *consilium et consensus omnium Francorum* nennt und an die Spitze stellt, bekräftigte sie den von Pippin berücksichtigten Grundsatz, dass Macht auf Zustimmung beruht. Die Rolle des Bischofs von Rom aber bleibt unklar, was 40 Jahre später Gelegenheit gab, in den „Reichsannalen" eine Geschichte zu erzählen, die zu schön ist, um wahr zu sein. Denn sie vereint traulich einen Vertreter der alten gallischen Kirche mit einem der angelsächsischen Mission und lässt so Fulrad von St.-Denis und Burchard von Würzburg dem Bischof von Rom eine Frage vorlegen, die exakt auf den faktischen Westherrscher Karl I. um 790 zugeschnitten ist, als man in Anlehnung an die augustinische Ordolehre zu erwägen begann, demjenigen müsse auch die Bezeichnung (*nomen*) zukommen, der die faktische Macht (*potestas*) ausübe.

Römisches Einverständnis

Wie der Fredegarfortsetzer bestätigt, sahen Pippins Helfer einen Anlass, sich an Zacharias zu wenden. Insoweit folgten sie dem angelsächsischen Vorbild, wegen allem und jedem den Petrusnachfolger zu bemühen. Dieser antwortete stets schriftlich, doch ausgerechnet die *auctoritas* des Zacharias soll nicht erhalten geblieben sein, während doch sonst jede römische Verlautbarung seit dem Hilfegesuch an den *subregulus* Karl Martell Eingang in den Codex Carolinus fand. Daher muss die *auctoritas*, die dem epochalen Herrscherwechsel von 751 voraufging, eine solche gewesen sein, die kein Seelenhirte und auch kein gottbegnadeter Herrscher aufbewahrt wissen wollte, nämlich die

3. Die Absicherung durch Gott (741–768)

Antwort auf die Frage, ob der Patriarch des Westen und Förderer der angelsächsischen Mission stillhalten und nicht geistlich mahnen werde, wenn Pippin den Sohn des romverbundenen Bonifatiusfreundes Karlmann langfristig seines Herrschaftsanspruches beraube, indem er diesen Drogo zu geistlichen Betrachtungen in ein Kloster zwinge.

Drogos faktischer Verdrängung soll sogar der von seinem Vater geförderte Bonifatius die Hand gereicht haben, denn die „Reichsannalen" wollen wissen, der Angelsachse habe Pippin gesalbt. Der zeitnahe Fredegarfortsetzer aber weiß nur, dass ungenannte Bischöfe eine Segenshandlung (*consecratio*) vornahmen. Die Salbung (*unctio*), die sich vom 9. Jahrhundert an von Westfranken aus als konstitutives Element gottbegnadeter Königsherrschaft durchsetzen sollte, erfolgte 754 in St.-Denis an Pippin und an seinen Söhnen Karl und Karlmann durch Stephan III., der als erster römischer Hirte den Weg über die Alpen antrat.

Gottbegnadung

Auch Pippins Bruder, der angeblich durch die vielen fränkischen Besucher in Rom gestört inzwischen als Mönch nach Montecassino ausgewichen sei, ging auf Befehl seines Abtes mit langobardischer Billigung über die Alpen. Als Mönch herrschaftsunfähig, weil zur Ortstreue verpflichtet, was Zacharias bestätigt haben könnte und Stephan 754 klar aussprach, versuchte Karlmann vielmehr, für seinen Sohn Drogo zu sprechen. Weil Pippin und Stephan aber zusammenwirkten, konnte Karlmann seine einstigen Anhänger nicht mobilisieren und starb im August 754 in Vienne, umsorgt von seiner Schwägerin.

Karlmanns Intervention

3.3 Der erste Ausgriff über den merowingischen Horizont (754–756)

Indem Stephan III. nur Pippin und seine Söhne als von Gott zur Herrschaft berufen salbte, nahm er Partei und gewann neue Helfer. Denn angesichts ausbleibender byzantinischer Hilfe sah Stephan seine Stellung in Rom als prekär an, nachdem die Langobarden 751 Ravenna als letzte Bastion Ostroms in Nordostitalien erobert hatten und ihr König Aistulf auch noch die Herzogtümer Spoleto nordöstlich und Benevent südlich von Rom kontrollierte. Der byzantinische Reichsbischof von Rom fürchtete, ein langobardischer zu werden, und mit ihm die fränkischen Bischöfe, die sich unter angelsächsischem Einfluss auf den Petrusnachfolger hin zu orientieren begannen.

Lage Italiens

Daher und eingedenk der römischen *auctoritas*, die ihm 751 Rückhalt gegeben hatte, lud Pippin Stephan III. auf dessen Bitte ein, unter den Franken um Hilfe zu werben. Diese hatten zwar Pippins endgültige Entmachtung der Merowinger mitgetragen, waren aber nicht einhellig bereit, ihrem neuen König gegen die Langobarden zu folgen. Trotz

Fränkischer Widerwillen

18 I. Enzyklopädischer Überblick

der ehrenvollen Einholung durch den jungen Karl und der demonstrativen Akte in der Pfalz Ponthion im Januar 754, als Pippin augenfällig dem Apostel und seinem Nachfolger Verehrung erwies und dieser ebenso eindrücklich für Petrus um Hilfe bat, brachen nicht alle Franken mit der langobardenfreundlichen Politik Karl Martells. Vielmehr zeigten sie auf der Heeresversammlung von Berny-Rivière im März Pippin die Grenzen seiner neuen Macht, indem sie sich weigerten, in Italien einzugreifen. Hierin sahen sie sich durch den inzwischen eingetroffenen Karlmann bestärkt, der nicht nur für seinen Sohn Drogo, sondern auch für Aistulf intervenierte. Doch innerhalb von vier Wochen organisierte Pippin den notwendigen Zuspruch, indem er im April nur Befürworter seiner neuen Italienpolitik in Quierzy um sich scharte. Dort versprach Pippin, dafür Sorge zu tragen, dass die römische Kirche von den Langobarden umfangreichen Landbesitz südlich einer Linie von Luni bis Monselice zurückerhalten werde, womit der Franke freizügig über byzantinisches Gebiet verfügte, das ihm nicht zustand.

Italienfeldzüge 754 und 756 Pippins Feldzüge brachten dem Apostel Petrus aber keineswegs den versprochenen irdischen Besitz, doch sollten seine Nachfolger stets an dem Anspruch auf diese *res publica Romana* festhalten bis 1871. Zwei Feldzüge waren notwendig, weil König Aistulf den 754 nach schwachem Widerstand in Pavia ausgehandelten Frieden nicht einhielt. Vielmehr rechnete er mit den Vorbehalten vieler Franken gegen diese Italienpolitik, die Pippin daran hindern würden, erneut über die Alpen zu ziehen. Doch Pippin erschien, um nicht vorgeführt zu werden, 756 erneut vor Pavia, nachdem die Grenzverteidigung der einst so gefürchteten Langobarden wieder erstaunlich rasch zusammengebrochen war. 756 musste Aistulf in härtere Bedingungen einwilligen, nämlich mit einem jährlichen Tribut die fränkische Oberhoheit anerkennen und das Exarchat Ravenna abtreten, doch nicht an Byzanz, was seine in Italien erschienenen Gesandten forderten, sondern an den Apostel Petrus, der damit seinen irdischen Besitz, wenn auch nicht wie 754 versprochen, erweitern konnte.

Gewaltenverhältnis Pippin sah mit den beiden Feldzügen sein Hilfsversprechen eingelöst, obwohl Aistulfs noch 756 erhobener Nachfolger Desiderius die gegen Rom gerichtete Politik wiederaufnahm, der erst Pippins Sohn 774 Einhalt gebot. Die geistliche Beziehung zwischen römischem Bischof und Pippins Familie aber hielt, so griff der Seelenhirte 756/7 besorgt ein, als er zu erfahren meinte, dass der gottbegnadete König seine Ehe mit Bertrada auflösen wollte; vor allem aber schickte Stephans Nachfolger Paul I. 757 seine Wahlanzeige erstmals nicht mehr an den Kaiser im Osten, sondern an den mächtigsten Herrscher im Westen. Nordalpine weltliche und romzentrierte geistliche Gewalt hatten zueinander gefunden und sollten zunächst mit einem deutlichen Übergewicht auf weltlicher Seite in Verbindung bleiben.

3.4 Die Konsolidierung der neuen Königsherrschaft (756–768)

Anstatt noch einmal in Italien einzugreifen, konzentrierte sich Pippin ganz darauf, seine Macht in den Kernlanden und seine Oberhoheit über die Randzonen zu festigen. Im Inneren galt es, die personalen Bindungen so auf ihn selbst auszurichten, dass Widerstand gar nicht erst aufkam wie noch bei dem Kurswechsel in der Italienpolitik. Dazu beseitigte Pippin soweit möglich eigenständige Herrschaftspositionen oder besetzte sie mit eigenen Anhängern wie den Ahnherren nachmals führender Familien, so der Robertiner, Welfen oder Widonen. {Festigung der Macht}

Als gottbegnadeter Herrscher war Pippin bemüht, sein Verhältnis zur Geistlichkeit zu ordnen. Fränkische Kräfte griffen mit seiner Unterstützung auf, was Angelsachsen wie Bonifatius initiiert hatten, und gestalteten das religiöse Leben nach den kanonischen Vorschriften. Pippins Sorge um den rechten Gottesdienst unterstrich seinen Anspruch, das Volk Gottes anzuführen, und band so den Episkopat herrschaftsstabilisierend in seine Machtausübung ein. Auch ganz unmittelbar praktisch wirkten König und Geistliche zusammen, indem letztere in der königlichen Kapelle endgültig an Stelle merowingischer Laienreferendare traten und die eingeschränkte Schriftlichkeit besorgten. Schließlich fand das leidige Problem, das mit dem forcierten Rückgriff auf das Kirchengut entstanden war, insofern eine Lösung, als sich der Zehnt als Entschädigung dafür durchsetzte, dass das Kirchengut weiter zur Ausstattung der kriegsentscheidenden Reiterkrieger dienen musste. {Königliche Kirchenherrschaft}

Seine Krieger kamen vor allem in der südwestlichen Randzone zum Einsatz, denn die östliche wusste Pippin in der Hand seiner Familie. Seine Schwester Chiltrud übte bis zu ihrem Tod 754 die Vormundschaft für Tassilo III. aus, der seinen Onkel 756 nach Italien begleitete und ihm, 757 mündig geworden, Treue schwor. Erst sein Cousin Karl I. sollte diesen Treueid bewusst und bedenkenlos als Lehnsbindung an Onkel und Cousins umdeuten, somit Tassilos Weigerung, 763 mit nach Aquitanien zu ziehen, als todeswürdiges Verbrechen erscheinen lassen. Pippin hingegen ließ den Neffen gewähren, der zudem eine Tochter des Desiderius heiratete, um eine unabhängigere Stellung zwischen den beiden Königen behaupten zu können. {Baiern}

20   I. Enzyklopädischer Überblick

Aquitanien   Pippin richtete seine ganze Aufmerksamkeit auf das um Eigenständigkeit ringende Aquitanien. Nachdem Pippin 759 die Muslime aus
ihren Küstenpositionen in Septimanien dauerhaft nach Spanien vertrei-
ben konnte, war Aquitanien fast eingekreist. Dennoch musste Pippin
es von 760 bis 768 jährlich bekriegen, Stück für Stück erobern und
konnte es schließlich nur bezwingen, indem er die Ermordung Herzog
Waifars arrangierte und sein Sohn Karl I. 769 noch eine letzte Aufleh-
nung niederwarf. Mit der endgültigen Unterwerfung Aquitaniens war
ein starkes romanisches Element eingebracht, das den westfränkischen
Bereich ebenso prägen sollte wie später das sächsische den ostfränkischen Raum.

Pippins   Pippin kam von seinem letzten Aquitanienzug todkrank nach St.-
Herrschaftsteilung Denis, wo er im September 768 sein Grab fand und noch im Tod die
Stelle der Merowinger einnahm. Zuvor hatte Pippin die Zustimmung
weltlicher und, erstmals ausdrücklich genannt, geistlicher Großer einge-
holt, um die gottbegnadete Königsherrschaft zwischen seinen schon 754
gesalbten Söhnen Karl I. und Karlmann nach dem Muster von Vieux-
Poitiers derart zu teilen, dass Karl den nördlichen und Karlmann den
südlichen Teil erhielt. Austrasien und Neustrien sollten sich nicht mehr
gegenüberstehen, wohl aber zwei Brüder, die einander nicht zugetan
waren.

4. Die Ausdehnung und Überhöhung: Karl I. der Große (768–814)

4.1 Der Ausgriff über die Alpen in Folge eines Familienkonflikts (768–774)

Karl I. und   Weil größere äußere Bedrohungen fehlten und ihre Großen ihnen mit
Karlmann   gleichzeitigen Huldigungen 768 Rückhalt gaben, waren die Königs-
brüder nicht zu einem gemeinsamen Vorgehen gezwungen, riskierten
aber mit ihrem persönlich motivierten Zwist die Oberhoheit über die
Randzonen. So verweigerte Karlmann seinem Bruder 769 die Unterstützung, als Karl in dem zwischen ihnen geteilten Aquitanien den
Aufstand Hunoalds II. niederwarf und es endgültig unter Kontrolle
brachte. In einem regelrechten Wettstreit strebten die Brüder danach,
ihre auf personalen Bindungen ruhende Machtausübung zu verstetigen
und vom Anspruch her sogar noch auszuweiten, indem sie einen Sohn
jeweils nach ihrem Vater nachbenannten: 769/70 Karl den (später durch
Verwachsung?) behinderten, daher „buckligen" aus seiner Ehe mit

4. Die Ausdehnung und Überhöhung (768–814) 21

Himiltrud, die man deshalb später als Konkubine denunzierte, und 770 Karlmann den Sohn seiner Gattin Gerberga.

Als Pippins Witwe Bertrada 770 Karlmann, Tassilo III., Desiderius und Stephan IV. aufsuchte, fand die Konkurrenz ihrer Söhne kein Ende, vielmehr verschoben sich die Gewichte auf Karls Seite: Denn die Vettern Tassilo und Karl, der dafür seine Himiltrud verstoßen musste, waren 770 mit Töchtern des Desiderius verheiratet und kreisten zu dritt Karlmann ein, dessen Herrschaft an die Alpen grenzte. Dadurch musste der Bischof von Rom an seiner neuen fränkischen Schutzmacht zweifeln, zumal Desiderius seit 758 auch Spoleto und Benevent beherrschte und Rom einkreiste. Karl brach aber nicht lange mit der prorömischen Politik seines Vaters, denn er verstieß schon bald die namentlich unbekannte Langobardin, was seinen Großcousin Adalhard aus Protest Mönch werden ließ. Doch bleibt chronologisch unklar, ob Karl mit der Rücksendung der Prinzessin wartete, bis Karlmann merkwürdig überraschend im Dezember 771 verstorben war, nachdem die Brüder einander kriegsbereit gegenübergestanden hatten.

<small>Karlmanns Einkreisung</small>

Der biologische Zufall verschaffte Karl die ungeteilte, aber nicht unangefochtene Macht. Wohl ließ er sich sofort von maßgeblichen Großen seines Bruders huldigen und spielte ihrer beider Vasallen aufeinander ein, indem er sie 772 auf einen vermeintlich leichten Feldzug nach Sachsen führte. Karls eigentliches Ziel war ungleich schwerer zu erreichen, denn er musste seine Neffen in einem Kloster wegschließen, weil sie als Söhne eines gesalbten Königs einen eigenen, Karl bedrohenden Herrschaftsanspruch besaßen. Doch war Gerberga mit ihren Söhnen und einigen Großen zu Desiderius geflohen, der Karls Neffen als Druckmittel gegen seinen kurzzeitigen Schwiegersohn nutzte, indem er den 772 erhobenen Hadrian I. bedrängte, ihren Herrschaftsanspruch durch eine Salbung zu bekräftigen. Um sich diesen allein vorzubehalten, ließ sich Karl 772 nicht lange von Hadrian bitten, wie einst sein Vater dem langobardischen Druck auf Rom Einhalt zu gebieten, was für einen 24-jährigen Kriegsherrn mit nur einem Erben in Kleinkindalter hoch riskant war.

<small>Karlmanns Söhne als Bedrohung</small>

Nach wiederum erstaunlich rasch an den Klausen überwundenem Widerstand der Langobarden erreichte Karl noch 773 sein Kriegsziel, nämlich seine Neffen in Verona, von wo aus er auffälligerweise den Sohn des Desiderius, Adelchis, nach Byzanz entkommen ließ. Desiderius selbst verschanzte sich in Pavia, das den Franken lange trotzte und sie zwang, im nasskalten Winter am Po belagern zu müssen. Zu ihrer Motivation und als Machtdemonstration zog Karl quer durch das Langobardengebiet, um als erster Frankenkönig das Osterfest in Rom

<small>Karls Heimholung der Neffen</small>

zu feiern, die Irritationen über seine kurzzeitig prolangobardische Politik auszuräumen und die väterliche Zusicherung zu bekräftigen, dem Apostel Petrus zu irdischem Besitz in Italien zu verhelfen. Doch rechnete Karl, wie die 781 sehr zurückhaltende Umsetzung seiner Zusage zeigt, 774 nicht damit, dass er Anfang Juni Gelegenheit erhalten würde, mit Desiderius keinen Frieden zu schließen, ihn vielmehr in einem fränkischen Kloster wegzuschließen und selbst ohne jeden Erhebungsakt als *rex Francorum et Langobardorum* auch Nord- und Mittelitalien zu beherrschen. Damit aber überschritt Karl, den ein Familienkonflikt antrieb, dauerhaft die Alpen, was keinem Franken vor ihm gelungen war, und begründete, zumal er kurz darauf als Patricius den Schutz der Stadt Rom übernahm, jene unmittelbare Verbindung zwischen nordalpiner weltlicher und romzentrierter geistlicher Gewalt: den Dualismus von Kaiser und Papst der nächsten Jahrhunderte. Doch besaß Karl keinen vorausschauenden Plan, die Kaiserwürde zu erringen, als er das von seinem Großvater aufgebaute Vasallenheer in Italien und danach im christlich gebliebenen Westteil des *imperium* fast überall erfolgreich zum Einsatz brachte.

4.2 Das faktische Westkaisertum als Folge permanenter Kriegführung (774–799)

Scheinbare Unterwerfung Sachsens

Nach mühsamer Belagerung konnte Karl die Herrschaft über die Langobarden erringen, indem er sie 774 ihres Königs beraubte, selbst als solcher auftrat und sich 776 gegen einen Aufstand in Friaul durchsetzte. Einen solchen, dem fränkischen verwandten Herrschaftsaufbau gab es zwischen Niederrhein und Unterelbe nicht, wohin Karl 772 ausgegriffen und damit während seiner Abwesenheit 773/74 Überfälle sächsischer Gruppen auf fränkische Siedlungen verursacht hatte. Karls erneute Reaktion 775 provozierte während seiner Abwesenheit 776 eine Gegenreaktion, so dass Karl unmittelbar von Italien kommend einen Teil jener Gruppen, die er als die heidnischen Sachsen ansah, unter seine Botmäßigkeit zwang und durch die Anlage der Karlsburg (Paderborn?) zu beherrschen und dem wahren Gott zu zuführen meinte, als er dort 777 erstmals eine fränkische Versammlung abhielt.

Spaniendebakel

777 ließ sich Karl, der außer in Baiern die merowingischen Grenzen erreicht und in Italien sogar überschritten hatte, zu einem weiteren Griff über den fränkischen Horizont verleiten. Muslimische Gegner des Emirs von Córdoba versprachen raschen Landgewinn, als sie in Sachsen um Hilfe baten. Doch Karls Angriff kam 778 am Ebro zum Stehen, weil ihm die Einnahme von Saragossa nicht gelang und ein zweiter

4. Die Ausdehnung und Überhöhung (768–814) 23

Heerbann vor Barcelona scheiterte. Indem Karl auf dem Rückmarsch Pamplona entfestigte, provozierte er christliche Basken, die mit dem Gelände kämpfend, Karls Nachhut in den Pyrenäen vernichteten. Wiewohl zunächst verschwiegen, geriet das Gemetzel angeblich bei Roncesvalles zur Rolandssage, zum altfranzösischen Heldenlied. Während Karls Rückzug gebar seine dritte Gemahlin Hildegard in Aquitanien Zwillinge und gab damit der Zukunft seiner Herrschaft größere Sicherheit. Der überlebende Ludwig wurde dort 781 Unterkönig und setzte die fränkischen Kräfte in Marsch, die über Jahre hinweg in Nordspanien einsickerten, die Einrichtung einer Spanischen Mark vorbereiteten und 803 mit der Eroberung von Barcelona absicherten.

Karls Abwesenheit und Nachrichten von seinem Misserfolg in Spanien ermutigten sächsische Gruppen, sich unter dem Westfalen Widukind zusammenzuschließen, alles von Karl Aufgebaute zu zerstören und bis an den Rhein vorzudringen. Karl, der bisher ohne weitblickende Planung Gelegenheiten wie 773 und 778 ergriffen hatte, richtete sich nun darauf ein, systematisch jene Sachsen niederzuwerfen, die nicht wie zahlreiche ihrer Führenden mit ihm kollaborierten. Doch ist fraglich, ob Karl die dezentralen sächsischen Strukturen begreifen lernte. Denn Widukind, in dem Karl die Sachsen zu fassen meinte, lieferte ihm einen Guerillakrieg, in dem der Hauptgegner, wann immer es für ihn bedrohlich wurde, über die Elbe entwich. Um das mit der Waffe Erreichte geistlich und weltlich abzusichern, teilte Karl 780 Sachsen in Missionssprengel ein und setzte 782 auch einheimische Grafen ein. Doch verlor Karl 782 durch die Konkurrenz ihrer Anführer eine ganze Heeresabteilung, wofür er noch 782 in Verden an der Aller eine große Schar (angeblich 4500) Sachsen hinrichten ließ. Bald darauf bedrohte seine Capitulatio in partibus Saxoniae auch kleine Verfehlungen gegen den mit der Waffe verkündeten Gott der Franken und seine ergebenen Diener mit dem Tode. Gefechte 783 und 784, als Karls und Hildegards ältester Sohn Karl sein erstes Kommando führte, vor allem aber Karls eigener Winterkrieg 784/85 brachten insofern eine Wende, als Widukind an der Elbe aufgab und sich nach Geiselstellung in Attigny taufen ließ.

Besatzungskrieg in Sachsen

Nach 785 öffnete sich allenfalls der sächsische Süden der fränkischen Durchdringung und 792 der Zehnterhebung. Der Norden zwischen Unterweser und Unterelbe sowie Transelbien verharrten im Widerstand und erzwangen in den 790er Jahren jährliche Kriegszüge, die 804 mit der Aussiedlung ganzer Bevölkerungsgruppen vor allem aus Transelbien ihr Ende fanden. Doch bereits 797 lockerte Karl das harte Besatzerrecht der Capitulatio, indem er das Capitulare Saxo-

Einbindung Sachsens

nicum verkünden, 802 das Recht der damit endgültig geschaffenen Sachsen aufzeichnen und Bistümer einrichten ließ. Karls 32-jähriger (Klein)Krieg unterwarf ein in merowingischer Zeit kaum durchdrungenes Gebiet, schuf überhaupt erst die Sachsen und fügte so den „theodisken" Völkern am und jenseits vom Rhein ein weiteres, wie sich unter Karls Nachfolgern herausstellen sollte, gewichtiges hinzu.

Sicherung der Peripherie Nur die Baiern hielten sich unter Karls Cousin Tassilo III. lange unabhängig, wiewohl schon 774 dessen Stütze in dem langobardischen Schwiegervater weggefallen war. Doch besaß Tassilo in der Alemannin Hildegard eine entfernte Verwandte, die Karl nach dem langobardischen Zwischenspiel geheiratet hatte, um die Führungsschicht ihrer Heimat einzubinden. Dies versagte er aber seinen Töchtern, um Schwiegersöhnen keine hervorgehobenen Positionen zu verschaffen. Mit Hildegards frühem Tod 783 verlor Tassilo eine Fürsprecherin, als Karl daran ging, die Peripherie seines weitgestreckten Machtbereiches, Baiern und Benevent, unter Kontrolle zu bringen. 781 hatte Karl Aquitanien und Italien in ihrer gewachsenen Eigenart anerkannt, aber an sich gebunden, indem er die nachgeborenen Hildegardsöhne Ludwig und Karlmann, in Rom zu Unterkönigen salben, letzteren mit der römischen Taufe in Pippin umbenennen ließ.

Innerer Widerstand Wiewohl Karls permanente Kriegführung seine Ressourcen vermehrte, seinen personalen Rückhalt durch die Vergabe von Aufgaben und Besitz in erobertem Gebiet auch an Führende der unterworfenen Völker stärkte und so, die fränkische Gesellschaft neu strukturierend, eine Art „Reichsadel" schuf, konnten in einer Kriegergesellschaft Konflikte nicht ausbleiben, die auch den gottbegnadeten König einbezogen. Weil Karls Geschichtsschreiber alles dafür taten, dass sich nicht mehr erkennen lässt, ob das von Einhard überlieferte Gerücht zutrifft, die Grausamkeit seiner vierten Gattin Fastrada aus Ostfranken habe in diesem eigentlich lange befriedeten Bereich 785/86 einen Aufstand unter Graf Hardrad gegen Karl losbrechen lassen, bleibt nur gewiss, dass Karl nach der blutigen Niederschlagung der Erhebung zielgerichtet eigenständige Herrschaften an der Peripherie ausschaltete und 789 alle Freien seiner Herrschaft Treue schwören ließ.

Tassilos Entmachtung Benevent konnte sich aber als Nachbar des Unterkönigs Pippin langfristig wieder der Oberhoheit entziehen, die Karl bei seinem dritten Rombesuch 786/87 durchgesetzt hatte. Dieser diente auch dazu, den Druck auf seinen Cousin Tassilo zu verstärken, indem Karl seinen Freund Hadrian I. bewog, eine bairische Gesandtschaft abzuweisen, Tassilo mit dem Anathem zu drohen, falls er seinen 781 geleisteten Treueid nicht einhalte, und Karl die Absolution zu erteilen, falls er die

4. Die Ausdehnung und Überhöhung (768–814)   25

Einhaltung erzwingen müsse. Sich verweigernd, sah Tassilo noch 787 Karls Heere von drei Seiten aufmarschieren und willigte ein, Karl auf dem Lechfeld nun wirklich einen Vasalleneid zu leisten und Baiern als Lehen zu empfangen. 788 musste der Vasall in Ingelheim erscheinen und durfte nicht wieder nach Baiern zurückkehren, das Karl Hildegards Bruder Gerold anvertraute, gibt Einhard an und verdeckt so, dass ein Schauprozess stattfand. Baiern, die auf Karls Seite getreten waren, klagten Tassilos Eigenmächtigkeiten an, vor allem seine Konspiration mit den benachbarten heidnischen Awaren. Doch ausschlaggebend für das Todesurteil war Tassilos Heeresverlassung (*harisliz*) 763, an die sich sogar Langobarden und Sachsen erinnern wollten. Gottbegnadet und daher zur Milde verpflichtet wandelte Karl die Todesstrafe in Klosterhaft um, die sicherheitshalber Tassilos ganze Familie einschloss. Wie Karl die letzte „theodiske" Eigenständigkeit beendete, ließ ihn aber nicht ruhen und so schufen seine Männer kurz darauf mit den „Reichsannalen" ein Meisterwerk, das in den unaufhaltsamen Siegeslauf der Karolinger seit 741 eingebettet Tassilos Treulosigkeit seit seinem angeblichen Vasalleneid von 757 nachwies. Weil jedoch ungewiss blieb, ob alle, vor allem Gott, sich dadurch überzeugen ließen, musste der Mönch Tassilo 794 auf der Frankfurter Versammlung erscheinen und Verzicht leisten, um von seinem königlichen Vetter in Gnaden angenommen und in sein Kloster (Lorsch?) entlassen zu werden.

Die „theodisken" Völker, die östlich vom Rhein zu Elbe, Saale, Böhmerwald, Enns und Alpen hin siedelten, standen um 800 geschlossen unter Karls Herrschaft, doch war nicht abzusehen, ob sie trotz ihrer Sprachdifferenzen zu einer Einheit finden würden. Allerdings sollten sie wie die fränkischen Kernlande ungeteilt dem ältesten Hildegardsohn Karl d. J. zufallen, den sein Vater anders als seine jüngeren Brüder bei sich behielt und mit Kommandos, aber mit keiner eigenen Herrschaft betraute. Karl plante nur noch für die Hildegardsöhne, was sein Erstgeborener aus der Ehe mit Himiltrud nicht hinzunehmen bereit war, hatte er doch 781 erleben müssen, dass sein jüngerer Halbbruder Karlmann, allerdings auf Italien berechnet, den eigenen Namen Pippin erhielt. Als Karl 791 mit großem Aufwand von Baiern aus gegen die nomadisierend plündernden Awaren vorstieß und durch eine Pferdeseuche geschwächt ohne Erfolg umkehren musste, wurden nicht nur die Sachsen an der Elbe zu einem Aufstand angestachelt, sondern 792 auch Pippins Ansprüche geltend gemacht. Der Vater warf seinen nicht näher bekannten Anhang nieder und zwang den durch Krankheit behinderten Sohn in das

Nachfolgeplanung

Kloster Prüm, wo er, als „der Bucklige" diskriminiert, 811 sein Leben beschloss.

Awarensieg   Nach Pippins Mönchung wandte sich Karl ganz dem äußeren Sachsen zu und überließ den Krieg im Südosten seinen Untergebenen: 795 zogen *dux* Erich von Friaul und 796 König Pippin von Italien gegen die innerlich geschwächten Awaren und kehrten mit ihrem sagenhaften Schatz zurück. Letztlich aber drangen die Franken nicht in die Tiefe des Raumes vor, vielmehr sicherten sie sich mit Grenzmarken gegen das unruhige Gebiet, das Erich von Friaul und Karls Schwager Gerold 799 das Leben kosten sollte, letzterem unter dubiosen Umständen vor dem eigenen Heer. Die Awarenbeute erlaubte Karl, großzügig Gaben zu verteilen und einem Triumphator gleich seine Macht zu demonstrieren, die von den Pyrenäen zur Saale, vom Atlantik zum Plattensee, von der Unterelbe zum Tiber reichte. Als Karl 794 noch darüber hinaus Bischöfe in Frankfurt um sich versammelte und in den Folgejahren Kontakte nach Byzanz und Bagdad unterhielt, traf auf ihn zu, was er um 790 in den „Reichsannalen" als Frage von 751 behaupten ließ: Denn er besaß nun die faktische Macht (*potestas*), nicht aber die Bezeichnung (*nomen*) eines Kaisers im Westen des einstigen *imperium*.

4.3 Das nomen imperatoris und die Grenzen der Machtausübung (800–814)

Zweikaiserproblem   Karls supragentile Herrschaft und sein universaler Anspruch ließen ihn nach dem angemessenen Titel eines Kaisers streben, worin ihn nach einer singulären Kölner Notiz 798 byzantinisches Einverständnis bestärkt haben soll. Zumindest lieferte Kaiserin Irene, weil sie ihren Sohn ausschaltete und allein herrschte, willkommenen Anlass, das Kaisertum als vakant anzusehen. Doch ließ sich voraussehen, dass nach dieser Vakanz ein neuer byzantinischer Kaiser in einem westlichen Widerpart einen Usurpator auf dem Marsch an den Bosporus sehen musste. Denn Byzanz war stets (wenn auch zähneknirschend) bereit gewesen, sehr mächtige Könige auf dem Boden des *imperium* anzuerkennen, solange diese den einen universalen Kaiser in Ostrom über sich stehend anerkannten. Karls Selbstbewusstsein und Vertrauen in seine Krieger ließen ihn Byzanz nicht fürchten, zu dem es nur eine kurze Grenze an der oberen Adria gab. In Unteritalien war Byzanz hinter der unsicheren Peripherie des langobardischen Benevent positioniert, weshalb Karl 787 die 781 geplante Ehe seiner Tochter Rotrud mit einem Kaisersohn nicht schloss. Karl scheute also nicht die diplomatischen Verwicklungen, die seiner eigenen Ausrufung zum Kaiser folgen mussten.

4. Die Ausdehnung und Überhöhung (768–814)

Nicht übertriebene Rücksicht auf Byzanz, als vielmehr Einsicht in die tatsächlichen Grundlagen seiner Macht im lateinischen Westen veranlassten Karl, sich nicht erst gegenüber Einhard wenig erbaut darüber zu äußern, wie der Weihnachtstag des Jahres 800 in der römischen Peterskirche verlaufen war. Schon Karls Berater fanden die spätantike Formel, die erstmals im Mai 801 jeden Bezug auf die Stadt Rom, ihre Bewohner und vor allem ihren Bischof ausschloss: „Karl erlauchtester von Gott gekrönter großer und friedenbringender Kaiser, der das römischen Reich lenkt, und dazu durch Gottes Erbarmen König der Franken und der Langobarden." Gott selbst hatte Karl mit der Königssalbung an die Spitze seines auserwählten Volkes gestellt: Die Franken, die von ihnen unterworfenen Völker und die in ihrer Eigenart anerkannten Langobarden bildeten das Heer, das Karl an die kontinentalen Grenzen des damals christlichen Westens und als bewaffneter Heidenmissionar im Nord- und Südosten darüber hinaus in eine kaisergleiche Stellung geführt hatte. Diese aber auszurufen und zu krönen, kam wiederum allein Gott zu. Weder sollten die Römer, die nicht mitmarschiert waren, Karl zum Kaiser ausrufen, noch sollte ihr Bischof Karl krönen. Doch genau dies war zudem noch in der falschen Reihenfolge an Weihnachten 800 geschehen, was den 799 überlegt die Fäden spinnenden Karl verärgerte, weil Leo III., den er sich verpflichtet wähnte, ihn schlicht ausmanövriert hatte. Die nächste (Mit)Kaisererhebung jedenfalls erfolgte 813 ohne den Bischof von Rom durch die Selbstkrönung des letzten Hildegardsohnes Ludwig von Aquitanien in Aachen, nachdem Gott den dazu ausersehenen, an Weihnachten 800 zum König gesalbten Karl d. J. 811 und den als Heerführer fähigen Pippin von Italien 810 abberufen hatte.

Faktisches, nicht römisches Kaisertum

Der, was nicht vorherzusehen war, lange nachwirkende Kaisertitel entsprach Karls faktischer Macht im Westen, die alle bisherige übertraf. Doch war er unter höchst zweifelhaften Umständen in Rom erlangt, dessen Bischöfe als Petrusnachfolger Karl verehrte, ihnen die Rolle oberster Beter zuwies, sich selbst aber die Leitung des Volkes Gottes. Auf Karls Freund Hadrian I. war 795 Leo III. gefolgt, gegen den die Anhänger seines Vorgängers opponierten und 799 versuchten, ihn durch Verstümmelung amtsunfähig zu machen. Der Anschlag geschah, während Karls Vertraute vor Rom lagerten, um Leo danach in Sicherheit zu bringen. Karl ließ ihn, der durch ein Heilungswunder Augenlicht und Zunge wiedererlangte, den langen Weg nach Paderborn antreten. Dort inszenierte sich der König als Heidenmissionar und empfing den Bischof von Rom mit allen Ehren, was auf dessen Anerkennung hindeutet. Doch erschienen bei dem kurzen Treffen im September 799 auch Leos römische Gegner und trugen Anschuldigungen vor, die an der

Zweifelhafte Umstände

makellosen Amtsführung des Petrusnachfolgers zweifeln ließen. Diese Umstände waren eher ungünstig für etwaige, von den Quellen aber nicht bezeugte Verhandlungen über Karls künftige Kaiserwürde. Denn ihr himmlischer Segen war zweifelhaft, wenn der ihn spendende Bischof unter schwerer Anklage stand. Daher ordnete Karl Vertraute ab, die Leo nach Rom geleiteten, um die Vorwürfe zu untersuchen. Der Bericht Arns von Salzburg hiervon war so brisant, dass Karls Chefdenker Alcuin ihn ins Feuer warf. Karl selbst ritt in weitem Bogen durch sein Herrschaftsgebiet, inspizierte die Küste als künftige Schwachstelle, trug seine fünfte Ehefrau (?) Liutgard zu Grabe, traf seine Söhne und vor allem Alcuin in Tours. Das Gesprächsthema ist nicht überliefert, aber unschwer zu erraten. Denn erst im August 800 entschloss sich Karl zum Romzug, erfuhr kaisergleiche Ehren bei dem Empfang vor Rom und erlebte auf der Synode, die nicht über Leo richten wollte, wie dieser sich am 23. Dezember mit einem Eid von allen Anschuldigungen reinigte. Die Akklamation und die Laudes am 25. mussten bereits eingeübt gewesen sein, doch nicht in der Weise, die Karl abgesprochen wähnte. Im Besitz seiner neuen Würde, deren Herleitung von Leo ihm zuwider war, verurteilte Karl die Attentäter von 799 als Majestätsverbrecher zum Tode und überließ es Leo, die Gnade des Exils zu erbitten, aus dem sie nach seinem Tod 816 an den Tiber zurückkehrten.

Ende der Expansion

Karls vierter Rombesuch war sein letzter. Bis zu seinem Tod am 28. Januar 814 bemühte er sich, das Erreichte nach Innen und Außen zu sichern. Das verfügbare Potential realistisch einschätzend, beendete er die Expansion, die seinem Großvater und Vater einen uneinholbaren Vorsprung unter ihresgleichen verschafft hatte. Das schlagkräftige Heer sollte weiter Furcht einflössen, aber jenseits der erreichten Grenzen kein Gelände gewinnen, sondern die dort siedelnden Fremden wie die sich herausbildenden slawischen Gruppen von einem Eindringen abhalten.

5. Das Scheitern eines neuen Entwurfs: Ludwig I. „der Fromme" (814–840) und seine Söhne Lothar I., Pippin I., Ludwig II. und Karl II. (–843)

5.1 Das Projekt der starken Einkaiserherrschaft (814–829)

Elitentausch

Der Übergang der Herrschaft 814 war, verglichen mit 741 und 768, ein problemloser, weil mit Ludwig I. nur ein legitimer Sohn den Vater überlebt hatte. Doch ließen Ludwigs Berater seinen Machtantritt nur

5. Das Scheitern eines neuen Entwurfs (814–843)

problemlos erscheinen, indem sie seinen Neffen Bernhard von Italien zum Bastard stempelten, den sein Großvater noch als legitim angesehen hatte. Diese Berater bildeten eine neue Elite, die Ludwig aus seinem Aquitanien nach Aachen verpflanzte. Dort ersetzten sie, erstmals bei einem Herrscherwechsel deutlich erkennbar, die alte Garde, aus der sich einzig Karls treuer Paladin Einhard am Hof halten konnte. Alle anderen fanden sich radikal verdrängt, Karls geliebte Töchter im Kloster wieder, 818 folgten ihnen seine unehelichen Söhne.

Eine Kontinuität bestand entgegen dem radikalen Elitentausch insoweit, als Ludwig die großen Reforminitiativen aus Karls späten Kaiserjahren fortführen ließ. Der seit der späten Karolingerzeit nach dem üblichen Bestandteil jeder Titulatur als „der Fromme" bezeichnete Ludwig strebte aber nicht nur nach einer Vereinheitlichung des religiösen Lebens, die 816/7 in dem monastischen und kanonikalen Regelwerk gipfelte. Vielmehr war er auch bestrebt, die neue Kaiserherrschaft unter christlichen Vorzeichen zu vereinheitlichen. Dazu traf Ludwig 817 in der zeitgenössisch nicht so genannten Ordinatio imperii völlig neue Regelungen für seine eigene Nachfolge. Doch die zu ihrer Anerkennung nach Aachen Gerufenen hielten an dem fränkischen Teilungsbrauch fest, der allen Söhnen gleichen Anteil an der Herrschaft sicherte. Erst in einem aufwendigen religiös-zeremoniellen Verfahren gelang es Ludwig alle Anwesenden auf die Einsicht der „besser Wissenden" zu verpflichten, dass der einen Gemeinschaft der Gläubigen, der *ecclesia*, eine starke Einkaiserherrschaft entsprechen müsse.

Radikal mit dem gleichmäßigen Teilen brechend, wies Ludwig I. seinem ältesten Sohn Lothar I., den er zugleich ohne Mitwirkung eines Bischofs von Rom zum Mitkaiser erhob, die Hauptherrschaft zu, seinen beiden jüngeren Söhnen aber nur kleinere Machtbereiche an der Peripherie der starken Einkaiserherrschaft. Wohl durften Pippin in Aquitanien und Ludwig II. in Baiern als Könige herrschen, doch sollten sie in allen Belangen, die über diese für unteilbar erklärten *regna* hinausgingen, ihrem kaiserlichen Bruder unterstellt und rechenschaftspflichtig sein. Dies war Ludwigs aquitanischen Beratern, zu denen keineswegs nur monastische Reformer wie Benedikt von Aniane zählten, als delegierte Amtswaltung wohl vertraut, nicht aber der Mehrzahl der Franken.

Die Regelung, wie die Herrschaft für alle Beteiligten unter den 817 gegebenen Umständen bindend für den Nachfolgefall zu ordnen sei, verschwieg aber Pippins Sohn, dem sein Großvater Karl die väterliche Herrschaft in Italien zugesichert hatte. Indem Ludwig nur seine eigenen Söhne bedachte, bedrohte er den Anspruch seines Neffen,

Vereinheitlichung

Einkaiserherrschaft

Bernhard von Italien

dessen Protest der Kaiser als Rebellion hinstellen ließ, um Bernhard herrschaftsunfähig zu machen. Die Blendung, die er dem 818 zum Tode Verurteilten als Gnade gewährte, jedenfalls überlebte Bernhard nicht. Damit und mit der gleichzeitigen Einweisung seiner eigenen Halbbrüder in den geistlichen Stand behielt Ludwig die Herrschaft nur seinen Nachkommen vor. Doch erwies sich die Missachtung von Karls Verfügung zugunsten Bernhards als schwere Hypothek. Sie ließ sich weder nach dem Tod Benedikts von Aniane 821 durch die Wiederaufnahme der 814 verdrängten Berater abtragen, noch durch Ludwigs Sündenbekenntnis und seine Kirchenbuße 822 in Attigny. Gerade die Buße schwächte letztlich die gottunmittelbare Herrschaft, weil der Herrscher nicht erst am Jüngsten Tag, sondern bereits in dieser Welt Rechenschaft ablegte. Zugleich war dem Episkopat als irdischem Treuhänder der Transzendenz, was die Pariser Synode von 829 offen aussprach, die Sorge für den Gott dienenden Herrscher zugewiesen, der so nicht nur *in spiritualibus* unter die durchaus irdische Interessen verfolgenden Hirten und ihren Anhang geriet.

Ludwigs I. Wiederverheiratung

Die 817 projektierte und 821 erneut von den Großen beeidete starke Einkaiserherrschaft, die nur, aber bindend mit drei Söhnen rechnete und die Lothars römische Kaiserkrönung 823 bekräftigte, geriet durch Ludwig selbst in Gefahr. Nicht erst nach seinem Tod erwies sich, ob die mit dem Teilungsbrauch radikal brechende Ordinatio durchzusetzen war. Anders als sein Vater, der als Kaiser keine Ehe mehr einging, heiratete der 818 verwitwete Ludwig 819 wieder. Denn für sich selbst, aber auch für seine Söhne beteiligte Ludwig durch Eheschluss führende Familien an der Machtausübung, bevorzugte sie damit gegenüber anderen, was Karl vermieden hatte. Die nach einer Inaugenscheinnahme von Kandidatinnen 819 erwählte Tochter des Grafen Welf, Judith, gebar Ludwig eine Tochter Gisela und am 13. Juni 823 in Frankfurt einen Sohn, den später kahlen Karl II.

Karl II. und andere Probleme

Wiewohl Ludwig seinen ältesten Sohn und Mitkaiser Lothar als Taufpaten in eine religiöse Verantwortung für Karl II. nahm, blieb doch unübersehbar, dass der Nachfolgeplan von 817 nur mit drei Söhnen gerechnet hatte. Weil eine weitere periphere Herrschaft mit Eigengewicht wie Aquitanien oder Baiern nicht vorgesehen war und auch nicht zur Verfügung stand, ließ sich ein Herrschaftsanteil für Karl II. nur von seinem Taufpaten nehmen, was dessen Anhang und so die starke Einkaiserherrschaft schmälern musste. Überdies geriet Lothar I. gegenüber seinen Anhängern in eine unvorteilhafte Lage, als Ludwig 828 nach den defensiven Misserfolgen von 827 an der Pyrenäengrenze die Verantwortlichen entmachtete, darunter Lothars Schwiegervater Hugo von

5. Das Scheitern eines neuen Entwurfs (814–843)

Tours. Doch nicht nur in Lothars Anhang wuchs die Unzufriedenheit, vielmehr benannten vier 829 gleichzeitig tagende Synoden moralisch-religiöse Missstände. Sie betrafen untrennbar auch die Machtausübung Nachgeordneter und der Berater Ludwigs, was ihn selbst in die Kritik mit einbezog.

Anstatt die aufgezeigten Missstände, wie es der für Ludwig propagierte Gedanke vom Herrscherdienst verlangte, energisch abzustellen, überraschte dieser 829 eine Wormser Versammlung damit, dass er seinem jüngsten Sohn ein um angrenzende Gebiete erweitertes Alemannien zuwies. Wiewohl der Vater sich formal noch an die Ordinatio hielt, indem er Karl II. keinen Königsrang zubilligte, tastete er sie doch an, weil er die 817 projektierte starke Einkaiserherrschaft verkleinerte und den Anhang des künftigen Kaisers in seinem Wirkungsfeld beschnitt. Bei den jüngeren Söhnen weckte dies den Argwohn, auch sie könnten Einbußen erleiden.

<small>Berücksichtigung Karls II.</small>

Lothars unmittelbarer Protest führte dazu, dass Ludwig ihn noch 829 nach Italien verwies und so als Mitkaiser verdrängte. Aber zunächst empörten sich 830 nicht Lothar und sein Anhang, sondern 829 um ihren Einfluss gebrachte Männer wie Wala von Corbie offen gegen den neuen Kurs. Ihn sahen sie in Ludwigs neuem Ratgeber, dem Judith vertrauten Kämmerer Bernhard von Septimanien, personifiziert. Die heute, weil sie an der von Ludwig selbst beschworenen Ordinatio festhielt, so genannte loyale Palastrebellion, erreichte rasch ihr Ziel, nachdem sie einen Feldzug gegen die Bretonen verweigert hatte: Sie zwang Ludwig, die eigene Regelung von 817 zu beachten; Bernhard musste fliehen, Judith den Schleier nehmen und ihr Sohn in ein Kloster gehen.

<small>Rebellion für die Ordinatio</small>

Der aus Italien herbeigerufene Lothar sah sich, wiewohl ihn der Vater als Nachfolger eingesetzt hatte, gegen diesen gestellt, ja zu seiner Entmachtung aufgefordert. Doch bekräftigte Lothar nur, wie von den Empörern angestrebt, die Regelungen von 817 und stellte das Doppelkaisertum wieder her. Zugleich enttäuschte er seine Unterstützer, weil er zwar den aktiven Part übernahm, letztlich aber so wenig wie sein Vater die allgemein beklagten Missstände abstellte. Dafür ließ er seinem Anhang freie Hand, eigene Interessen zu verfolgen, was die loyale Opposition enttäuschte und Ludwig auf einen Umschwung hoffen ließ. Ihn führte er herbei, nachdem er seine Untätigkeit überwunden hatte, indem er Lothars jüngere Brüder auf seine Seite zog. Dafür verstieß Ludwig erneut gegen die Regelungen von 817, indem er ihnen eine Vergrößerung ihrer Herrschaften in Aquitanien und Baiern anbot. So konnte Ludwig noch im Oktober 830 dem kampflos sich fügenden Lothar einen Treueid abverlangen und seine Gemahlin Judith zurückkeh-

<small>Zusammenbruch der Rebellion</small>

ren lassen. Lothar durfte dem Gericht über die Empörer mit vorsitzen, die in die Verbannung gingen. Er selbst fand sich erneut als Mitkaiser verdrängt und nach Italien abgeschoben.

5.2 Das Beharrungsvermögen des Teilungsbrauches (829–843)

Abkehr von der Ordinatio

Wie das Versiegen der herrschaftsstützenden „Reichsannalen" mit dem Jahr 829 symptomatisch belegt, war Ludwig I. der Empörung von 830 mehr schlecht als recht Herr geworden. Vor allem hatte er das Konzept der starken Einkaiserherrschaft so nachhaltig erschüttert mit den Zuteilungen 829 an Karl und 830 an die mittleren Söhne, dass er sich 831 ganz von ihm abgekehrte: er plante, den nordalpinen Herrschaftsbereich ohne Lothar zwischen den drei jüngeren Söhnen zu teilen, und behielt sich anders als 817 vor, diese traditionelle Teilung nach dem Wohlverhalten gerade der mittleren Söhne wieder zu ändern.

Ludwigs I. Verlassung

Diese aber drängten auf Zugewinne für sich und ihren Anhang, so strebte der seit 827 mit Judiths Schwester Hemma verheiratete Ludwig II. von Baiern zum Rhein. Daher wechselten Ludwig I. und Judith, um ihrem Sohn Karl II. einen Anteil zu sichern, kurzfristig zwischen Angeboten, Drohungen und kriegerischem Vorgehen. Damit brachten sie letztlich die mittleren Söhne gemeinsam gegen sich auf, für deren Seite sich 833 Lothar I. gegen den Vater entschied. Während Pippin und Ludwig II. danach strebten, endgültig ihre erweiterten Herrschaftsbereiche zu sichern und vor anderweitiger Aufteilung zu schützen, hatte Lothar den Gedanken der starken Einkaiserherrschaft nicht aufgegeben. Um einträchtigen Frieden herzustellen, bewog er Gregor IV., sich dem Heer anzuschließen, das er sammelte, nachdem Ludwig I. 832 Pippin in Aquitanien abgesetzt und Ludwig II. auf Baiern zurückgedrängt hatte. Pippin rief Lothar und Ludwig II. schloss sich ihnen an. Auch ihr Vater hatte seinen Anhang vor allem in „theodisken", weniger in den romanischen Gebieten gesammelt, und so traten zwei Heere im Juni 833 auf dem Rotfeld bei Colmar gegenüber. Es hieß seither Lügenfeld, weil die Söhne, die Vermittlung Gregors IV. unterlaufend, die Anhänger des Vaters durch Versprechungen zum Eidbruch veranlassten, so dass er ohne Heer keine Macht mehr ausüben konnte. Dennoch zwang Lothar ihn, seine Verfehlungen im Oktober in Soissons öffentlich einzugestehen und Buße zu leisten, um den von ihm in Haft Gehaltenen herrschaftsunfähig zu machen.

Ludwigs I. Rückkehr

Weniger der beispiellose Angriff auf die Herrscherautorität und die Haftumstände führten einen Umschwung zugunsten des Vaters herbei, als vielmehr wie 830 das Zerwürfnis der Brüder. Wenngleich Lothar I.

5. Das Scheitern eines neuen Entwurfs (814–843) 33

ihnen größere Herrschaftsbereiche zugestehen musste, beanspruchte er, ihnen doch nach dem Plan von 817 als Kaiser übergeordnet zu sein. Pippin und Ludwig II., der von 833 an als *rex in orientali Francia* datierte, verlangten für ihre Bereiche die volle Gewalt und so eine endgültige Teilung der einen Kaiserherrschaft. Lothar hielt dem kriegerischen Auftreten seiner Brüder nicht stand und entwich nach Italien. So konnte der Vater im März 834 in St.-Denis feierlich in Kirche und Herrschaft zurückkehren. Mit Hilfe der jüngeren Söhne zwang Ludwig den ältesten im September zu dem Eid, Italien ohne Erlaubnis nicht mehr zu verlassen, und ließ im Februar 835 in Diedenhofen den Bußakt von Soissons für nichtig erklären. Der 833 die Zeremonie leitende Erzbischof Ebo von Reims, Ludwigs eigener Milchbruder, ein Freigelassener, dessen sich Lothar bedient hatte, verlor sein Amt.

Mit der Aachener Synode von 836 versuchte Ludwig I., an frühere Reforminitiativen anzuknüpfen und so die 829 beklagten Missstände abzustellen. Doch fand er keine klare Linie in der Frage seiner Nachfolge, die als Hauptproblem alles andere überlagerte wie die zunehmende äußere Bedrohung durch Muslime und Normannen. Nachdem Pippin und Ludwig II. den Vater zur Macht zurückgeführt hatten, konnte er ihre Ansprüche auf eine jeweils erweiterte, eigenständige Herrschaft nicht mehr zurückweisen, sondern musste die Lothars I. beschneiden, um Karl II. berücksichtigen zu können. Eine angestrebte Einigung mit Lothar kam nicht zustande, weil 836 der wichtige Vermittler Wala von Corbie darüber verstarb und eine Fieberepidemie in Italien Lothars Anhang dahinraffte, der ihm bislang Rückhalt gegen den Vater gegeben hatte. *Bleibende Probleme*

Der in seiner Macht stark geschwächte Lothar I. fand sich Ende 837 an der Seite Ludwigs II. wieder, als der Vater entschied, den jüngsten Sohn zu ihrer beider Ungunsten mit zentralen Teilen karolingischer Herrschaft nördlich der Alpen auszustatten. Zudem ließ Ludwig I. den 838 volljährigen Karl II. zum König krönen, was bisher unterblieben war, da die Regelung von 817 nur zwei Könige vorsah. Ludwig II., den der Vater wegen seiner Annäherung an Lothar verdächtigte, sollte vom Rhein verdrängt auf Bayern beschränkt bleiben. Bevor sich aber die Verständigung zwischen Lothar und Ludwig II. gegen Ludwig I. kehren konnte, kam diesem der biologische Zufall zu Hilfe: Ende 838 starb Pippin von Aquitanien eines natürlichen Todes. Ludwig I. überging dessen gerade volljährigen Sohn Pippin II. und plante eine Nord-Süd-Teilung längs von Maas, Saône und Rhône: Der im Mai 839 in Worms eingetroffene Lothar wählte den an Italien grenzenden Ostteil, Karl den Westteil mit Aquitanien, das der von heimischen Großen gestützte Pip- *Ludwigs I. letzte Versuche* pin II. beanspruchte. Weil Ludwig II. auf Baiern beschränkt blieb, aber auf allen Gebieten östlich vom Rhein beharrte, die ihm seit 833 immer wieder zuerkannt waren, ging Ludwig I., wie er es 839 erfolglos gegen seinen Enkel Pippin II. getan hatte, kriegerisch gegen Ludwig II. vor, worüber ihn am 20. Juni 840 in Ingelheim der Tod ereilte.

Bruderkrieg

Der Tod Ludwigs I. beendete den Kriegszustand nicht, der daher rührte, dass die Beteiligten durch das neuartige Projekt der starken Einkaiserherrschaft überfordert waren, sich danach aber heillos in den rasch wechselnden Teilungslösungen verstrickten. So gingen die Kämpfe des Vaters mit einzelnen Söhnen nahtlos in einen Krieg der Brüder über. Auch wenn nur die ostfränkische Fortsetzung der Reichsannalen wissen will, der sterbende Ludwig hätte 840 seinem ältesten Sohn die Hauptverantwortung für die Herrschaft hinterlassen, machte Lothar I. doch rasch deutlich, dass er trotz der Erfahrungen seit 829 an der 817 projektierten Einkaiserherrschaft festhielt. Zunächst schienen Karl II. und der im Norden auftretende Lothar sich zu Lasten des nach Baiern zurückgedrängten Ludwig II. auf die Teilung von 839 zu verständigen. Als Lothar aber versuchte, Karl unterzuordnen, indem er Pippin II. von Aquitanien gegen ihn unterstützte, bewirkte er, dass seine jüngeren Brüder vereint gegen ihn marschierten, was Lothar weder an der Seine noch im Ries verhindern konnte. Daher trafen sich ihre Heere am 25. Juni 841 bei Fontenoy zu der blutigsten Schlacht, die Franken einander geliefert haben sollen. Ihr Ausgang, Lothars Niederlage, galt allgemein als Gottesurteil.

Teilung von Verdun

Die Brüder fanden nicht sofort zu einem Frieden, weil Lothar sich zu behaupten versuchte. So schürte er einen Stellinga genannten Aufstand in Sachsen und band normannische Anführer durch Belehnung an der friesischen Küste an sich. Gegen diese Umtriebe beschworen die jüngeren Brüder am 14. Februar 842 in Straßburg ihr Bündnis in der Volkssprache des jeweils anderen. Doch schlug damit entgegen älterer Auffassung noch nicht die Geburtsstunde Deutschlands und Frankreichs, war doch der „französische" Karl ein gebürtiger Frankfurter. Auch als die drei Brüder am 10. August 843 in Verdun übereinkamen, drei Herrschaften gleichmäßig abzugrenzen, was nach dem Waffenstillstand vom Juni 842 eine paritätisch besetzte Kommission in Koblenz erarbeitet hatte, war nicht abzusehen, dass der biologische Zufall zunächst ausbleiben und so die Teilung fortdauern würde: der westliche Teil ging an Karl II., der östliche an Ludwig II. und ein mittlerer, sich von der Nordsee bis zum Tiber erstreckender, an Lothar I. Gewiss war nur, dass Lothar nicht mehr auf der 817 projektierten Einkaiserherrschaft bestand, wofür ihm seine Brüder einen gewissen Ehrenvorrang einräumten, sonst aber auf der Gleichrangigkeit ihrer Herrschaften beharrten. So ließen ihre Bischöfe Lothars Versuch ins Leere laufen, 844 wenigstens eine kirchliche Einheit aufrecht zu erhalten, indem ihr Onkel Drogo von Metz den Bischof von Rom in Gallien und Germanien vertreten sollte.

6. Die Teilung in brüderlicher Liebe: Lothar I., Ludwig II. und Karl II. (843–876)

6.1 Die gedachte Einheit der Herrschaft und die Unterschiede ihrer Ausübung (843–855)

Die Brüder, besonders der als Kaiser anerkannte und vor allem nördlich der Alpen agierende Lothar, betrachteten nach 843 ihre Herrschaften gedanklich, aber auch durch ihre Treffen 844 in Diedenhofen sowie 847 und 851 in Meerssen noch als Einheit, was ihre Anteile an den karolingischen Kerngebieten gewährleisten sollten. Doch darin lag ein erstes verfestigendes Moment, weil die Nord-Süd-Teilung an die entstehenden Sprachgrenzen heranrückte und den gesellschaftlich, herrschaftlich, kirchenorganisatorisch, kulturell und materiell weiterentwickelten Westen vom Osten trennte, der nur mit den Bischofsstädten Mainz, Worms und Speyer über den Rhein ausgriff. Die Großen, die sich ihre Unterstützung im Bruderkrieg vor 843 in jeder Beziehung honorieren ließen, gewannen allgemein an Einfluss und Macht. Während sich die Großen im Osten erst noch formieren mussten, gelang es jenen im Westen im November 843 sogar, Karl II. mit dem Vertrag von Coulaines schriftlich auf ihre Mitwirkung an seiner Herrschaft zu verpflichten. Um gegenüber seinem im Süden noch anerkannten Neffen Pippin II. eine Oberherrschaft behaupten zu können, ließ sich Karl II. 848 zum König von Aquitanien salben. Auch danach kompensierte die westliche anders als die östliche Herrschaft ihre Durchsetzungsschwächen durch eine verstärkte Sakralisierung.

Die nach Osten abnehmende Intensität der Schriftlichkeit ließ dort einen Coulaines vergleichbaren Herrschaftsvertrag nicht zu. Doch beruhte auch die Macht Ludwigs II. auf Zustimmung, die der seit dem 19. Jahrhundert anachronistisch „der Deutsche" genannte König erst erwerben musste, ohne dass er dabei wie der unter viel ungünstigeren Bedingungen angetretene Karl II. über einen Legitimationsstrategen vom Schlage Hinkmars verfügte. Karl II. war gerade volljährig, noch ohne Erben und konfrontiert mit dem Widerstand der Bretonen und dem

Unterschiede

Lage im Westen und Osten

Streben Pippins II. nach der Herrschaft in Aquitanien. Ludwig II. war zwar mit dem durchweg „theodisken" Ostfranken vertraut, das er seit 833 von seinem bairischen Machtschwerpunkt beansprucht hatte, doch musste er es, wobei sich das Rhein-Main-Gebiet als weiterer Schwerpunkt herausbildete, noch für sich gewinnen, weil viele seiner Großen zu Ludwig I. und Lothar I. gehalten hatten. Erst nachdem Ludwig II. Hrabanus Maurus, der ihm vor 843 kritisch gegenüberstand, als Erzbischof von Mainz eingesetzt hatte, gelang es ihm, auf dessen erster Synode 847 den Episkopat, der in Ostfranken mehrheitlich dem Mainzer unterstand, durch Zugeständnisse für sich zu gewinnen.

Ostfränkische Grenzlage
Anders als der Westen und die Mitte, deren lange Küste die Normannen seit 834 vermehrt zu Überfällen einlud, konnte sich der Osten nach außen zunächst behaupten: Die Zerstörung Hamburgs 845, 848 gefolgt von der Zusammenlegung seines Bistums mit Bremen, war eine schwere Einbuße. Doch hielt der noch 845 folgende Paderborner Friedensschwur die Normannen bis 880 von dem Osten fern, der durch seinen Entwicklungsstand für Plünderer schlicht unattraktiv war. Der Ruhe gen Norden entsprach im Osten, dass Ludwig II. seine Oberhoheit über die dort siedelnden Slawen wahrte und 845 mit der Taufe von 14 böhmischen Anführern in Regensburg seine Einflusszone zu erweitern hoffte. Zudem nahm Ludwig, indem er 846 den Rastislav als Herzog einsetzte, Einfluss auf die sich seit 822 herausbildende Herrschaft der Mährer, womit er eine ähnliche Oberhoheit anstrebte, wie sie über Karantanien bereits bestand.

Ludwigs II. Söhne
Auch nach Innen war die ostfränkische Herrschaft anfangs relativ stabil, denn ihre Fortführung war mit drei Söhnen gesichert. Als aber alle um 850 die Mündigkeit erreichten, drängten sie miteinander konkurrierend auf eine Herrschaftsbeteiligung, was Ludwig II. bis zu seinem Tod 876 neben seinem Bruder Karl II. und dem Südosten hauptsächlich beschäftigte, den die Mährer bedrohten.

Ludwigs I. Söhne
Nach ihrer Teilung 843 fanden die drei Brüder, anders als geplant, zu keinem abgestimmten Vorgehen vor allem gegen die äußeren Bedrohungen. Ihr Verhältnis zueinander war nicht frei von Spannungen, so dass unterschiedliche Interessen jeweils nur zwei von ihnen zusammenwirken ließen. So konnte Karl II., indem er mit Lothar I. zusammenging, 852 Pippin II. aus der Herrschaft über Aquitanien verdrängen. Dies ließ einige seiner Großen 853 den im Osten unangefochtenen Ludwig II. um Hilfe bitten. Zwar marschierte sein Sohn Ludwig III. d. J. quer durch Lothars I. Gebiet nach Aquitanien, konnte sich aber 854 nicht durchsetzen. Doch zeigte Ludwig II. mit dieser Intervention, dass er sich nicht auf sein Ostfranken beschränken lassen wollte. Damit war

der Grundzug innerkarolingischer Politik nach Lothars I. Tod vorgegeben: wo immer möglich die eigene Herrschaft auszuweiten, die der ost- wie der westfränkische König weiterhin in dem gesamten Bereich verortete, den sie zwar 843 geteilt hatten, aber dennoch als ihren Wirkungsraum beanspruchten.

6.2 Die Herrschaft des anderen als Objekt der Begierde (855–870)

Nach dem Tod Lothars I. am 29. September 855 als Mönch in Prüm stellten seine jüngeren Brüder, wie seit 843 abgesprochen und 847 bekräftigt, die Nachfolge ihrer drei Neffen auch nicht in Frage, als diese unter dem Einfluss ihrer Großen das mittlere Herrschaftsgebiet aufteilten, was in den Plänen seit 817 für solche Teilherrschaften nicht vorgesehen war: Lothars Sohn Ludwig II., der schon 850 auf Geheiß des Vaters, aber durch den Bischof von Rom zum Mitkaiser erhoben worden war und auf eine Oberherrschaft ähnlich der von 817 hoffte, erhielt wiewohl Kaiser nur Italien, dessen Verteidigung gegen die Muslime ihn völlig in Anspruch nahm; der schon 863 verstorbene jüngste Sohn Karl die dann zwischen den älteren aufgeteilte Provence und Lothar II. jenen nördlichen Teil, der an Maas, Mosel und Niederrhein gelegen nach ihm Lotharingien heißen und bis in das 10. Jahrhundert zwischen den Königen im Westen und Osten umstritten sein sollte. Denn Lothars II. Tod 869 verhinderte, dass ihm sein Sohn Hugo aus jener Verbindung mit Waldrada nachfolgen konnte, die Nikolaus I., aber auch der westfränkische Episkopat unter Hinkmar von Reims nicht als rechtmäßige Ehe anerkannten. Eine solche habe Lothar vielmehr mit der kinderlosen Theutberga 855 geschlossen, um die Hilfe ihrer in den Westalpen mächtigen Familie der Bosoniden an der Italiengrenze gegen seinen Bruder Kaiser Ludwig II. zu erhalten.

Zunächst aber bot sich nicht Lothars II. Herrschaft für einen Übergriff in die eines anderen an, sondern Westfranken. Karl II. erzielte bei der Normannenabwehr keine Erfolge. Sein Sohn Karl das Kind ließ sich seit 855 als König nicht in Aquitanien durchsetzen, wo der aus der Haft entwichene, erst 864 endgültig weggesperrte Pippin II. den Widerstand formierte. Auch vertrieben die Bretonen Karls Sohn Ludwig II. den Stammler aus seiner Unterherrschaft Neustrien. Daher forderten dissidente Große vor allem aus Aquitanien und Neustrien Karls Bruder Ludwig II. bereits 856 zum Eingreifen auf, als die Slawen diesen an seiner Ostgrenze banden. Erst im Herbst 858 folgte Ludwig der Einladung des capetingischen Stammvaters Roberts des Tapferen und der Seinen und drang, weil Karls Rückhalt schwand, tief in den Bereich seines Bruders

Fünfteilung

König Ludwigs II. Übergriff nach Westen

ein. Als seine feierliche Erhebung zum König bevorstand, traf Ludwig auf den einhelligen Widerstand des westfränkischen Episkopats. Allen voran Karls Chefdenker Hinkmar von Reims formulierten die Bischöfe noch nicht ein „französisches" Eigenbewusstsein, wohl aber ihre unbedingte Treue zu dem 843 entstandenen Herrschaftsverband. Seine Unverletzlichkeit sei gemäß dem Vertrag von Verdun und den Folgevereinbarungen von allen, auch von Ludwig II., zu respektieren. Weil das entschlossene Auftreten der Bischöfe seine Wirkung auf weltliche Große nicht verfehlte, konnte Ludwig sich in Karls Bereich nicht mehr halten. Er zog Anfang 859 ab und schloss erst, nachdem er Straffreiheit für seine westfränkischen Unterstützer erreicht hatte, Anfang Juni 860 in Koblenz einen Frieden. Zur Sicherung der vereinbarten Grenzen beschwor man ihn wie 842 die Straßburger Eide wechselseitig in der Umgangssprache der anderen.

König Ludwigs II. Söhne
Eine Herrschaftsausweitung auf Kosten seines Bruders hätte Ludwig II. Optionen eröffnet, seine nun volljährigen Söhne an der Herrschaft zu beteiligen, ohne dazu wie nach dem fehlgeschlagenen Übergriff auf Westfranken allein auf Ostfranken angewiesen zu sein. Dort versagte Ludwig seinen Söhnen den königlichen Rang und betraute sie mit Aufgaben auf einer Zwischenstufe zwischen ihm als König und den Großen jener Regionen, die östlich vom Rhein ihre Eigenart trotz der fränkischen Expansion des 8. Jahrhunderts bewahrt oder erst durch sie wie in Sachsen ausgebildet hatten: So setzte er 856 den ältesten Karlmann in die bairische Ostmark gegen die Mährerherrschaft, 858 und 862 Ludwig III. in Sachsen gegen die Slawen und etwa 859 den jüngsten Karl III. in Alemannien gegen Lothars I. Erben. Indem sie sich in ihrer Region auch ehelich (wenngleich Ludwig III. 866 wider Willen) verbanden, förderten die Söhne deren Zusammenhalt.

Konkurrenz der Söhne
Während die jüngeren Brüder mit jeweils anfallenden Aufgaben betraut waren, fiel dem ältesten Karlmann an seiner Südostgrenze die Hauptaufgabe zu, gegen die Mährer vorzugehen. Sie hatten sich dem fränkischem Einfluss entzogen und seit 863 der Ostkirchenmission unter Cyrill und Method geöffnet. Karlmann nutzte die Grenzlage, um sich einen eigenen Anhang, auch durch eine eigenwillig geschlossene Ehe zu schaffen und Vertraute seines Vaters zu verdrängen. So beschwor er, nachdem er 858 eigenmächtig Frieden mit den Mährern geschlossen hatte, einen Konflikt herauf. Der Vater antwortete, indem er mit Salzburgs Förderung Gegenkräfte stärkte, sowie 861 Karlmanns Schwiegervater und damit die Konradiner entmachtete. Doch gab der Sohn 863 erst auf, als der 858 von ihm eingesetzte Gundakar von Karantanien zum Vater überlief. Auf Prozess, Haft und Flucht folgte 864 die

6. Die Teilung in brüderlicher Liebe (843–876)   39

Aussöhnung mit der Konsequenz, dass Karlmann in seiner Grenzregion wie ein König agieren konnte. Dies veranlasste Ludwig III. d. J., der sich zurückgesetzt sah, 866 zu einer ersten, rasch beigelegten Empörung. Danach, vielleicht schon 865, sah sich Ludwig II. veranlasst, deutliche Verfügungen für seinen Todesfall zu treffen. Sie liefen, wie 866/67 förmlich angekündigt, entgegen den Festlegungen von 817 auf eine Teilung seiner Herrschaft hinaus, die sich an den bisherigen Aufgaben seiner Söhne orientierte, ihre Konkurrenz aber nicht ausräumen konnte.

Die Entmachtung des Rastislav 869, der geblendet 870 in ihrer Haft starb, die Gefangennahme des Slawenmissionars Method, der 873 auf Druck des Bischofs von Rom freigelassen werden musste, und die Einsetzung des Svjatopolk zeigten, dass die für ihren erkrankten Vater vereint vorgehenden Brüder Karlmann und Karl III. Erfolge erzielen konnten. Doch erreichten sie letztlich nicht, den Südosten dauerhaft ihrem Einfluss zu unterstellen, weil bereits 862 ein erster Angriff der Ungarn erfolgte und die 866 von den Bulgaren gewünschte Mission an den fehlenden Ressourcen der ostfränkischen Kirche scheiterte. *Scheinbare Sicherung des Südostens*

Dem scheinbaren Erfolg im Südosten folgte eine dauerhaftere Herrschaftsausweitung im Westen. Am 8. August 869 starb Lothar II., dem es nicht gelungen war, seinen Sohn Hugo zu legitimieren und so als Erben einzusetzen. Karl II. griff sofort zu und ließ sich am 9. September in Metz zum König salben nach einem Ordo, den Hinkmar von Reims, der maßgeblich auf Lothars Scheitern hingearbeitet hatte, entwarf und der Jahrhunderte gültig blieb. König Ludwig II. reagierte trotz gebrochener Rippen sofort kriegerisch drohend auf die einseitige Machtausweitung seines Bruders und zog Anhänger Lothars auf seine Seite. Daher einigten sich die Brüder am 8. August 870 in Meerssen darauf, Lotharingien so zu teilen, dass die Osthälfte mit Aachen, Metz und zwei Dritteln Frieslands an Ludwig, der Teil westlich der Maas-Saône-Linie sowie das Lyonnais und Viennois (aus dem Erbe des 863 verstorbenen Karls von der Provence) an Karl fiel. *Ausweitung nach Westen*

6.3 Die geplanten Nachfolgen und das Kaisertum (871–876)

Die Teilung von Meerssen bewirkte kein Einvernehmen der beiden noch lebenden Söhne Kaiser Ludwigs I. Denn ihr dabei übergangener Neffe Kaiser Ludwig II. würde, wie sich abzeichnete, ohne männlichen Erben bleiben. Folglich bot Italien, auf das er als Kaiser beschränkt und nach dem Sieg über die Muslime vor Bari 871 kurz in die Gefangenschaft des Adelchis von Benevent gefallen war, das nächste Feld, auf dem die *Nachfolgepläne*

Könige Ludwig II. und Karl II. konkurrierten. Nachdem Karl seine eigene Nachfolge durch biologischen Zufall und brutales Eingreifen mit nur noch einem Sohn, aber zwei Enkeln gesichert wusste, trachtete er nach der Kaiserwürde, an die seine Eltern bei der Namenswahl gedacht haben mögen. Ludwig hingegen strebte die Würde für seinen ältesten Karlmann an. Denn trotz der Westerweiterung ihres Erbes bestand die Konkurrenz seiner Söhne fort und führte 871 zu einer Verschwörung der jüngeren Brüder gegen den ältesten und den Vater. Dieser erreichte zwar 874 eine Versöhnung, wobei ihm Karlmanns Schwächung durch eine Niederlage gegen die Mährer zu Hilfe kam, die ihre Eigenständigkeit behaupteten. Dennoch versprach eine Ausweitung der 872 in Forchheim bestätigten Erbansprüche von 866/67 auf Italien Entlastung im Norden.

Konkurrenz um Italien Doch Karl II. unterlief die bei Treffen von 872 und 874 zwischen Kaiser Ludwig II. und seinem Onkel, König Ludwig II., verabredete Übernahme des italienischen Erbes durch Karlmann, indem der Westfranke mit Hadrian II. und Johannes VIII. Verhandlungen aufnahm. So kam der Bischof von Rom, der sich spätestens 850 als Spender der Kaiserweihe durchgesetzt hatte, erstmals in die vorteilhafte Lage, zwischen Kandidaten auswählen zu können. Dabei war der fernere Westfranke gegenüber dem Italien näheren Baiern im Vorteil. Doch entschärfte die 874 bekräftigte und von italienischen Großen gewünschte Anwartschaft Karlmanns auf Italien keineswegs die Konkurrenz zwischen den drei ostfränkischen Brüdern. Vielmehr erhoben sich 873 wie schon 871 die jüngeren, wiederum weil sie sich mit ihrem Erbanteil gegenüber Karlmann benachteiligt sahen, gegen den Vater, der nach dem spektakulären Zusammenbruch der Empörung Milde walten ließ.

Kaiser Karl II. Als am 12. August 875 der italienische Erbfall eintrat, entschied Karl II. den Wettlauf um die Kaiserkrone für sich, die er wie der erste am Weihnachtstag erhielt. Denn er kam, vom römischen Bischof gerufen, seinem Neffen Karlmann sowie dessen und Karls III. Heer schlicht zuvor, obwohl sein Bruder Ludwig II. in Westfranken einfiel und Weihnachten in Attigny feierte. Zwar war dieser Anfang 876 wie 859 zum Rückzug gezwungen, gab aber den Anspruch nicht auf, seinen Sohn an der Herrschaft in Italien zu beteiligen. Die 876 in Pavia versammelten Großen hingegen erhoben Karl II. faktisch zu ihrem König, der jedoch Kaiser Ludwigs II. Schwiegersohn Boso von Vienne als *dux* und *missus* mit seiner Vertretung betraute und sich im Juni/Juli in Ponthion seinen Westfranken auf dem Höhepunkt seiner Macht präsentierte. Als am 28. August 876 der ostfränkische Erbfall eintrat, versuchte Kaiser Karl II. in einem letzten Ausgriff die Einheit der fränkischen Herrschaft zu erzwingen, indem er seinen Neffen ihr Erbe bestritt, was der Sieg Ludwigs III. d. J. am 8. Oktober bei Andernach vereitelte.

7. Die trennende Vielfalt in den Teilungen: Kaiser Ludwigs I. (Ur-)Enkel (877–884)

7.1 Die Behauptung des geteilten Ostens und seine Ausdehnung nach Westen (877–880)

Die Nachfolge König Ludwigs II. 876 fragmentierte wie 855 die mittlere zunächst die östliche Herrschaft. Denn wie vom Vater spätestens seit 867 gemäß ihren Aufgaben in Aussicht gestellt, übernahm Karlmann Baiern und die südöstlichen Marken zusammen mit dem Anspruch auf Italien, während seine jüngeren Brüder sich das östliche Lotharingien teilten. Dabei erhielt Ludwig III. d. J. den Großteil davon zu Mainfranken, Thüringen und Sachsen, hingegen fiel das Elsass mit Alemannien und Churrätien an Karl III., den man seit dem 12. Jahrhundert „den Dicken" nannte. Die jahrelangen Bemühungen Ludwigs II. um einen Ausgleich zwischen seinen Söhnen trugen insofern Früchte, als sich Fontenoy im Osten nicht wiederholte. Denn die Brüder versuchten nach 876 nicht, sich ihr Erbe gegenseitig zu schmälern, was der Überfall ihres Onkels bewirkt haben mag. Vielmehr verbanden die drei sich und ihre Großen in einem gegenseitigen Eid, so dass diese, die sich als Adel formierten, die Teilung mittragend garantierten.

Aufteilung des Ostens

Doch würde die Teilung nicht von Dauer sein, wie sich 877 andeutete, als ein lähmender Anfall Karlmann handlungsunfähig machte. Er war wie sein Onkel Karl II. nach Italien gezogen, als Johannes VIII. gegen die unteritalienischen Muslime um Hilfe rief. Sie hatten sich seit 827 in Sizilien festgesetzt und waren immer wieder auf das Festland, 846 sogar nach Rom vorgestoßen. Hierbei erfuhr Karl II. die Grenzen seiner Kaisermacht, weil westfränkische Große seine Italienpolitik ablehnten. Deshalb musste er ihnen weitreichende Zugeständnisse machen, so im Juni 877 mit dem Kapitular von Quierzy faktisch die Erblichkeit ihrer Lehen anerkennen, ohne dies aber als Rechtssatz anzuordnen. Als Karl mit schwachen Kräften in Italien Gefahr lief, dem ebenfalls heranrückenden Karlmann zu begegnen, verweigerten ihm noch seine Großvasallen unter Führung von Boso und Hugo Abbas die Heereshilfe. Daher musste Karl sich über die Alpen flüchten, wobei ihn am 6. Oktober der Tod ereilte.

Karls II. Tod

Westausdehnung   Der zuvor regelrecht unter Kuratel gestellte Ludwig II. der Stammler folgte seinem Vater Karl II. nur bis zum 10. April 879 in der ungeteilten, aber von innen wie außen angefochtenen Herrschaft nach. Diese sollte ebenso unantastbar und den jeweils eigenen Erben vorbehalten sein wie die Herrschaft im Osten, versicherten sich die beiden Ludwige am 1./2. November 878 in Fouron. Doch Ludwig III. d. J. begriff seine Herrschaft nicht als eine durch seinen Erbanteil beschränkte, sondern als eine, die sich im fränkischen Raum bei günstiger Gelegenheit erweitern ließ. Daher folgte er wie 858 sein Vater 879 dem Ruf einiger der zerstrittenen Großen und stand Anfang 880 in Westfranken, das seine Könige behandelte wie einst die späten Merowinger. Doch anders als 859 war der Abzug teuer erkauft: Die jungen, von den streitenden Gruppen zur Wahrung ihrer Interessen durchgesetzten Enkel Karls II., Ludwig III. und Karlmann, mussten 880 mit dem Vertrag von Ribémont die 870 in Meerssen an Karl II. gelangte Westhälfte Lotharingiens an ihren ostfränkischen Verwandten abtreten.

Normannengefahr   Die Ausweitung seiner Herrschaft nach Westen und damit an die Küste konfrontierte Ludwig III. d. J. mit den Normannen. Sie vereinigten sich 879 zum „Großen Heer" und waren nicht mehr bloß zu Schiff auf Beute aus, sondern mit Reiterkriegern auf Geländegewinn. 880 vernichteten sie ein sächsisches Heer unter Liudolfs Sohn Brun. Dem Gefallenen folgte mit Otto dem Erlauchten der Stammvater der ostfränkischen Könige des 10. Jahrhunderts nach. Ludwig III. selbst musste Ende 880 die in Nijmwegen belagerten Eindringlinge abziehen lassen, was sein Ansehen minderte, auch wenn er zuvor auf dem Rückmarsch von Ribémont einen Abwehrerfolg bei Thiméon erzielen konnte. Der Sieg bei Saucourt 881 mehrte das Ansehen des westfränkischen Königs Ludwigs III., verhinderte aber keine weiteren Einfälle, sondern lenkte sie kurzfristig nach Osten um, wo 881/82 Lüttich, Aachen, Köln, Bonn, Prüm und Trier gebrandschatzt wurden.

7.2 Die Wiedervereinigung der östlichen Völker (882–884)

Karlmanns Nachfolge   Der problematischen Ausweitung nach Westen entsprach eine solche nach Süden. Dort musste der nach einem Schlaganfall 879 gelähmte Karlmann hinnehmen, dass sein Bruder Ludwig III. d. J. mit Zustimmung der Baiern die Macht übernahm. Sie schoben Karlmanns und Liutswinds Sohn Arnolf, der 876 die Mark Kärnten erhalten hatte, wegen fehlender Legitimität beiseite. Vielleicht noch selbst übertrug der am 22. September 880 verstorbene Karlmann seinem jüngsten Bruder den eigenen Anspruch auf Italien. Eingeladen von Johannes VIII., der in Westfranken keine Hilfe gefunden hatte, fand Karl III. südlich der Alpen Anerkennung. Doch entschied er, zunächst mit seinem westfränkischen Verwandten gegen Boso von Vienne vorzugehen, so dass Karl III. erst am 12. Februar 881 die Kaiserkrone empfing.

Die neue Kaiserwürde vereinigte bereits wieder alle ostfränkischen Völker unter sich, denn der 881 erkrankte Ludwig III. d. J. war am 20. Januar 882 verstorben und hatte seinem Bruder als vordringlichste Aufgabe die Normannenabwehr hinterlassen. Karl III. aber erzielte keinen durchschlagenden Erfolg. Er ließ 882 die in Asselt, ihrem 881 gewonnenen festen Stützpunkt an der Maas, belagerten Normannen abziehen, bewilligte ihnen Tribute und Landverleihungen. Diese hingen mit der Befriedung Lotharingiens durch Einbindung des illegitimen Hugo zusammen, was Karls Anhänger aber nicht verstanden. Vielmehr empörten sie sich über einen verschenkten Sieg, der auch noch zur Folge hatte, dass das „Große Heer" 883/84 wieder in Sachsen stand, was Karls Ansehen weiteren Abbruch tat. Tod Ludwigs III. d. J.

Ohne eigenes Zutun, nur durch krankheitsbedingte Todesfälle, die Schlimmes für die personal verfasste Herrschaft befürchten ließen, führte Karl III. die Völker östlich vom Rhein wieder zusammen, was nach nur sechs Jahren der Teilung noch keine größeren Probleme verursachte. Doch war unübersehbar, dass Karl III. sich einseitig auf Männer aus seinem angestammten Alemannien stützte, zu denen als Hauptratgeber der Erzkanzler Liutward, seit 880 Bischof von Vercelli, gehörte. Gravierender aber sollte die wieder zusammengeführte Herrschaft schwächen, dass ihr die Abwehr der äußeren Bedrohung nicht gelang. Vereintes Ostfranken

8. Die Abkehr von der einen Familie: Karl III. und die neuen Könige (885–888)

8.1 Der biologische Zufall als Einheitsstifter und Bedrohung

Karl III. überlebte binnen kurzem neben seinen Brüdern auch die Söhne seines westfränkischen Cousins, die Enkel Karls II.: Ludwig III. kam 882 bei der scherzhaften Verfolgung einer Adelstochter mit dem Ritt gegen einen Türsturz zu Tode und der zuvor von Karl III. adoptierte Karlmann 884 königsgerecht auf der Jagd. Daher trugen westfränkische Große 885 Karl die Herrschaft an und huldigten ihm im Juni in Ponthion. So bot sich für Karl III. wiederum ohne eigenes Zutun die Chance, die aber schon Karl II. nicht hatte nutzen können, noch ein- Vereinigung mal fast den ganzen Raum zu gestalten, über den Kaiser Ludwig I. geherrscht hatte.

Illegitime Nachkommen   Karl III. war ein Überlebender, zudem als einziger Nachkomme seines Großvaters volljährig und, was immer wichtiger wurde, unzweifelhaft in rechtmäßiger Ehe geboren, nachdem sein letzter legitimer Neffe Ludwig 879 als Kleinkind aus einem Regensburger Fenster zu Tode gestürzt war. Die Abstammung aus einer in ihrer Rechtmäßigkeit bezweifelten Verbindung brachte nicht nur Lothars II. Sohn Hugo um sein Erbe, was Karl III. 885 durch Blendung des endlich Gefangenen absicherte, der seit 879 Unzufriedene um sich geschart und gekämpft hatte. Vielmehr sah sich auch Karls Neffe Arnolf mit dem Argument der Illegitimität beiseitegeschoben. Das tiefer durchdringende kirchliche Eherecht kehrte sich aber gegen Karl III. selbst, denn sein Sohn Bernhard war bald nach 881 nicht von seiner Gattin Richgard geboren. Um dieses für die Sicherung personaler Herrschaft elementare Problem zu lösen, bemühte Karl III. eine kanonische Autorität. Doch Hadrian III. starb im September 885 auf der Anreise, was man als göttliche Beurteilung des Vorhabens verstehen konnte.

Einzelne Nachrücker   Die Aussichten für eine gefestigte Gesamtherrschaft waren zudem schlecht, weil auch der einzige unmündige, posthum geborene Karolinger im Westen, Karl III., später *simplex* „der Einfältige" genannt, aber nicht abwertend gemeint, einer Ehe entstammte, für deren Rechtmäßigkeit sein Vater Ludwig II. der Stammler bei der Regelung seiner Nachfolge keine Anerkennung gefunden hatte. Während bisher Karolingersöhne das Problem ihrer Teilhabe an der Herrschaft aufwarfen, mit dieser aber zugleich bis zum Erbfall nachgeordnete Machtpositionen in Familienhand hielten, führte das Fehlen von Nachkommen um 885 dazu, dass einzelne ohnehin mächtige Große allerorten die königlichen Machtmittel in die Hand bekamen: im Westen der Robertinger Odo, in Italien auf Karls III. Seite Berengar von Friaul und sein Konkurrent Wido von Spoleto, in Sachsen Ludwigs III. Schwager, der mit einer Babenbergerin verheiratete Otto der Erlauchte, und in Thüringen der Babenberger Poppo.

Bosos Beispiel   Doch nicht nur mit Anzahl und Anerkennung ihrer Erben drohte die Familie, die ihren unumkehrbaren Aufstieg 714 nach den Maßstäben von 885 mit dem Sohn eines Bigamisten begonnen hatte, an ein Ende zu gelangen, sondern auch mit ihrer Kraft, angesichts der strukturellen Mängel personal verfasster Herrschaft die drängenden Probleme zu bewältigen. Sich zu ihrer Lösung von der einen, seit 754 von Gott legitimierten Familie ab- und sich Erfolgversprechenderen zuzuwenden, war kein bloßes Gedankenspiel. Denn am 15. Oktober 879 hatten die Bischöfe der Provence in Mantaille mit Boso einen ersten Nichtkarolinger zum König erhoben. Dieser war nur mit einer Tochter Kaiser Ludwigs II. vermählt und Schwager Karls II. in dessen zweiter Ehe. Doch als Boso unter dessen Enkeln seinen Einfluss schwinden sah, betrieb er seine eigene Königserhebung. Sie wurde als Provokation begriffen, 880 von den vereinten Karolingern bekämpft und 882 von dem westfränkischen Karlmann bis zu Bosos Tod 887 wirkungslos gemacht.

8.2 Die Erhebung neuer Machthaber 887/888

Wiewohl die Westfranken Karl III. die Herrschaft über sich angeboten hatten, war doch fraglich, ob sie sich mit den Ostfranken zusammenfinden würden, nachdem beide über eine Generation lang getrennt waren. Doch ein Erfolg, der das Ansehen des unverhofften Gesamtherrschers hätte heben können, blieb aus. Vielmehr mussten auch die Westfranken im Oktober 886 erleben, dass Karl zwar das von den Normannen belagerte und von Roberts Sohn Odo verteidigte Paris entsetzte, wobei der Babenberger Heinrich fiel, den Abzug der Eindringlinge aber wie 882 mit Zahlungen und Winterquartieren, faktisch Plünderungen in Burgund erkaufte.

Ausbleibender Erfolg

Als Karl III. 886/87 schwer erkrankte, musste er seine Nachfolge regeln. Am wenigsten fasste er dabei den tatsächlichen Nachfolger ins Auge, seinen volljährigen, handlungsfähigen und im Südosten erprobten, aber illegitimen Neffen Arnolf. Andere wie Karls Hauptratgeber Liutward von Vercelli dachten vielleicht schon 887 daran, wie es 888 geschah, die mit ihren legitimen Nachkommen erlöschende Familie durch jene Männer abzulösen, die bereits in die vormals in Familienhand befindlichen Machtpositionen eingerückt waren. Karl aber plante im Rahmen seiner Familie. Im Mai 887 adoptierte er Ludwig, den kleinen Sohn des im Januar verstorbenen Boso von Vienne. Damit war zunächst nur die nichtkarolingische Herrschaft in der Provence anerkannt, für Karls eigene Nachfolge bedeutete dies nur eine Option in fernerer Zukunft. Unmittelbar strebte Karl danach, seinen eigenen Sohn Bernhard durch die Ehe mit dessen Mutter zu legitimieren. Dazu war seine Ehefrau Richgard im Juni 887 bereit, mit einem Gottesurteil zu erweisen, dass ihre Ehe nie vollzogen worden war. Es war Karls Autorität abträglich, dass alldem der Vorwurf voranging, Richgard habe eine ungebührliche Beziehung zu Liutward von Vercelli unterhalten. Dieser jedenfalls wurde im Mai aus seiner Vertrauensstellung verdrängt und Karl sah mit Liutbert von Mainz Männer um sich, die er bisher zugunsten seiner Alemannen zurückgestellt hatte. Karl besaß nicht mehr

Karls III. Nachfolgepläne

die Autorität und, krankheitsbedingt, die Kraft, seinen Plan, Bernhard zu legitimieren, durchzusetzen.

Karls III. Verlassung Das personale Geflecht, das die Machtausübung ermöglichte, riss endgültig im November 887. Der schwer angeschlagene Karl III. lud seine Großen zu einer Versammlung nach Trebur. Dorthin zog mit Heeresmacht sein Neffe Arnolf, der sich durch Ludwigs Adoption und den Versuch, Bernhard zu legitimieren, erneut ausgeschlossen sah. Karl wich noch nach Frankfurt aus, wo ihn seine letzten Anhänger verließen, so dass er wie sein Großvater auf dem Lügenfeld faktisch entmachtet war. Die Initiative zu dieser Herrscherverlassung lag je nach Quellenoptik bei Arnolf oder bei den ostfränkischen Großen. Tatsächlich dürften sich ihre Interessen in einer zukunftsweisenden Herrschaftsbegründung verbunden haben.

Arnolfs neue Herrschaft Selbst wenn Arnolf die Initiative ergriff, musste er doch einen neuen Weg gehen. Denn das Kirchenrecht verwehrte ihm, durch Geburt der einen seit 754 gottbegnadeten Familie anzugehören und so zur Herrschaft berufen zu sein. Arnolf setzte sich also nicht durch, weil er einen Karolinger zum Vater hatte, sondern weil seine Macht auf Zustimmung beruhte. Wohl hatte dieser Grundsatz auch unter der Gottbegnadung gegolten. Doch verdeckten ihn zunächst expansive Erfolge und dann Legitimitätsdenken, wenn nicht gar Gewohnheit, die den Großen für ihre eigenen Interessen diente, bevor er sich 887 Bahn brach, nachdem die einst, nun aber offenkundig nicht mehr gottbegnadete Herrschaft im Inneren wie nach Außen versagt hatte. Die ostfränkischen Großen, zunächst der Sachse Otto und seine mainfränkische Schwägerschaft, die „älteren Babenberger", aber auch die Karolingerin Hildegard als Tochter Liutgards und Ludwigs III. d. J., denen rasch die anderen Führungsfamilien folgten wie die Konradiner, die Karl nicht an sich hatte binden können, wollten mit einem Mann die Herrschaft begründen, der dank seiner Eignung und Erfahrung die drängenden Probleme bewältigen und gleichzeitig ihre eigenen Interessen wahren würde. Nicht eine kirchlich sanktionierte Abstammung gab für die Zustimmenden den Ausschlag, sondern die Eignung des Kandidaten.

Arnolfs Beispiel Die Zustimmung, die ostfränkische Große Arnolf bei seinem Griff zur Macht gewährten, knüpfte ein neues Band zwischen Herrscher und Beherrschten. Es war stets zu erneuern, selbst wenn der Vorgänger einen Sohn hinterließ. Insoweit fanden die Herrschaften der Karolinger, die sich auf die Gottbegnadung ihrer einen Familie gestützt hatten, im ostfränkischen Bereich 887 ihr Ende. Das übrige karolingische Europa wandte sich nach Arnolfs Erhebung, spätestens nach Karls III. Tod am 13. Januar 888 in seinen 843 und 855 entstandenen Teilen von der einen

Familie ab und neuen Männern zu. Sie waren keine Karolinger, wohl aber als ihre Helfer schon in ihre Machtpositionen eingerückt: Westfranken begründete einen Herrschaftsverband mit dem Ende Februar, Anfang März in Compiègne gesalbten und gekrönten Grafen Odo von Paris, dem Sohn Roberts des Tapferen, und zuvor der mittlere Bereich von 843 mit dem Welfen Rudolf I., der sich aber auf Hochburgund beschränken musste. Italien blieb zwischen dem im Februar 888 in Pavia gekrönten Berengar von Friaul und Wido von Spoleto umkämpft, der sich in Westfranken unterstützt von Fulco von Reims nicht hatte durchsetzen können. Während in Aquitanien Ramnulf vor dem Griff nach der Königsmacht zurückschreckte und für Karl III. *simplex* als Sachwalter auftrat, wurde Bosos Sohn Ludwig 890 in Valence zum König der Provence erhoben.

9. Das Ende als Übergang: die letzten ostfränkischen Karolinger (887–911)

9.1 Der „Oberherr" Arnolf (887–899)

Der auf neue Weise zur Macht gelangte Arnolf strebte danach, seine Herrschaft im Inneren breit abzusichern, indem er zu möglichst vielen Großen in Verbindung trat, sei es durch die Ansätze einer „Umfahrt" von Frankfurt über Forchheim nach Regensburg und nach Kärnten, sei es durch Vergabe von regional breit gestreuten Privilegien in seinen ersten beiden Jahren.   Breite Absicherung

Die Aussicht einer anerkannten Nachfolge als weitere Verstetigung personaler Herrschaft hingegen stellte für Arnolf ein Problem dar, weil er zwar den volljährigen Sohn Zwentibold und den unmündigen Ratold besaß, die aber wie er selbst aus Verbindungen stammten, die nicht als rechtmäßig anerkannt waren. Als die Konradinerin Uota, die Arnolf wohl noch 888 zur Einbindung ihrer Familie geheiratet hatte, nicht umgehend die Aussicht legitimer Erben bestätigte, versuchte Arnolf 889, die Großen in Forchheim für eine Nachfolge seiner illegitimen Söhne zu gewinnen. Die Großen stimmten aber nur unter dem Vorbehalt zu, dass diese Verstetigung hinfällig sei, wenn Uota einen Sohn gebären sollte, was 893 geschah, als Ludwig IV. zur Welt kam.   Nachfolgeplan

Die Forchheimer Zusage von 889 für Arnolfs illegitime Söhne überging den unmündigen Sohn Karls III., Bernhard. Dies veranlasste seine alemannischen Anhänger 890 zu einer Empörung, bei deren Niederwerfung Bernhard 891 erschlagen und so Arnolfs Herrschaft auch in   Inneres

Alemannien gefestigt wurde. Auch gegen weitere Anhänger Karls III. wandte sich Arnolf, so entmachtete er 892 den Babenberger Poppo und ließ die konradinischen Verwandten seiner Gattin Uota zu den bestimmenden Kräften in Thüringen und Mainfranken aufsteigen, hingegen in Baiern Luitpold, mit dem Arnolf vielleicht verwandt war. Dort besaß Arnolf wie schon König Ludwig II. den Schwerpunkt seiner Macht, doch traf er Entscheidungen über Baiern hinaus meist im Rhein-Main-Gebiet.

Normannen und Ungarn

Nach außen erzielte Arnolf den Erfolg, der seinen Vorgängern ansehensmindernd verwehrt blieb: 891 besiegte er eine Normannenschar an der Dyle so nachhaltig, dass sie den Osten künftig mieden, sich in der nach ihnen benannten Normandie ansiedelten und dort 911 mit ihrem Anführer Rollo in ein Lehnsverhältnis zu dem westfränkischen König Karl III. *simplex* traten. Doch ihre Nachfolger ließen im Südosten nicht lange auf sich warten. Dort hatten sich die Mährer nach Kämpfen von 882 und 884 der ostfränkischen Oberhoheit entzogen: So baute ihr Fürst Svatopluk nach Methods Tod 885 an den Karolingern vorbei eine Beziehung zu dem Bischof von Rom auf. Um seine Oberhoheit wiederherzustellen, bediente sich Arnolf in seinen Feldzügen von 892 und 893 der Hilfe ungarischer Reiterkrieger. Sie lernten dabei ihre künftigen Anmarschwege kennen. Zwar setzte Arnolf nach Svatopluks Tod 894 die Oberhoheit gegenüber seinen streitenden Söhnen durch und ließ sich 895 von den Böhmen huldigen. Doch 899/900 stießen die Ungarn tief nach Italien und Burgund vor, ritten danach immer wieder beutemachend nach Westen und Nordwesten, wobei sie 905 die Mährerherrschaft vernichteten.

Anerkennung der übrigen Könige

Über Ostfranken hinaus erstrebte Arnolf keine unmittelbare Ausweitung seiner Herrschaft. So versagte er sich im Juni 888 in Frankfurt einer Einladung nach Westen durch Odos Gegner, angeführt von Fulco von Reims. Doch sah sich Arnolf gegenüber den nichtkarolingischen Königen in der Rolle eines „Oberherren", was vielleicht unter Karl III. schon geplant war. Jedenfalls strebten die neuen Herrschaften nach der Legitimation durch den einzigen noch herrschenden Karolinger. So erfuhr Odo mit der Übersendung einer Krone für seine erneute Reimser Krönung 888 jene Anerkennung, die Arnolf seinem entfernten Verwandten Karl III. *simplex* 895 nach kurzem Schwanken versagte, nachdem dieser sich gegen Odo am 28. Januar 893 in Reims hatte krönen lassen. Von Ludwig, Bosos Sohn, ließ sich Arnolf schon 890 huldigen. Hingegen anerkannte Arnolf den Welfen Rudolf I. nur in den Westalpen (daher Hochburgund), nicht aber dessen Ambitionen auf ganz Lotharingien, das er selbst beanspruchte und ihn deshalb 891 und 893 bekriegte.

9. Das Ende als Übergang (887–911)

Mit der Geburt Ludwigs IV. 893 musste Arnolfs illegitimer Sohn Zwentibold gemäß der Forchheimer Zusage von 891 zurückstehen. Als Ersatz sollte er Lotharingien erhalten, wo der Vater ihm schon 893 die Machtmittel des Grafen Megingaud übergeben hatte, dem 892 eine Fehde in Lotharingien das Leben gekostet hatte. Dessen Große aber widersetzten sich 894 noch Arnolfs Wunsch, so dass Zwentibold erst im Mai 895 in Worms zum König gesalbt und gekrönt wurde. Der Sohn aber setzte sich von seinem Vater ab, als er versuchte, seine Herrschaft nach Westen auszuweiten, indem er Partei für Karl III. *simplex* gegen Odo nahm, den sein Vater unterstützte.

Zwentibold

Arnolf anerkannte die 888 entstandenen Herrschaften, insoweit sie ihm mehrheitlich eine Oberhoheit zugestanden. Arnolf unterstrich diese zunächst nicht, was Stephans VI. Ruf zu Roms Schutz ermöglicht hätte, durch die Kaiserwürde. Sie erhielt am 21. Februar 891 als erster Nichtkarolinger Wido von Spoleto. Er erzwang im April 892 seinen Sohn Lambert als Mitkaiser, nachdem Wido zuvor seinen Konkurrenten, den von Arnolf gestützten Berengar von Friaul, nach Nordosten abgedrängt hatte. Wiewohl Arnolf, nachdem Zwentibold 893 in Italien nichts erreicht hatte, Anfang 894 mit Berengar das zu Wido haltende Bergamo erobern und im Norden Anerkennung finden konnte, zog er zunächst nicht weiter gegen Wido, brach also den Romzug ab. Hingegen war es ein Erfolg, dass sich 888 und 895 überhaupt wieder ostfränkische Bischöfe zu Synoden versammelten und 895 in Trebur Arnolfs Königsgewalt unter Rückgriff auf westgotische Beschlüsse ideell absicherten.

Erster Italienzug

Als Arnolf 895 seine Tante Hildegard in einem Hochverratsprozess gegen den bairischen Grenzgrafen Engildeo anklagte, berücksichtigte er im Gericht alle Regionen, die seine Herrschaft begründet hatten. Damit trug er dem Umstand Rechnung, dass nicht mehr der König allein den Herrschaftsverband konstituierte, sondern die Großen, die seinem Griff nach der Macht zugestimmt hatten, angemessen, wenn auch noch nicht gleichberechtigt zu beteiligen waren. Indem Zustimmung zur Herrschaft die Teilhabe an ihr bedingte, geriet Konsensstiftung zu der vordringlichen Aufgabe, die der zwischen ihren divergierenden Interessen lavierende Arnolf, wiederum krankheitsbedingt, nicht mehr bewältigte, während sich die Großen der Konsensstiftung immer mehr entzogen.

Konsensstiftung

Arnolfs Kaiserkrönung Ende Februar 896 entfaltete keine Wirkung mehr. Denn die letzte eines Karolingers war nur eine Gegenkaiserkrönung. Sie erfolgte auf Einladung des römischen Bischofs Formosus, um sich Kaiser Lamberts zu erwehren, der seinem

Kaiser Arnolf

im Herbst 894 gestorbenen Vater Wido gefolgt war. Als Kaiser initiativ zu werden, verwehrte Arnolf ein Schlaganfall, der ihn noch in Italien lähmte und nach weiteren 899, wahrscheinlich am 8. Dezember, zum Tode führte. Daher unterblieb es, das 888 formierte Europa so zu gestalten, dass unter Arnolfs Kaisertum Odo in Westfranken, Ludwig in der Provence, Zwentibold in Lotharingien und vielleicht Arnolfs zweiter illegitimer, 896 in Mailand zurückgelassener Sohn Ratold in Italien herrschen und Karl III. *simplex*, Rudolf von Hochburgund und und Kaiser Lambert verdrängen sollten. Doch diese formierten sich nach Arnolfs Schlaganfall und die berühmte Leichensynode, die Arnolfs Koronator Formosus *post mortem* aburteilte, sollte sein Kaisertum delegitimieren.

Arnolfs Ende

Die Herrschaft eines, wenn auch illegitimen Karolingers in Ostfranken bestand, recht besehen, schon nach Arnolfs Schlaganfall 897 nicht mehr. Zwar konnte er noch für seine Söhne Vorsorge treffen. Er schwor die Großen auf Ludwig IV. als Nachfolger ein und söhnte sich mit Zwentibold aus, der sich nach seinen vergeblichen Westausgriffen wieder nach Osten orientierte. Dazu verband Zwentibold sich 897 mit Oda, der Tochter des mit den Babenbergern verschwägerten Liudolfingers Otto. Doch hatte sich Zwentibold derart mit seinen Grafen zerworfen, dass diese sich an den vormals von ihrem König unterstützten Karl III. *simplex* wandten. Dies nutzte dieser 898 zu einem ersten Ausgriff nach Lotharingien, dessen Beherrschung sich für Zwentibold als Himmelfahrtskommando erweisen sollte. Der schwererkrankte Arnolf aber herrschte eigentlich nicht mehr. Sein letztes Jahr 899 dominierten so ansehensmindernde Vorgänge wie der Prozess, in dem seine Gattin Uota mit 72 Eideshelfern den Vorwurf des Ehebruchs entkräftete, ein angeblicher Giftanschlag auf Arnolf, vor allem aber die äußerst blutige Babenberger Fehde, die ebenfalls 897 ausgebrochen war.

9.2 Die Machthaber hinter Ludwig IV. dem Kind (899–911)

Herrschaft anderer

So wenig Arnolf nach 897 noch herrschte, konnte es sein legitimer Erbe Ludwig IV. Denn er war minderjährig, was ihm den Beinamen „das Kind" eintrug. Daher war zwar rechtlich, nicht aber faktisch die Herrschaft eines Karolingers gegeben. Die wenigen Jahre, die dem offenbar kränklichen Ludwig IV. verblieben, sind daher nur noch als Herrschaft jener Kräfte zu beschreiben, die ihm als König am 4. Februar 900 in Forchheim gemeinsam zustimmten, allen voran Erzbischof Hatto von Mainz, der mit brutaler List 906 die Babenberger Fehde beendete, und ihre Hauptnutznießer, die Konradiner. Nach einem vorbereitenden Tref-

9. Das Ende als Übergang (887–911) 51

fen in Sankt Goar, das im Frühjahr 899 unter ostfränkischer Beteiligung eigentlich einen Frieden mit Zwentibold vermitteln sollte, sich aber gegen ihn kehrte, stimmten auch seine Großen in Diedenhofen am 22. März 900 Ludwig IV. als König zu. Der so endgültig jeden Rückhaltes beraubte Zwentibold fand am 13. August 900 den Schlachtentod. Im Gegenzug für ihre Parteinahme erhielten die Großen die Eigenständigkeit Lotharingiens zuerkannt, das 903 der Konradiner *dux* Gebhard führte.

Einschneidend war während Ludwigs nomineller Herrschaft der vollständige Verlust des Südostens, den Karl I. jenseits der Enns gesichert hatte. In der Schlacht bei Preßburg gegen die Ungarn am 4. Juli 907 fiel, was personelle Verwerfungen auslöste, die Mehrzahl der bairischen Großen, allen voran Markgraf Luitpold von Karantanien und Pannonien, sowie drei bairische Bischöfe. Nach 907 begannen die Ungarn ihre Züge nicht mehr in der fernen Ebene, sondern bereits an der Enns, wo Luitpolds Sohn Arnulf nun Baiern zu behaupten versuchte. Ein Ungarneinfall in Thüringen 908 schwächte die dort wie in Mainfranken vorherrschenden Konradiner und öffnete diese Region dem Liudolfinger Otto dem Erlauchten, der in dem durch die konradinische Dominanz am Hof königsfernen Sachsen seine Machtgrundlagen besaß. Doch nicht nur diese „Mittelgewalten", aus denen die Herzöge der Ottonenzeit hervorgingen, fanden kein wirksames Mittel gegen die leichte Kavallerie der Ungarn. Auch der gerade volljährige Ludwig IV. musste 910, während *dux* Gebhard fiel, die ansehensmindernde Flucht auf jenem Lechfeld ergreifen, auf dem erst sein dritter Nachfolger die Ungarn 955 dauerhaft in die Pannonische Tiefebene verwies.

Verlust des Südostens

9.3 Der „letzte Karolinger" Konrad I. (911–918)

911, wahrscheinlich am 24. September, starb mit Ludwig IV. der letzte Karolinger in Ostfranken. Denn in Westfranken war Karl III. *simplex* bereits 896/7 von dem söhnelosen Capetinger Odo und seinem Bruder Robert als Nachfolger anerkannt worden und übte eine, in ihren materiellen Grundlagen stark, nämlich auf Laon, eingeschränkte eigene Herrschaft aus, bis Odo am 1. Januar 898 starb. Karl, der weite westfränkische Bereiche seinem späteren Nachfolger Robert überlassen musste, gelang es 911, auf Lotharingien auszugreifen, weil sich seine Großen, vielleicht schon vor Ludwigs IV. Tod, für ihn entschieden. Hingegen einigten sich im November 911 die in Forchheim Versammelten mit Konrad auf einen der ihren als König, der nach dem Tod Konrads d. Ä.

Nachfolgen

Konrad I.

906 und nach der Katastrophe von Preßburg 907 unter Ludwig IV. bestimmend hervortreten war.

Weil er Mainfranke war, erschien Konrad hochmittelalterlichen Geschichtsschreibern als letzter Karolinger, die er aber nicht zu seinen Vorfahren zählte. Von seinem Handeln her kann er diese Benennung in Anführungszeichen beanspruchen. Denn er bewegte sich in den Bahnen, die von den späten ostfränkischen Karolingern vorgezeichnet waren. So versuchte er beharrlich, Lotharingien zurückzugewinnen. Dies gelang aber nicht ihm, sondern endgültig erst 978. Eines aber machte seine Erhebung und 919 die des Sachsen Heinrichs I. ganz deutlich: Die ostfränkischen Großen, die sich immer stärker, was Konrad nicht verhindern konnte, um die „Mittelgewalten" der späteren Herzöge gruppierten, dachten nicht mehr daran, sich einem westfränkischen Karolinger zu unterstellen, deren letzter als König erst 987 starb.

II. Grundprobleme und Tendenzen der Forschung

Die Karolinger erfreuen sich ungebrochener Beachtung durch die internationale Forschung, die ein Einzelner nicht überblicken kann. Daher ist hier nur eine Auswahl betrachtet, die unweigerlich Kritik hervorrufen wird, weil sie sich beschränken muss, nämlich thematisch auf Herrschaft in ihren wesentlichen Aspekten, regional zum 9. Jahrhundert hin gemäß der Ausrichtung der EdG vor allem auf Ostfranken, das sehr viel spätere Deutschland, und grundsätzlich auf jüngere Beiträge, denen die ältere Literatur zu entnehmen ist.

1. Quellen

Jede Beschäftigung mit den Herrschaften der Karolinger muss, da die Quellen aus dem 8. und 9. Jahrhundert nicht überreich fließen, auf die ganze Bandbreite unterschiedlicher Typen zurückgreifen. Ihre wichtigsten bilden die Hauptabteilungen der „MGH": erzählende Texte [1: SS], Rechtssammlungen [1: LL], Königsurkunden [1: DD] und Briefe [1: Epp.]. Die lange entbehrten Urkunden Ludwigs des Frommen werden bald von TH. KÖLZER kritisch ediert sein [vgl. vorerst 259: Kaiser Ludwig]. Die für die hochkarolingische Herrschaft eigentümlichen Kapitularien harren weiter einer kritischen Neuedition, wie sie in mustergültiger Form für die private Sammlung des Ansegis vorliegt [MGH Capit. N. S. 1]; mithin ist weiter die alte Edition [MGH Capit. 1–2] unter steter Beachtung der Erkenntnisse von H. MORDEK zu benutzen [233: Bibliotheca]. Hingegen sind mit den Synodalakten und -protokollen wichtige Texte für die gottbegnadeten und -gewollten Herrschaften der Karolinger vollständig verfügbar [1: MGH Conc.], zu denen W. HARTMANN einen verlässlichen Wegweiser bietet [101: Synoden].

Kritische Editionen

Der akademische Unterricht an den modularisierten Hohen Schulen wird Quellen nur soweit einbeziehen können, wie die Verständnishilfen reichen, die für einzelne, nicht nur erzählende Texte im „Repertorium fontium" [25] nachgewiesen sind. Die Freiherr vom

Übersetzungen

Stein-Gedächtnisausgabe bietet weitgehend die erzählenden Quellen [2–4], die „Geschichtschreiber der deutschen Vorzeit" [14] noch einige weitere, vor allem Viten, wobei die der römischen Bischöfe nur in einer angelsächsischen Version vorliegen [17: Liber Pontificalis]. Für zentrale normative Einzeltexte wie Kapitularien muss auf die Übersetzungssammlungen von W. HARTMANN oder W. LAUTEMANN [11] zurückgegriffen werden. Hinkmars Hofordnung [15] hingegen durfte sich einer zweisprachigen MGH-Ausgabe erfreuen, die sonst nur noch für die Viten Ludwigs I. geboten wird [20]. Wiederum das Konkurrenzunternehmen macht die Briefe und die Vita des Bonifatius [6] sowie, wenn auch auszugsweise, karolingische Fürstenspiegel [13] dem studierenden Publikum verständlich, das einen Zugang zu den Herrscherurkunden über die entsprechenden „Regesta Imperii" findet [21]. Diese können zugleich als Wegweiser zu Quellennachrichten über Einzelereignisse dienen. Dafür sind, wiewohl in der Sachdeutung überholt, auch die „Jahrbücher der deutschen Geschichte" nützlich [vgl. die Aufstellung 22: W. BAUMGART, Bücherverzeichnis, 61].

Hilfsmittel   Quellenkundliche Kenntnisse vermitteln W. WATTENBACH/W. LEVISON/H. LÖWE [26: Geschichtsquellen], allerdings für die früh- und hochkarolingische Zeit auf dem Forschungsstand nach dem letzten europäischen Bruderkrieg. Daher sind in jedem Einzelfall die Erkenntnisse der ausgehenden Postmoderne zu bibliographieren, wobei der alphabetisch nach Quellen geordnete Teil des „Medioevo Latino" hilfreich ist [24]. Vollelektrisch zu benutzen sind die „Jahresberichte für deutsche Geschichte" [vgl. 22: W. BAUMGART, Bücherverzeichnis, 26] und die „International Medieval Bibliography" [ebd. 23]. Bei dem Bibliographieren tritt oft noch Uneinigkeit über die Einschätzung zentraler erzählender Texte zu Tage, auf die am Beginn jedes Unterabschnittes von II.3 verwiesen wird.

2. Die ganze Karolingerzeit

2.1 Handbücher und allgemeine Überblicksdarstellungen

Das „Handbuch der deutschen Geschichte" schlechthin liegt nunmehr in 10. Auflage vor, doch verteilt sich die Stoffinformation über die Karolingerzeit auf zwei Bände. Denn R. SCHIEFFER [42: Zeit] beendete sie für den ostfränkischen Bereich sehr zur Freude der nachfolgenden Bearbeiter H. KELLER und G. ALTHOFF [42: Zeit] mit dem Jahr 887. Lässt sich diese Zäsur von der Art der Herrschaftsbegründung 887 her rechtfertigen, so wird der Benutzer doch auf zwei von ihrer Anlage her unterschiedliche Bände verwiesen. Sie haben aber gegenüber den nachfolgend zu nennenden Übersichten ohne Fußnoten den Vorteil, ihren Benutzer zu einzelnen Problemen punktgenau auf den Forschungsstand kurz nach der letzten Jahrtausendwende zu führen. Der Studienanfänger wird daher zunächst auf die stets aktualisierte, Ereignis- und Strukturgeschichte verbindende Darstellung aller „Karolinger" von R. SCHIEFFER [46] zurückgreifen oder auf den gedrängteren Überblick von M. BECHER, der auch die vorherige Herrscherfamilie behandelt [38: Merowinger]. Wer dergestalt das „Frankenreich" in seinen vor allem strukturellen Gegebenheiten kennenlernen will, wird auf den Oldenbourg Grundriss von R. SCHNEIDER [45] und für das 9. Jahrhundert auf den von J. FRIED nicht verzichten können [45: Formierung]. DERS. hat den Beitrag der Karolinger auf dem „Weg in die Geschichte" der späteren Deutschen umfassend dargestellt [40] und in einer weiteren Gesamtdarstellung noch einmal entscheidende Punkte hervorgehoben [39: Mittelalter, 48–113]. Jeweils in das ganze „Frühmittelalter" eingebettet finden sich die Karolinger bei A. ANGENENDT, der Kirche und Religion konsequent in ihrem gesellschaftlich-politischen Umfeld darstellt [37: 253–457], und bei H.-W. GOETZ [43: Europa, 58–74], der einen gesamteuropäisch-komparatistischen Ansatz verfolgt und vor allem auf die Strukturen blickt [ebd. 118–275]. Im globalen Vergleich der „Weltdeutungen und Weltreligionen 600 bis 1500" hingegen verschwinden das 8. und 9. Jahrhundert fast [41: J. FRIED/E.-D. HEHL, 205–208, 280f., 414–416 und 435–437]. Ein Lesebuch zur Ereignisgeschichte, Hoch- und Alltagskultur unter den Karolingern bieten J. LAUDAGE/L. HAGENEIER/Y. LEIVERKUS [44]. Neben Nachschlagewerken wie dem „Lexikon des Mittelalters" (LexMA), dem „Lexikon für Theologie und Kirche" (LThK) und dem „Handwörterbuch der deutschen Rechtsgeschichte" (HRG) ist bis in die Zeit Karls I. auch das „Reallexikon der Germanischen Altertumskunde" (RGA) heranzuziehen [Nachweise in 22: W. BAUMGART, Bücherverzeichnis, 37–42].

2.2 Die Familie und ihre Herrschaften

Keineswegs um großen Männern zu huldigen, vielmehr bedingt durch die Eigenart personaler Herrschaft richtet sich der Blick zunächst auf die Spitze, den Herrscher und seine Familie. Zu ihnen liegen Studien vor, die beide karolingische Jahrhunderte übergreifen und vor allem „Väter und Söhne" in den Blick nehmen. Ausbleibende Erben und, wenn

Übergreifende Aspekte

sie sich einstellten, ihr Verhältnis zu den Vätern zeigt R. SCHIEFFER [in 328: DERS., 149–164] als Grundmuster, während die Stellung der „Königssöhne" in allen Aspekten [54: B. KASTEN], aber auch ihr Wirken unter ihren Vätern als „laikale Mittelgewalten" [DIES. in 168: ERKENS, 54–66] ebenso aufgearbeitet sind wie die problematische Stellung der „Reges pueri" [307: TH. OFFERGELD] oder wie die im 9. Jahrhundert keineswegs schlechter werdenden „Chancen ‚unehelicher' Karolinger" [B. KASTEN in 301: FUCHS/SCHMID, 17–52]. In der Zeit nach Karl I. wurde die „Brüdergemeine" [56: R. SCHNEIDER] bestimmend und der „Thronsturz" [48: K. BUND, 363–549] zur realen Gefahr. Dabei werde so G. JORDAN die körperliche Unversehrtheit des Herrschers von der Forschung überschätzt [52: Siech], die zudem, was die von Hemma vererbte Krankheit der ostfränkischen Karolinger anlangt, immer noch (meist unbewusst) einem Erbbiologismus anhänge (dazu II.3.5). Hingegen hätten für M. WINTER die Zeitgenossen den Körper des Königs als ein direktes Zeichen seiner Herrschaftstauglichkeit aufgefasst [59: Schönheit, 127]. Doch auch dieser musste den Weg alles Irdischen gehen, weshalb „Royal Funerals" [55: J. L. NELSON] hienieden eine letzte Gelegenheit zur Herrschaftsrepräsentation boten [78: B. WEILER/S. MACLEAN], die zu Lebzeiten den besonderen „Festtag" [57: M. SIERCK] suchte und alle Mittel der „Symbolic Language" wie Liturgie, Herrschertitulaturen und -monogramme sowie Münz- und Siegelbilder nutzte [50: I. H. GARIPZANOV].

Weibliche Familienmitglieder

Das Wirken der Karolinger schließt ihre Frauen ein, wobei M. HARTMANN nicht nur die „vollehelichen" [51: Königin, 87–137] einzeln unter allen frühmittelalterlichen Königs(ehe)frauen behandelt, sondern [ebd. 138ff.] auch im systematischen Zugriff auf ihre Wirkungsmöglichkeiten unter exakter Nachweisung des Forschungsstandes. Daher seien mit DERS. [ebd. xixf. u. xxiii] die zahlreichen einschlägigen Arbeiten von J. L. NELSON, aber auch von G. G. WOLF nachgewiesen. Nur zu den Eheformen sei eigens A. ESMYOL hervorgehoben [49: Geliebte] und für „Gender in the Early Medieval World" auf J. BRUBAKER/J. M. H. SMITH [47] verwiesen.

2.3 Frühmittelalterliche „Staatlichkeit"

Haus und Hof

Die Königin war keineswegs allein darauf beschränkt, die Erbfolge zu sichern. Vielmehr stand sie dem Haushalt ihres Mannes vor und besorgte gestützt auf „Hofämter und Königshöfe" [W. RÖSENER in 326: LUDWIG/SCHILP, 529–546] jenen Hof, auf dem ihr Mann die Großen um sich versammelte, um im Verbund mit ihnen Macht auszuüben. Zudem wies der Herrscher den Inhabern seiner Hofämter, deren Bezeichnungen (Seneschall, Marschall, Kämmerer) deutlich ihre Herkunft aus der „Agrarwirtschaft" [213: W. RÖSENER] verraten, über diese hinaus gleichsam politische Aufgaben zu und handelte damit wie ein Großbauer im Rahmen von Haus und Hof.

Der Hof als zentraler Ort der Macht dürfte unstrittig sein, auch wenn er eine wandernde Einrichtung war, sieht man von „Aachen" in hochkarolingischer Zeit ab [J. L. NELSON in 211: M. DE JONG/F. THEUWS/C. VAN RHIJN, 217–237]. Immer noch umstritten hingegen ist, ob die Personenbeziehungen zwischen Herrscher und Beherrschten, die an dem wandernden Hof ihren sichtbarsten Ausdruck fanden, selbst oder gar eine davon losgelöste Verfasstheit im Verständnis der damals Handelnden etwas eigenes, von dem Herrscher Unabhängiges konstituierten und wie der moderne Betrachter dies benennen soll. Während J. FRIED den „Herrschaftsverband" [66] im 9. Jahrhundert zwischen „Kirche" und „Königshaus" verortet, die allein den Zeitgenossen ihre öffentliche Ordnung begreifen ließen, sieht H.-W. GOETZ im politischen Denken der Karolingerzeit genau diese Verfasstheit mit dem Wort „Regnum" wiedergegeben [67]. Jenes aber lässt sich, auch wenn sich das so Bezeichnete im Raum erstreckte, personal als Herrschaft verstehen. So unterstreicht J. FRIED [65: *Gens* und *regnum*], dass die Karolingerzeit kein von den personalen Bindungen abstrahierendes Verständnis öffentlicher Ordnung besessen habe, ja dass „es das Reich der Franken nicht gegeben hat" [in 70: JUSSEN, 83–89 u. 374f.]. Hingegen sieht H.-W. GOETZ weiter *regnum* „als Inbegriff frühmittelalterlicher Staatlichkeit schlechthin" [in 60: AIRLIE/POHL/REIMITZ, 56].

Bis die historische Semantik [vgl. vorerst 69: B. JUSSEN, King, 107–110] neue Einsichten vermitteln wird, bieten die konträren Positionen von FRIED und GOETZ, die J. JARNUT mit „Anmerkungen zum Staat" [68] skizziert, immer noch gleichsam die Pole, nach denen sich Forschende ausrichten, von denen J. W. BUSCH weitere nennt [64: Amtswalten, 5 Anm. 14]. Diejenigen, die in der Karolingerzeit die Fähigkeit zur Abstraktion öffentlicher Ordnung gegeben sehen, [so DERS. in peripheren Randgruppen], treten [anders als DERS.] zugleich dafür ein, die Verfasstheit mit dem Wort „Staat" zu bezeichnen, so die Beiträger zu dem Sammelband von ST. AIRLIE/W. POHL/H. REIMITZ [60]. Der nächste war unter dem erweiterten Tagungstitel „Staat und Staatlichkeit im europäischen Mittelalter" angekündigt, ist aber unter dem eindeutig veränderten (und daher nicht hier eingegangenen) Titel „der frühmittelalterliche Staat" erschienen [77: POHL/WIESER].

Der Begriff Staat, selbst wenn er als überzeitliches Verstän-

Herrschaftsverband

Staat?

Gemeinwesen

58   II. Grundprobleme und Tendenzen der Forschung

digungsmittel begriffen wird, bleibt aber zu sehr mit modernen Erscheinungen besetzt, als dass sie bei der Erfassung vormoderner Wirklichkeit nicht mitschwängen. Weshalb sogar die anglophone Forschung, die bislang unbefangen „State and Society" [280: M. INNES] auf das Frühmittelalter angewandt hat, weil ihr wie anderen Sprachen ein Ausdruck für „Herrschaft" fehle [76: W. POHL, 443], in jüngerer Zeit „Frankish kingdoms" als „fragile polities" bezeichnet [288: E. J. GOLDBERG, Struggle, 207], von „structures of the polity" [298: S. MACLEAN, Kingship, 232] oder von der *ecclesia* als „polity" spricht [M. DE JONG in 170: STORY, 126, und 257: DIES., Penitential State, passim], was als Gemeinwesen die Sache trifft. Wenn allerdings Gebildete der Hoch- und Spätkarolingerzeit beeindruckend häufig ihre „polity" mit der erlernten *res publica* umschrieben [vgl. die Zusammenstellung bei 267: W. WEHLEN, Geschichtsschreibung], so ist im Einzelfall, wofür J. W. BUSCH [64: Amtswalten] plädiert, sehr genau zu prüfen, ob der Begriff allein bereits auf ein abstrahierendes Verständnis der Sache schließen lässt.

Gemeinsames Handeln

Konkret vor Augen stand den Zeitgenossen das gemeinsame Handeln von Herrschern und Beherrschten, das keineswegs unstrittig war, weshalb das Austragen von Konflikten Herrschaft konstituiert habe [so 114: P. FOURACRE, Conflict]. Dabei habe die Verfasstheit vormoderner, zumal schriftarmer Gemeinschaften ihren augenfällig sichtbaren Ausdruck gefunden in bedeutungsgeladenen, regelmäßig und -gerecht wiederkehrenden Handlungen. Die Spielregeln, die dabei im 10. Jahrhundert galten, beachteten die Karolinger aber erst in Ansätzen: Ponthion 754 gilt G. ALTHOFF als „Initialzündung", gefolgt von den Verfahren gegen Tassilo III. und von den Akten, die Ludwig I. in den 830er Jahren zu vollziehen hatte [61: Macht, 32–67]. Diesen augenfälligen Handlungen, auch dem letzten Tassiloauftritt 794 in Frankfurt [vgl. 181: ST. AIRLIE, Narratives], war unverkennbar gemeinsam, dass sie in bewusster Analogie zu kirchlichen Bußritualen gestaltet [62: M. BECHER, Weinen, 52] eine gottgewollte Ordnung (wieder)herstellen sollten. Hingegen versuchte die alltägliche hochkarolingische Machtausübung wenigstens in ihrem schriftlichen Niederschlag, auf dessen Tücken in erzählenden Quellen des 9. Jahrhunderts PH. BUC aufmerksam macht [63: Dangers, 51–87], nach spätantiken Vorbildern den Eindruck der Institutionalisierung zu erwecken und durch Formen schriftlicher Kommunikation (dazu II.3.3) sogar ansatzweise umzusetzen, was „es leicht macht, sie ‚staatlich' zu interpretieren" [71: H. KELLER, Charakter, 254].

Selbst von dem „Königtum" [73: TH. MAYER] zu sprechen oder

2. Die ganze Karolingerzeit

„La royauté et les élites" [72: R. LE JAN] im Verbund wirken zu sehen, birgt die Neigung in sich, das von einem König hergestellte und auf ihn bezogene personale Beziehungsgeflecht über die tatsächlichen Gegebenheiten hinaus zu institutionalisieren oder zu objektivieren. Denn nicht zufällig springt H. BEUMANN in seinem grundlegenden Beitrag „zur Entwicklung transpersonaler Staatsvorstellungen" [in 73: MAYER, 185–224] von den Westgoten zu den Saliern. Wenn in der Zeit zwischen ihnen die jeweils Handelnden ihr Gemeinwesen als ein personengebundenes und auf den König ausgerichtetes auffassten [so 75: A. NITSCHKE, Karolinger], dann ist es sachangemessen, die Polity nicht als Staat, sondern als einen Verband anzusprechen, in dem Herrschaft ausgeübt wurde. Dabei spiegelt das Wort nicht „vorgestrige Deutschtümelei" [74: P. v. MOOS, Öffentlich, 57], sondern gibt das lateinische *regnum* der Quellen wieder. Genauer ist dieses, weil der damit bezeichnete Verband nicht vor dem 12. Jahrhundert [so ST. WEINFURTER in 70: JUSSEN, 190–204 u. 387–390] losgelöst von dem Herrscher begriffen werden konnte [so G. SCHMITZ in 323: ERKENS/WOLFF, 299], eben als eine „Königsherrschaft" zu fassen, die R. DEUTINGER in der Spätkarolingerzeit zudem eher als ottonisch ansieht [274: 390].

Fehlende Abstraktion

2.4 Herrschaftsausübung

Wiewohl die Karolinger seit 754 durch die mit der Salbung christlich fundierte „Herrschersakralität" [93: F.-R. ERKENS, 115] transzendent legitimiert waren, standen sie eindeutig „zwischen Gott und den Getreuen" [89: B. SCHNEIDMÜLLER]. Zwar mochte dem König die Gewalt zu gebieten und zu verbieten [vgl. jüngst 216: K. BAYERLE, Einsatzfelder] einen Vorsprung dabei sichern, seinen Willen durchzusetzen, doch beruhte seine Macht letztlich wie zu allen Zeiten auf Zustimmung, auf dem nicht nur behaupteten „Consensus fidelium" [84: J. HANNIG], so dass auch die „Herrschaft" eines Karolingers als eine „konsensuale" zu sehen ist [90: B. SCHNEIDMÜLLER], die bei ihrem Antritt regelrecht auszuhandeln war [88: R. SCHNEIDER, Tractare].

Mit den Freien

Auch wenn ihre Geschichtsschreibung dies zu verdecken und „oppositionelle Gruppen" [81: K. BRUNNER] regelrecht auszublenden versuchte, waren die Karolinger doch auf das Zusammenspiel mit jenen Großen angewiesen, aus deren Kreis in Austrasien sie selbst hervorgegangen waren [vgl. 124: M. WERNER, Lütticher Raum]. Doch besaßen die ersten Karolingerkönige noch die Möglichkeit, gezielt ihnen verbundene Große zu fördern und an sich zu binden, später dann deren Interessen gegeneinander auszuspielen und sich so über ihnen

Zusammenspiel mit den Großen

zu halten, wie J. SEMMLER [150: Dynastiewechsel, 58–86] und ST. AIRLIE [in 139: BECHER/JARNUT, 109–128] für Pippin d. J. sowie K. F. WERNER [in 166: BRAUNFELS 1, 83–142] und AIRLIE [in 170: STORY, 90–102] für Karl I., DERS. [in 253: GODMAN/COLLINS, 191–204] für Ludwig I. und insgesamt DERS. [in 72: LE JAN, 129–143] zeigen. Dabei soll bereits Pippin d. J. Gelegenheiten wie das „Inzestverbot" [107: K. UBL, 288f.] ergriffen haben, um eine originäre Königsaufgabe wahrzunehmen, dadurch seinen Vorrang zu stärken und sich dem adeligen Konsens zu entziehen.

Formierung von Adelsfamilien

Aus dem Kreis ihrer frühen Unterstützer gingen später bedeutende Familien wie Robertiner, Welfen und Widonen hervor, die im 9. Jahrhundert den „Reichsadel" [58: G. TELLENBACH, Grundlagen, 246f.] bildeten, die Karolinger entweder als Mit- oder als Gegenspieler begleiteten [DERS. ebd. 247 und 288: E. J. GOLDBERG, Struggle, 9–12] und sie ablösten, als 888 nur noch ein und 911 im Osten kein handlungsfähiger Karolinger mehr lebte. Doch in den Anfängen und während der Expansion hätten die ersten Karolingerkönige es vermieden, in einen Machtkampf mit ohnehin starken, regional verwurzelten Großen zu verfallen, vielmehr hätten sie diese eingebunden, wie M. INNES [280: State] am Beispiel des Rhein-Main-Gebietes zeigt, gleichsam in die Fußstapfen von F. STAAB [284: Untersuchungen] tretend. Weil jene vielgestaltige Führungsschicht, die französisch unter „les élites" firmiert [82: PH. DEPREUX/F. BOUGARD/R. LE JAN], hier nur als Gegenüber oder als Mitträger von (Königs)Herrschaft berücksichtigt werden kann, wird für die Erforschung der Abgrenzung einer gemeinhin Adel genannten Gruppe gegenüber einfachen oder gar Gemeinfreien auf R. SCHNEIDER [45: Frankenreich, 138–145] verwiesen. Für die Forschung zu den materiellen Grundlagen sowohl königlicher wie adeliger Machtausübung unter den Bedingungen einer „Agrarwirtschaft" sei W. RÖSENER [213] genannt und dazu die Verständnishilfen in den „Quellen zur Geschichte des Bauernstandes" [10]. Studien zu der Formierung, dem Wandel oder der Kontinuität von Adelsfamilien in spätkarolingischer Zeit bespricht W. HECHBERGER [85: Adel, 74–79], nachzutragen ist für Westfranken die Neuauflage der „Untersuchungen" von K. F. WERNER [320].

Bindungsformen

Unbestreitbar hatten die frühen Karolinger einen uneinholbaren Vorsprung vor anderen Familien dadurch errungen, dass es ihnen gelang, nicht nur ein mobiles und schlagkräftiges Heer auszurüsten, sondern auch die einzelnen Krieger an sich zu binden. B. S. BACHRACH sieht diesen als Berittenen keineswegs als taktisch entscheidend an [171: Warfare, 245], hingegen J. F. VERBRUGGEN sehr wohl [in 166: W. BRAUNFELS 1, 420–436]. Mit dieser besonderen Ausstattung und

2. Die ganze Karolingerzeit   61

Bindung galten die Karolinger der älteren Forschung als Erfinder des Lehnswesens, woran bereits H. WOLFRAM Zweifel anmeldet [in: 129: JARNUT/NONN/RICHTER, 61–78]. Die radikale Kritik von S. REYNOLDS [87: Fiefs] scheint endgültig mit einer bereits frühmittelalterlichen Verbindung von dinglicher und persönlicher Seite, von Lehen und Vasallitätsbindung, aufgeräumt zu haben. Den Widerspruch hiergegen verzeichnet W. HECHBERGER [85: Adel, 71], der zugleich darauf verweist, dass der genannte Zusammenhang de facto bereits früh bestanden habe, aber erst spät theoretisch durchdacht wurde. Wiederum einen Nachweis dafür, dass frühmittelalterliche, nämlich bairische Quellen die Verbindung der beiden für das Lehnswesen wichtigen Elemente nicht erkennen lassen, liefert R. DEUTINGER [83: Beobachtungen], hingegen vermag R. ZEHETMAYER [in 308: DERS., 44] für den Raum weiter östlich nicht zu sagen, ob die Verbindung beider Elemente die Ausnahme oder die Regel war. B. KASTEN [in 77: POHL/WIESER, 331–353] verwirft die Annahme, die fränkische Königs- sei eine Lehnsherrschaft gewesen.

In einer auf Personenbeziehungen ruhenden Ordnung besaß, über die genannten umstrittenen Bindungsformen hinaus, der „Eid" [182: M. BECHER] grundlegende Bedeutung für die Bindungen zwischen Freien überhaupt, aber auch zwischen Herrscher und Beherrschten sowie schließlich zwischen Mitgliedern der Karolingerfamilie [vgl., da die große Studie noch erwartet wird, ST. ESDERS in 80: BOUGARD/IOGNA-PRAT/LE JAN, 239–255, oder in 77: POHL/WIESER, 423–432]. *Eidesbindung*

Zwischen dem König und allen Freien in den einzelnen Regionen standen mit den Grafen vor allem für Gericht und Heeresaufgebot Angehörige der Führungsschicht, deren Wirkungsbereiche, die Grafschaften, sich im romanischen Westen an die *civitates*, östlich vom Rhein an naturräumliche Gegebenheiten anlehnten. Dass die Karolinger dieses zentrale Strukturelement ihrer Herrschaft flächendeckend [H. K. SCHULZE] einführten, lasse sich in Alemannien nicht erkennen [M. BORGOLTE], in Niederlothringen hingegen wohl [U. NONN, Nachweise in 45: R. SCHNEIDER, Frankenreich, 119f.]. Ebenfalls strittig ist, ob die Grafen an den König gebundene Amtsträger [H. K. SCHULZE], gar (wie die ältere Forschung zu sagen pflegte) Beamte waren oder ob sie als Herrschaftsträger auch aus eigener Macht handelten [M. BORGOLTE, Nachweise und weitere Literatur in 85: W. HECHBERGER, Adel, 71]. Nicht fehlgehen dürfte die Einschätzung, in der Grafschaft ein Mittel zu sehen, personale Bindungen zwischen König und Großen herzustellen. Nicht nur als die ersten Karolinger östlich vom Rhein Grafschaften einrichteten, konnten sie regionale Kräfte an sich binden mit Hilfe von *Grafen*

Großen, die über entsprechende, auch eigene Machtmittel verfügten. Diese Großen nahmen als Grafen Anteil an der Herrschaft, aber immer bezogen auf den König. Zum 9. Jahrhundert hin aber musste der Herrscher stärkere Rücksicht auf diese Teilhaber an der Macht nehmen, die beispielsweise danach strebten, die Grafschaft in ihrer Familie zu halten, so dass die Verbindung zwischen König und Graf insgesamt weniger als ein Instanzenzug vorzustellen ist (was anachronistisch wäre), vielmehr als „ein dynamisches Modell" [so 274: R. DEUTINGER, Königsherrschaft, 162, der ebd. 146–150 die Forschung überblickt].

Bischöfe   Ebenfalls im Spannungsfeld der Interessen von König, Großen und regionalen Kräften standen die Bischöfe. Auch sie verfügten über ein regional abgegrenztes Wirkungsfeld, das sich im Westen eindeutig an den alten *civitates* orientierte und im Osten durch Raumerfassung erst noch zu schaffen war [anders für Westfranken ST. PATZOLD in 82: DEPREUX/BOUGARD/LE JAN, 225–245]. Seit der Spätantike wirkten Bischöfe nicht nur als weltabgewandte Funktionäre „der Kirche", die sich als Institution überhaupt erst ab dem Hochmittelalter herausbilden sollte, vielmehr waren diese Hirten des jeweiligen Gottesvolkes mit durchaus irdischen Aufgaben betraut und als Angehörige der Führungsschicht mit leiblichen Verwandten gesegnet, die mit und über ihren Bischof Anteil nahmen an dessen besonderer Beziehung zum König [vgl. 37: A. ANGENENDT, Frühmittelalter, 262f., 320f. und 326f.].

Gottesgnadentum   Eine solche Beziehung zwischen weltlicher und geistlicher Gewalt war bereits in der Spätantike vorgebildet [ebd. 67f.], erhielt aber seit der Gottbegnadung der Königsherrschaft mit der Salbung 754 eine besondere Ausprägung, die sich nach Anfängen unter Pippin I. unter seinem Sohn zu einem Davidkönigtum steigerte und mit der Kaiserwürde noch einmal überhöhte [93: F.-R. ERKENS, Herrschersakralität, 133–144]. Die besondere Gottbegnadung lässt sich modern als Legitimationsstrategie fassen, die W. DREWS, den Blick weitend, für „die Karolinger und die Abbasiden" vergleicht [140]. Doch erhebt sich aus westlicher Sicht die Frage, ob es für beide nicht wie im 10. Jahrhundert eine gemeinsame Bezugsgröße am Bosporus gab, die J. R. OESTERLE mit einbezieht [Kalifat und Königtum, Darmstadt 2009]. Die besondere Verantwortung des gottbegnadeten Herrschers für das ihm anvertraute Volk brachte in hochkarolingischer Zeit mit vor allem westfränkischen Ausläufern „Fürstenspiegel" hervor, die der Paränese, der Ermahnung, dienten [13], wovon vor allem ihr Herausgeber H. H. ANTON [ebd. 43f.] und in letzter Zeit W. FALKOWSKI [94: Speculum] handeln.

Gewaltenverhältnis   Bereits „794" demonstrierte „Karl der Große in Frankfurt am Main" [98: J. FRIED/L. E. SAURMA-JELTSCH] den kaisergleichen An-

2. Die ganze Karolingerzeit 63

spruch, zusammen mit den Bischöfen das Volk Gottes auf irdischer Wanderschaft zu führen. Ungeachtet der durch die Angelsachsenmission vorbereiteten Romorientierung (dazu II.3.1) und ungeachtet des freundschaftlichen Verhältnisses zwischen Karl I. und „Hadrian I." [100: F. HARTMANN], war der römische Bischof entgegen seinem Selbstverständnis [106: S. SCHOLZ, Politik, 24–146] nur ein, wenn auch ein sehr vornehmer Hirte unter karolingischer Herrschaft. Dieser setzte sein Prestige nicht immer erfolgreich als „Friedensstifter und Vermittler" ein [53: H. KAMP, 95–110] und konnte sich im späteren 9. Jahrhundert, nachdem die Kaiserwürde unter „Johannes VIII." [92: D. ARNOLD, 67–109] umstritten war, letztlich nur mühsam behaupten [37: A. ANGENENDT, Frühmittelalter, 457f.].

Das römische Vorbild wurde zwar insbesondere bei den Reformen Karls I. vor allem für die Liturgie [ebd. 328f.] bemüht. Letztlich aber waren die geschaffenen Strukturen fränkische, die mit den Bedingungen personaler Herrschaft rechnen mussten, wie ST. PATZOLD an der langwierigen Einführung einer Metropolitanordnung zeigt, die jeweils mehrere Bischöfe unter vorgesetzten Erzbischöfen zusammenführen sollte [in 80: BOUGARD/IOGNA-PRAT/LE JAN, 161–184]. Seine besondere Verantwortung als gottbegnadeter Herrscher, aber auch sein Interesse an den nicht nur spirituellen Leistungen schloss ein, dass der König wiederum unter Berücksichtigung regionaler Interessen ihm vertrauenswürdige Geistliche auf die Bischofsstühle und in Klöster gelangen ließ, an deren Spitze im 9. Jahrhundert „Äbte und Laienäbte" stehen konnten [95: F. J. FELTEN]. Während Karl I. sein Wort bei der Bischofseinsetzung vor allem in den Kernzonen seiner Herrschaft zwischen Rhein, Loire und Rhône zur Geltung brachte, sollte der königliche Einfluss in den nach 843 kleineren Herrschaftsbereichen größer werden [105: R. SCHIEFFER, Karl]. Einzelne Bischöfe wie der nachbonifatianische Reformer Chrodegang von Metz, der Karlsmitarbeiter Arn von Salzburg, die Missionsbischöfe Ludger von Münster und Ansgar von Bremen oder der *praeceptor Germaniae* Hraban von Mainz sind jüngst selbständig behandelt worden, wozu aus Platzgründen verwiesen sei auf die umfassende Bibliographie von ST. PATZOLD [103: Episcopus, 570–633]. DERS. untersucht, wie der Episkopat im weiteren 9. Jahrhundert zur weltlichen Gewalt stand, nachdem er unter Ludwig I. auf den gelasianischen Gewaltendualismus rekurriert hatte (dazu II.3.4). Dabei habe sich jene enge Kooperation von Herrscher und Episkopat angebahnt, die bislang als Kennzeichen der ottonisch-salischen Kirchenherrschaft gilt [ebd. 544].

Welches Verhältnis „Ludwig der Deutsche" zur „Reichskirche"

König und Bischof

Ostfränkischer Episkopat nach anfänglichen Schwierigkeiten pflegte, wie er Bischöfe und Äbte im Konsens der Betroffenen und nur selten gegen Widerstand erheben ließ, zeigt B. BIGOTT [286]. Mit dem westfränkischen „rex christianus" Karl II. setzt sich N. STAUBACH [319] auseinander, für Karl III. fehlt eine Einzelstudie. Für „Kaiser Arnolf" hingegen weist W. HARTMANN [in 301: FUCHS/SCHMID, 221–252] nach, dieser habe nach seiner Machtergreifung (dazu II.3.5) angesichts seiner ungünstigen Ausgangslage in Bayern durch gezielte Privilegierung genauso intensiv wie weltlichen auch geistlichen Anhang in seinem ganzen Herrschaftsbereich zu gewinnen versucht. Nach anfänglichen Schwierigkeiten sei er von den Bischöfen als gottbegnadeter Schutzherr anerkannt gewesen, wie es die wiederbelebten Synoden erkennen lassen, insbesondere die kontrovers eingeschätzte Treburer Synode von 895 [ebd. 245–251 mit der älteren Literatur]. Unter seinem lange unmündigen Nachfolger Ludwig IV. gewannen einzelne Bischöfe eine besondere Rolle, die ihre Teilhabe an der Herrschaft stärkte [307: TH. OFFERGELD, Reges pueri, 538–547].

2.5 Herrschaftsteilungen

Teilung als Regelfall Besondere Herausforderungen für das Zusammenwirken geistlicher und weltlicher Großen mit ihrem König ergaben sich, wenn dieser mehrere Söhne und jene Neffen besaßen. Denn die Herrschaft des Vaters unter mehreren Söhnen aufzuteilen und damit auch die personalen Bindungen zu verteilen, wie es bereits die Merowinger taten [vgl. 108: F.-R. ERKENS, Divisio], war den Zeitgenossen der aufsteigenden Karolinger zu sehr vertraut, als dass ihnen eine andere Form der Nachfolge denkbar schien, wie S. KASCHKE [111: Reichsteilungen], der „vielfältige(n) Stimme der Elite" lauschend, zeigt. Die vom Vater zwischen den Söhnen bestimmte Aufteilung des Herrschaftsgebietes und vor allem seiner Ressourcen, die sich mit den Königshöfen, den unter königlichem Schutz stehenden Abteien, den Bistümern und Grafschaften umschreiben ließen, war 741, 768 und 806 der Normalfall. Nur der biologische Zufall ließ 771 und 814 die Macht ungeteilt an die einzig überlebenden Karl I. und Ludwig I. übergehen, deren über 50 Jahre unangefochtene Alleinherrschaft in der Rückschau wie ein Normalfall erscheinen mag. Dies wiederum verführt dazu, die sich verstetigenden Teilungen des 9. Jahrhunderts als Ver- oder Zerfall zu deuten (dazu II.3.3).

Regelwerke von 806 und 817 Bereits Karl I. plante seine Macht unter den drei Söhnen seiner dritten Ehefrau Hildegard aufzuteilen und traf dafür Verfügungen in der Divisio regnorum von 806. Denn ein geschriebenes Recht für die

2. Die ganze Karolingerzeit   65

Nachfolge des Vaters existierte nicht, auch ein Anwachsungsrecht (dass Brüder ihrem verstorbenen Bruder unter Ausschluss von Neffen in der gemeinsam gedachten Herrschaft folgten) oder ein Eintrittsrecht (dass Enkel unter Ausschluss der Onkel ihrem verstorbenen Vater nachfolgten) sind modern gedacht, denn die jeweiligen Machtverhältnisse entschieden, ob das eine oder andere realisiert werden konnte [M. BECHER in 112: KASTEN, 301–319].

Umstritten ist, ob bereits Karl I., als er 806 seine Nachfolge regelte, von der üblichen gleichen Teilung zwischen den Söhnen abwich wie sein einziger überlebender Sohn Ludwig I. in der Ordinatio imperii von 817. Sie projektierte in einem neuartigen Entwurf eine starke Einkaiserherrschaft (dazu II.3.4), während Karl I. 806 angesichts des ungeklärten Verhältnisses zu Byzanz von der Kaiserwürde schwieg. J. FRIED, der den Plan von 806 als Friedensvision deutet, sieht Karl I. seinen ältesten Sohn Karl d. J. bevorzugen und ihm den fränkischen Kernraum ungeteilt übergeben [in 112: KASTEN, 145–192], was schon P. CLASSEN mit anschaulichen Karten der Teilungsvarianten von 806, der ungleichen Teilung von 817 und der gleichen von 843 zeigt [322: Aufsätze, 205–229]. Eine Bevorzugung des ältesten Sohnes, wie sie 817 eindeutig gegeben war, vermag S. KASCHKE [in 112: KASTEN, 259–289] 806 noch nicht zu erkennen und auch D. HÄGERMANN [ebd. 291–299] sieht wie F.-R. ERKENS [108: Divisio, 469] erst die Ordinatio imperii 817 mit der Praxis gleicher Teilung brechen. Während letztere die jüngeren Brüder mit peripheren Herrschaften in Aquitanien und Baiern ausstattete, nutzte erstere die bis dahin noch keinem König verfügbare Landmasse, um ein nach Italien ausgreifendes Aquitanien und ein nach Baiern übergreifendes Italien neben die erstmals ungeteilten fränkischen Kernlande zu stellen, die aber gleichfalls Zugang nach Italien erhielten.

Vorübergehende Abkehr von der gleichen Teilung

Der ambitionierte Plan von 817 überforderte letztlich die Söhne wie die sie unterstützenden Großen und führte nach dem Desaster von Fontenoy zu der wiederum gleichen Teilung von Verdun 843 (dazu II.3.4). Sie ist nicht im vollen Wortlaut erhalten, daher ermittelt J. SCHNEIDER ihre genaue Abgrenzung des sich von Nordsee bis Italien erstreckenden Mittelteils für Lothar I. nach der im Wortlaut erhaltenen, 870 in Meerssen erfolgten Teilung [312: Suche, 69–95].

Dreiteilung 843

Dieser Mittelteil blieb nach 855 dauerhaft dreigeteilt (dazu II.3.6), sein Norden geriet ungeachtet der projektierten „Brüdergemeine" [56: R. SCHNEIDER] zum Streitobjekt zwischen den westlichen und östlichen Herrschaften, deren Teilungen 879 und 876 wiederum der biologische Zufall 884 und 882 aufhob (dazu II.3.5). Die *regna* von 855 (West- und

Fünfteilung 855

Ostfranken, Lotharingien, die Provence, auch Niederburgund genannt, und Italien) aber hatten sich in ihren inneren, also personalen Beziehungen so als Einheiten verfestigt, dass sie den Rahmen der nach 888 auch nichtkarolingischen Herrschaften bildeten. Der biologische Zufall trug also mit dazu bei, dass sich „Einheit und Unteilbarkeit", wenn auch östlich des Rheins, zum 10. Jahrhundert hin nicht problemlos durchsetzten [109: F.-R. ERKENS].

3. Die Herrschaften der einzelnen Karolinger

3.1 Die eine Familie des 8. Jahrhunderts

Quellenoptik Jede Beschäftigung mit den karolingischen Herrschaften im 8. und frühen 9. Jahrhundert sieht sich dem Problem gegenüber, dass die letztlich Erfolgreichen bewusst und gezielt ihre Vergangenheit gestalten ließen. Die Unterlegenen fanden vielleicht geschichtsschreibende Anhänger, diese jedoch blieben nach heutiger Kenntnis ohne Überlieferungschance. Nahezu jede Kontroverse darüber, wie sich etwas zugetragen hat, wer mit welchen Interessen dabei treibende Kraft oder darin verwickelt war, entzündet sich an dem Umstand, dass eine wenn nicht von den Siegern unmittelbar beauftragte, so doch von ihnen geförderte oder zumindest ihnen verpflichtete Geschichtsschreibung die einzigen Nachrichten davon liefert.

Erzählende Für die ersten bekannten Vorfahren der Familie gibt es mit dem
Quellen sogenannten Fredegar sogar nur einen einzigen, in seinem Aufbau und seiner Problematik von R. COLLINS [28: Fredegar-Chroniken, 8–81] behandelten erzählenden Text, der für die Partie, in der Vorfahren der Karolinger auftreten, vollständig mit einer Verständnishilfe vorliegt [7: 197–271]. Die Darstellung aber bricht noch vor Grimoalds I. desaströsem Scheitern ab, von dem nur der von Nonnen [so 30: M. HARTMANN, Darstellung] verfasste Liber Historiae Francorum [7: 365, c. 43] aus neustrischer Perspektive berichtet [vgl. 128: R. A. GERBERDING]. Seine bis 727 reichenden Berichte [7: 367–379] sind aufgegriffen und bis 768 ergänzt in den sogenannten Fredegarfortsetzungen [7: 273–325], die Karl Martells Halbbruder Childebrand bis 751 und bis 768 sein Sohn Nibelung verantwortete. Hieran hält die kontinentale Forschung fest, um Childebrands Bericht vom Umsturz 751 als zeitnächsten zu erwiesen [vgl. 150: J. SEMMLER, Dynastiewechsel, 1f., und O. SCHNEIDER in 139: BECHER/JARNUT, 251 Anm. 31], während R. MCKITTERICK [147: Anfänge, 155f.] für den Zeitraum 768–786 plädiert, was für die

3. Die Herrschaften der einzelnen Karolinger 67

Anlage der erhaltenen Überlieferung zutrifft [so 28: R. COLLINS, Fredegar-Chroniken, 87–95]. Eindeutig um 790 hielten die sogenannten „Annales regni Francorum" [4] bis 741 zurückblickend fest, wie Karl I. seines Vaters und sein eigenes Wirken sehen wollte [vgl. 34: R. SCHIEFFER, Geschichtsschreibung, 13]. Karls Schwester Gisela in Chelles [vgl. 30: M. HARTMANN, Darstellung, 219] überwachte, wenn nicht verfasste die 806 vollendeten retrospektiven „Annales Mettenses priores" [5], die dem griffigen Schlagwort vom „Aufstieg der Karolinger" vorarbeiteten [31: I. HASELBACH]; DIES. tritt für St.-Denis als Entstehungsort ein, während R. MCKITTERICK [164: Charlemagne, 61f./Karl 68] unschlüssig ist. Weitere kleinere Annalen des 8. Jahrhunderts erschließen sich durch H. HOFFMANN [32: Annalistik], während für dieses wie erst recht für das 7. Jahrhundert die Hagiographie noch punktuelle Informationen liefert [vgl. 24: D. v. D. NAHMER].

Die Spitzenahnen der Karolinger traten erstmals 613 auf, als der neustrische Merowinger Chlothar II. mit ihrer Hilfe gegen die Austroburgunder unter Brunhilde die Gesamtherrschaft erlangte [vgl. 119: J.-PH. GENET, Coup]. Über die Ereignisgeschichte und die strukturellen Gegebenheiten des ausgehenden 6. und 7. Jahrhunderts informieren E. EWIG [118: Merowinger] und R. KAISER [121: Erbe]. Die Nachkommen der Spitzenahnen gelangten aus der Führungsschicht in das Hausmeieramt, das vorstellungsgeschichtlich H.-W. GOETZ [115: Maior domus] und urkundlich U. NONN [in 323: ERKENS/WOLFF, 27–46] behandeln. Über das Maiordomat hinaus gelangte bereits Pippin d. M. mit dem gesamtfränkischen Prinzipat und 751 sein Enkel mit der Königswürde. Auf den „Weg", den diese Positionen markieren, blicken knapp F. PRINZ [42: Grundlagen, 377–389] und unter dem Aspekt, wie die Aufsteigenden mit ihren Konkurrenten verfuhren, J. W. BUSCH [113: Attentat]. Welche spätere Bedeutung Arnulf, dessen familiäre Verwurzelung in Metz von P. FOURACRE [127: Age, 43f.] bezweifelt wird, als heiliger Spitzenahn der „Karolinger" gewann, stellt O. G. OEXLE [122] heraus und H. WUNDER [125: Entmachtung] ist zu entnehmen, dass sein Verbündeter Pippin d. Ä. die errungene Machtstellung unter dem letzten Gesamtherrscher Dagobert I. nicht behaupten konnte.

Arnulfinger und Pippiniden

Die größte Aufmerksamkeit aber widmet die Forschung dem Versuch Grimoalds I., Pippins Sohn, Einfluss zu gewinnen, der früheren Bestrebungen ähneln soll [so I. WOOD in 139: BECHER/JARNUT, 30], allerdings doch mit dem Unterschied, dass ein Nichtmerowinger die Merowingerherrschaft fortsetzen sollte. Ob Ablauf und Datierung von Grimoalds „Putsch" sich wirklich nicht mit hinreichender Sicherung rekonstruieren lassen [so 121: R. KAISER, Erbe, 97f.], ist seit der

Grimoalds I. Putsch

minutiösen Aufarbeitung von ST. HAMANN fraglich geworden [120: Chronologie]. Den Clou des Coups, den eigenen Sohn durch Adoption in die Merowingerfamilie einzusippen, stellt M. BECHER [in 129: JARNUT/NONN/RICHTER, 119–147] radikal in Frage, indem er Childebert als einen vom Hausmeier adoptierten Sigibertsohn zu erweisen versucht. Wiewohl TH. KÖLZER [in 139: BECHER/JARNUT, 39] und R. SCHIEFFER [46: Karolinger, 20f.] ihm hierin nicht folgen, sieht M. BECHER in dem ganzen Vorgang weiter „eine ‚normale' Auseinandersetzung im Rahmen merowingischer Familienkämpfe", die „Grimoalds nächste Angehörige ... vergleichsweise unbeschadet" überlebten [38: Merowinger, 45]. Dabei aber lässt BECHER [ebd.] unerwähnt, dass Grimoalds Schwager Angesigel, als einziger sonst noch bezeugter männlicher Laie, gleichfalls zu Tode kam und so mit Pippin d. M. nur ein Kind oder Jugendlicher in der Obhut von Mutter und angefeindeter Tante überlebte. Mithin darf in Grimoalds desaströsem Scheitern weiter ein Trauma gesehen werden, das zusammen mit den strukturellen Gegebenheiten den endgültigen Griff nach der Königsmacht um neun Jahrzehnte hinausschob.

Pippin d. M.   Auffällig ist auch, dass der einzige überlebende Laie, Pippin d. M., sich mindestens 15 Jahre danach die Führung der Austrasier noch mit einem Martin teilen musste, der nicht näher einzuordnen ist, bevor er wiederum ein Jahrzehnt später als Sieger bei Tertry stand. Ob Pippin aus Freude über diesen Sieg oder um zuvor weiteren Anhang zu gewinnen, seine zweite Verbindung mit Chalpaida einging, verdiente noch einmal nachgeprüft zu werden. Denn die Angaben zum Geburtsjahr Karl Martells schwanken zwischen 688 [P. FOURACRE 127: Age, 40 und 55] und um 690 [46: R. SCHIEFFER, Karolinger, 32]. Die Friedelehe, der er entsprossen sein soll, gilt inzwischen eindeutig als modernes rechtshistorisches Konstrukt [49: A. ESMYOL, Geliebte, 9–36]. Wenn Pippin tatsächlich zwei parallele Ehen geführt haben soll [so 130: W. JOCH, Legitimität, und 51: M. HARTMANN, Königin, 92f.], dann stammen die später gottbegnadeten Karolinger vom Sohn eines Bigamisten ab [vgl. auch 111: S. KASCHKE, Reichsteilungen, 76–81].

Letzte Merowinger   Unzweifelhaft besaß Pippin d. M. gegen 700 eine andere Macht als seine Großväter, doch ist strittig, ob der 711 gestorbene Childebert III. sein Pudel war oder ob ihn die „Annales Mettenses priores" [5] dazu machten [so P. FOURACRE in 170: STORY, 10]. Während DERS. wie auch I. WOOD [117: Kingdoms, 323] den Merowingern im späten 7. Jahrhundert mehr Einfluss- und Wirkungsmöglichkeiten zubilligen als es der diffamierende Einhard tut [4: Vita Karoli, c. 1; dazu 143: A. GAUERT, Einhard], sieht TH. KÖLZER allenfalls Childerich II. den

3. Die Herrschaften der einzelnen Karolinger

Versuch unternehmen, die Königsgewalt zu stärken, wofür er 673/5 mit seinem Leben bezahlte, was zeige, dass „die Könige … nur noch Marionetten in den Händen rivalisierender Adelsfraktionen … gleichwohl bis zum Schluss unverzichtbare Symbole der dynastischen Legitimität als dem Kern ‚traditionaler Herrschaft' (waren)" [in 139: BECHER/JARNUT, 59f.]. Ebenso hätten die „Annales Mettenses priores" [5] nach P. FOURACRE [in 170: STORY, 17] die Wende von Tertry überzeichnet, der tatsächliche Übergang von der merowingischen zur karolingischen Phase fränkischer Geschichte sei erfolgt, als Karl Martell und seine Söhne die großen Familien in den Randzonen entmachteten [hingegen 127: DERS., Age, 76–78 noch, als Karl sich 724 endgültig durchsetzte]. Demgegenüber darf doch bereits in Pippins d. M. gesamtfränkischem Prinzipat etwas entscheidend Neues gesehen werden, wenngleich dieser unter den Bedingungen personaler Herrschaft nach seinem und dem Tod der Plektrudsöhne verlorenging. Diese von J. SEMMLER [131] so bezeichnete und eingehend untersuchte „Sukzessionskrise" begann nach I. HEIDRICH [in 129: JARNUT/NONN/RICHTER, 27] bereits 709 und endete, als Pippins nicht vorgesehener Erbe sich nach der Gefangennahme seiner Halbneffen 723 und einer bedrohlichen Krankheit 724 endgültig durchsetzte [so 127: P. FOURACRE, Age, 74f.].

Das allgemeine Problem, eine mittelalterliche Persönlichkeit mit den zeitnahen Quellen zu erfassen, wird bei Karl Martell durch seine spätere Diffamierung als Kirchenräuber noch drängender. Für sie wie auch für den vermeintlich berüchtigten Doppelbischof Milo von Trier und Reims zeichnete federführend der Reimser „Erzbischof Hinkmar" verantwortlich [35: O. SCHNEIDER, 39ff.]. Daher wird Karl Martell sowohl in dem von J. JARNUT/U. NONN/M. RICHTER besorgten Sammelband [129] als auch in der Monographie von P. FOURACRE [127: Age] stets in seinem Jahrhundert betrachtet, das zwischen dem fehlgeschlagenen Griffs Grimoalds I. und dem geglückten Pippins d. J. nach der Königsmacht liegt. Monographie wie Sammelband dienen nicht nur als Wegweiser zu Einzelaspekten wie der strittigen Frage, ob Karls Halbneffe Theudoald als innerfamiliärer Konkurrent 715 durch Tod ausschied [so 131: J. SEMMLER, Sukzessionskrise, 6] oder es latent bis 741 blieb [so R. COLLINS in 129: JARNUT/NONN/RICHTER, 235]. Vielmehr sprechen beide Werke auch an, was Karl Martell [zu seinem Beinamen jetzt U. NONN in 326: LUDWIG/SCHILP, 575–585] bewirkte, um den Führungsanspruch seiner Familie durchzusetzen: die permanente Expansion und das sie ermöglichende Heer sowie seine Ausstattung (dazu II.2.4), deren Rückwirkung nach innen [ebd.] und auf das Verhältnis zu den Führungsfamilien in den Randzonen, das faktische Bündnis mit der

Karl Martell († 741)

Angelsachsenmission, der erste Kontakt mit dem Bischof von Rom und die vier letzten Jahre ohne Merowinger.

Randzonen, Mission und Rom

Die Einzelstudien, die J. JARNUT den südöstlichen Randzonen, also Alemannien und Baiern, und ihrem Verhältnis zu Karl und seinen Söhnen im Vorfeld von 751 widmet, sind nun leicht greifbar [116: Herrschaft]. Zu der Opposition in beiden Regionen gegen die Karolinger sind noch D. GEUENICH [in 139: BECHER/JARNUT, 129-143] und für das Elsass E.-M. BUTZ [in 325: KRIEG/ZETTLER, 11–27] zu ergänzen. Auch wenn die Angelsachsen mit ihrem Selbstbild die ältere fränkische Missionierung östlich vom Rhein überdeckt haben [so 134: I. WOOD, Life, und für Thüringen 132: H. WITTMANN, Rolle], durchdrangen sie diesen Raum doch weiter kirchenorganisatorisch und damit herrschaftsstabilisierend. Auch ihre Romorientierung blieb nicht ohne Rückwirkung, so sieht M. GLATTHAAR [in 327: MÜNSCH/ZOTZ, 77–90] „Gregor II. und Karl Martell im Jahr 729" sich über eine Teilmissionierung der Sachsen abstimmen, bevor Gregor III. 739 um Hilfe rief, was W. POHL [in 139: BECHER/JARNUT, 160] retrospektiv in seine Vita eingefügt sieht. Doch eröffnet gerade dieser Ruf den „Codex Carolinus", den A. TH. HACK für den Brief- und Gesandtenaustausch von 739 bis 791 zwischen den römischen Bischöfen und den Karolingern untersucht [99]. Im Zusammenhang von „Hilferuf und Reich ohne König" erwägt M. BECHER [in 126: FELTEN/JARNUT/VON PADBERG, 231–253], Karl habe Theuderich IV. zum Verzicht auf die Nachfolge seines Sohnes bewegen wollen und der gegen die Langobarden agierende Gregor III. habe ihm für den Dynastiewechsel eine Legitimation angeboten.

Nachfolgeregelung

Das beispiellose Wirken eines Hausmeiers ohne König lässt immer wieder die Frage aufkommen, wie Karl Martell seine Machtstellung weitergeben wollte. Einer Nachfolgeregelung schon 737, die B. KASTEN [54: Königssöhne, 110] und ihr folgend andere wie S. KASCHKE [111: Reichsteilungen, 85 und 112f.] annehmen, sieht W. GIESE [110: Nachfolgeregelungen, 444f.] quellenmäßig den Boden entzogen. Nicht mehr als Beleg für weiterreichende Pläne, wie von J. JARNUT [in 129: DERS./NONN/RICHTER, 217–226] herausgestellt und von G. G. WOLF [133: Adoption] um eine Hypothese angereichert, vielmehr als Bündnisbekräftigung wird die „Adoption Pippins durch König Liutprand" 737 eingeschätzt [vgl. 111: S. KASCHKE, Reichsteilungen, 83f.]. Dem Erbfall 741 folgte eine kurze Auseinandersetzung, nach der Karlmann und Pippin ihren vom Vater vor seinem Tod noch berücksichtigten Halbbruder Grifo aus- und wegschlossen, was auf Grund der verformenden Überlieferung der Sieger M. BECHER dazu führte, Grifo „zum Haupt- oder gar zum alleinigen Erbe bestimmt" zu sehen

3. Die Herrschaften der einzelnen Karolinger 71

[137: Krise, 124f., hiergegen 111: S. KASCHKE, Reichsteilungen, 87f., und skeptisch 110: W. GIESE, Nachfolgeregelungen, 445]. Die „Reichsteilung von Vieux-Poitiers 742" [149: H. J. SCHÜSSLER] grenzte die Zuständigkeiten der älteren Brüder neuartig ab. Ob die „Annales regni Francorum" [4: J. 742] dabei aus einer Beute- eine Reichsteilung machten, erwägt kurz U. NONN [in 139: BECHER/JARNUT, 73], während ST. AIRLIE [ebd. 115] hierin das sieht, was S. KASCHKE [111: Reichsteilungen, 86] eine „improvisierte Reichsversammlung" nennt. Die Einsetzung des (was nicht abzusehen war) letzten Merowingers datiert M. WEIDEMANN [123: Chronologie, 210] in die zweite Februarhälfte 743.

Pippin I. († 768) und Karlmann († 754)

Wiewohl die beiden Hausmeierbrüder abgestimmt und erfolgreich vorgingen, um die Oberhoheit über die Randzonen wiederherzustellen und um offene religiöse Probleme zu beheben, versucht die Forschung, die Ursachen für ihre scharfe Konfrontation 754 schon in ihrem gemeinsamen Wirken bis zu Karlmanns Rückzug 747 zu finden: M. BECHER [136: Drogo, 138] sieht Meinungsverschiedenheiten, weil Karlmann an der nominellen Merowingerherrschaft habe festhalten wollen. Regelrechte Konflikte nehmen an J. JARNUT [in 328: SCHIEFFER, 57–66, bzw. 116: Herrschaft, 129–138], was das Vorgehen gegen die Randzonen anbelangt, und J. SEMMLER [in 321: BAUER/HIESTAND/KASTEN/LORENZ, 35f.], was die angelsächsischen Reformforderungen betrifft. Allerdings besaß Pippin, als sich Karlmann nach dem „Hoftag in Düren im August 747" im Einvernehmen mit seinem Bruder [145: I. HEIDRICH] nach dem Vorbild der „Königskonversionen" [146: K. H. KRÜGER] letztlich wohl aus nicht mehr zu ermittelnden persönlichen Gründen [anders 154: G. G. WOLF, Peripetie] aus der Welt zurückzog, unter den Bedingungen personaler Machtausübung noch nicht die entscheidende Gewissheit für irgendwelche Machinationen gegen seine Neffen. Denn mochte Bertrada um ihre lange ersehnte erste Schwangerschaft wissen [so J. L. NELSON in 139: BECHER/JARNUT, 100], so blieb doch ein Stammhalter völlig ungewiss.

Gemeinsames Handeln

Daher war Pippins Neffe Drogo ausersehen, die faktische Machtausübung, die Karlmann seinem Bruder 747 überließ, bei dessen Tod zu übernehmen [111: S. KASCHKE, Reichsteilungen, 96], bevor sich für Pippin mit Karls Geburt am 2. April 748 eigene Aussichten ergaben [138: M. BECHER, Überlegungen], und nicht am 2. April 747 [153: K. F. WERNER, Geburtsjahr], einem Ostersonntag, an den sich die Nachgeborenen als Ausweis besonderer Begnadung erinnert hätten. Doch richten sich Pippins Bemühungen, die eigene Macht auf neuartige Weise abzusichern, zunächst nicht gegen Drogo, als vielmehr gegen seinen

Nachfolgeregelung

Halbbruder Grifo, um den sich keineswegs nur Kräfte aus den Randzonen scharten [ST. AIRLIE in 139: BECHER/JARNUT, 112–121]. Erst als Pippin auf die Königsherrschaft abzielte, wandte er sich gegen den eigenen Bruder und Neffen. Dessen Zwangsmönchung erfolgte 754 im Zuge der Neuausrichtung der fränkischen Italienpolitik, als der intervenierende Karlmann in der Obhut seiner Schwägerin sein Leben ließ oder lassen musste, wie J. L. NELSON [in 139: BECHER/JARNUT, 104] erwägt.

Beschränkung auf Pippins Nachkommen

Seit 753, als Grifo vor dem Mont Cenis den Tod fand, waren Pippins Verwandte „skeletons in the Carolingian cupboard" [P. FOURACRE in 170: STORY, 15–17]. Doch war die Voraussetzung für die voraufgehende innerfamiliäre Konkurrenz [38: M. BECHER, Merowinger, 63–65] erst seit 748 gegeben. Ihre gewaltsame Behebung erfolgte nicht allein mit dem „Dynastiewechsel von 751" [139: BECHER/JARNUT, 150: J. SEMMLER], also mit der von W. AFFELDT grundlegend untersuchten „Königserhebung Pippins" [135], sondern letztlich erst mit der Salbung Pippins und seiner Söhne 754 durch die Hand Stephans III.

Auctoritas apostolicae sedis

Sein Vorgänger Zacharias wurde zweifelsohne im Vorfeld von 751 kontaktiert. Doch warum dies geschah, „sollte wohl das Staatsgeheimnis der Handelnden ... bleiben" [150: J. SEMMLER, Dynastiewechsel, 21f.]. Die *auctoritas* der Fredegarfortsetzung [7: c. 33] wird als ein Responsum gedeutet, wie es Zacharias bereits 747 (scheinbar unverfänglich?) mit einer kleinen Kanonessammlung Pippin und den Bischöfen zuleitete [vgl. die Lit. zum Vorbild von 747 in 107: K. UBL, Inzestverbot, 260]. Wenn das seltsamerweise nicht erhaltene Responsum oder Reskript von 751 den Umsturz billigte [A. ANGENENDT in 139: BECHER/JARNUT, 194], so bleibt die Frage, welche Rechtsgrundlage Zacharias besessen haben soll, zu einer innerfränkischen Machtfrage Stellung zu nehmen [ähnlich fragt 155: M. RICHTER, Machtergreifung, 52]. Die höchste geistliche Autorität im lateinischen Westen konnte, auch wenn R. SCHIEFFER es für eine „pure Konstruktion" hält [in 139: BECHER/JARNUT, 5], Stellung nehmen zu dem gotteslästerlichen Eidbruch, den Pippin und die Seinen gegenüber Childerich III. zu begehen gewillt waren [150: J. SEMMLER, Dynastiewechsel, 22–27]. Doch dann ist, wie I.3.2. skizziert, noch einen Schritt weiterzugehen, den ST. AIRLIE [in 139: BECHER/JARNUT, 118f.] andeutet, wenn er auf die transalpine Kommunikation verweist, in die Karlmann für Drogo und Grifo gegen Pippin eingebunden war. Eine geistlich-moralische Stellungnahme für den Sohn des Bonifatiusunterstützers Karlmann musste dessen Anhang gegen Pippin mobilisieren, was dieser im Vorfeld bei

3. Die Herrschaften der einzelnen Karolinger 73

Zacharias verhindern musste, um sich 754 doch durch den intervenierenden Karlmann genau diesen Widerständen gegenüberzusehen. Die bekannte Anfrage der „Annales regni Francorum" [4: J. 749] gilt J. SEMMLER im Gegensatz zu dem nur dort erwähnten Gesandtenduo [150: Dynastiewechsel, 11–14] als zweifelhaft [ebd. 15–21], weil die Franken erst in den 790er Jahren die Kenntnisse besessen hätten für die in der Frage aufscheinende *nomen-res*-Theorie, in der J. FRIED [39: Mittelalter, 53] den Marker für eine temporale Inversion erkennt. F.-R. ERKENS hält dagegen, dass man in Rom sehr wohl in der Lage war, *nomen* und *res* zu differenzieren [142: Suche, 509 Anm. 58]. Wenn aber dafür eine Renaissance von Dialektik und Logik notwendig war [so 200: TH. ERTL, Bilderstreit], dann wäre Rom der Ausgangspunkt der karolingischen Bildungsbewegung.

<small>Kenntnis der Reichsannalen</small>

Das nicht verschriftete Einvernehmen, das Pippin bei Zacharias suchte und fand, schließt für A. ANGENENDT [in 139: BECHER/JARNUT, 194 und 208] die „Gutheißung einer Salbung" ein, die DERS. „mit hoher Wahrscheinlichkeit" [ebd. 196] in der *consecratio* der Fredegarfortsetzung [7: c. 33] erkennt. Hingegen sieht J. SEMMLER [150: Dynastiewechsel, 34–37] damit Fürbitten- und Segensgebete für den König umschrieben, die nach Y. HEN [in 139: BECHER/JARNUT, 172–174] aus den zurückliegenden 50 Jahren bezeugt sind, keinesfalls [so auch 142: F.-R. ERKENS, Suche, 496–503] aber wie A. TH. HACK [144: Herkunft] eine bereits bei den Merowingern übliche Salbung, die vielmehr „eine originäre Schöpfung der römischen Liturgie" war [150: J. SEMMLER, Dynastiewechsel, 48]. Dennoch wird „lautstark und unisono" [ebd. 37f.] eine Salbung 751 behauptet, die mit „aller Sicherheit" [A. ANGENENDT in 139: BECHER/JARNUT, 207] erst 754 stattfand. Für J. SEMMLER [150: Dynastiewechsel, 41] bekam daher Bonifatius den Ruhmestitel, der Salbende von 751 gewesen zu sein, posthum durch die „Annales regni Francorum" [4: J. 750] verliehen. Hingegen versucht J. STROTHMANN [152: Königtum, J. JARNUT ND in 116: Herrschaft, 187–199, folgend] zu erklären, warum Bonifatius erst so spät genannt wurde, während für M. BECHER „eine Entscheidung dieses Problems nur schwer möglich ist" [38: Merowinger, 67], das eine temporale Inversion von 754 auf 751 verursacht hatte [39: J. FRIED, Mittelalter, 560 Anm. 8; zur Diskussion der Quellenstellen vgl. auch 140: W. DREWS, Karolinger, 66–75, und zu ihrer Problematik 89: B. SCHNEIDMÜLLER, Gott, 200–209].

<small>Salbung 751?</small>

Die Forschung ist sich hingegen einig, dass die Salbung von 754 allein Pippin und seine Nachkommen als von Gott zur Herrschaft berufen legitimieren sollte. Dissens wiederum besteht darüber, ob

<small>Gottbegnadung</small>

der Kurzbericht in der „Clausula de unctione Pippini" ein späteres Konstrukt [151: A. STOCLET] oder im Kern echt ist [O. SCHNEIDER in 139: BECHER/JARNUT, 268–275]. Zu den Folgen des Aktes von 754, den PH. BUC ritualkritisch [in 70: JUSSEN, 27–37 und 371f.] untersucht, gehören das „päpstlich-fränkische[] Bündnis" [141: O. ENGELS], die Ausbildung des Gottesgnadentums als in Urkunden aufscheinende „Politische Theorie" [148: B. MERTA] und als „Legitimationsstrategie" [140: W. DREWS, Karolinger], die Einbindung von Geistlichen wie des „Fulrad von St. Denis" [J. SEMMLER in 327: MÜNSCH/ZOTZ, 91–115], aber auch der Versuch, das praktische Herrscherhandeln zumindest retrospektiv in der Geschichtsschreibung an den Anforderungen christlicher Lebensführung auszurichten [so 113: J. W. BUSCH, Attentat, 577–579, missverstanden von M. DE JONG in: 211: DIES./F. THEUWS/C. VAN RHIJN, 295].

Karl und Karlmann   Das beste Beispiel für eine derart erfolgreiche Retrospektion bietet das Verhältnis, in dem die beiden Söhne Pippins nach dessen Teilung der Herrschaft und Tod 768 zueinander standen: Dem Überlebenden ist einfach nicht nachzuweisen, dass er zu dem plötzlichen Ableben seines Bruders 771 beitrug, obwohl sich M. RICHTER [in 326: LUDWIG/SCHILP, 587–594] und G. G. WOLF [156: Bemerkungen] um den Nachweis bemühen.

3.2 Karl I. der Große († 814)

Erzählende Quellen   Das Wissen über diesen Herrscher, der sich über seine noch in der letzten Zwischenkriegszeit kontroverse Vereinnahmung als „Karl der Große oder Charlemagne" [205: K. F. WERNER, 23–50] sehr gewundert hätte, wird weniger durch sein eigenes Sprachrohr bestimmt, als das ihm die um 790 retrospektiv angelegten und fortgeführten „Annales regni Francorum" [4] dienten. Aufschlussreicher ist ihre früher Einhardsannalen genannte Überarbeitung, weil ein „Reviser" [29: R. COLLINS], den C. I. HAMMER [187: Pipinus, 264] mit Abt Fardulf von St.-Denis zu identifizieren vorschlägt, in einzelnen Einträgen bis 801 mehr preisgab als Karls ursprüngliche Mitarbeiter. Doch viel wirkmächtiger war das Bild, das Karls treuer Paladin Einhard von seinem Gönner entwarf, indem er sich zwar Suetons Kaiserleben zum Muster nahm und dennoch dem Leser einen Franken mit kleinen Fehlern, aber mit Herrscher- und Seelengröße vor Augen stellte. Vertraute Kenntnis Karls und ein tiefes Verpflichtetsein ihm gegenüber machen Einhards „Vita Karoli" [4] zu einer einzigartigen Quelle, deren Causa scribendi allgemein gesehen, aber ebenso kontrovers diskutiert wird wie ihre da-

3. Die Herrschaften der einzelnen Karolinger 75

mit zusammenhängende Entstehungszeit: Für die Krisenzeit der 830er Jahre plädiert heute niemand mehr [26: WATTENBACH/LEVISON/LÖWE, 274], vielmehr tritt die anglophone Forschung für eine Frühdatierung um 815/6 ein [164: R. MCKITTERICK, Charlemagne, 13/Karl 25], etwas später M. DE JONG [257: Penitential State, 68f.], für 823 K. H. KRÜGER [33: Beobachtungen, 145] sowie für 828 M. TISCHLER [36: Einharts Vita, 210] und damit für den Vorabend jener Krise, in der sich Einhard nach Seeligenstadt zurückzog, weil er mit seinen Heiligen Marcellinus und Petrus [9: DUTTON, 69–130, bzw. ESSELBORN] für die fränkische Herrschaft nur noch beten konnte [238: J. M. H. SMITH].

Einhard fand mit seiner „Vita Karoli" [4] zahlreiche Nachfolger, denn kein anderer Karolinger erhielt, da die Quellen keine Biographie erlauben, so viele Würdigungen seines Wirkens und seiner Zeit wie „Karl der Große". Einhardscher Kürze befleißigen sich J. FLECKENSTEIN [161] und M. BECHER [158], der auch auf Karls Vorfahren eingeht. Diese präzisen wie auch die weit ausholenden Darstellungen von J. FAVIER [160] und D. HÄGERMANN [162] bieten keine Belege, was bei der quellennahen Erzählung von HÄGERMANN misslich ist. Endnoten bieten R. COLLINS [159] und A. BARBERO [157], der zudem seine Bibliographie [ebd. 403–441] kommentiert. R. MCKITTERICK [164: Charlemagne/Karl], die weniger ein Gesamtbild anstrebt, als vielmehr fünf Fallstudien zu den Quellen, den Vorfahren, dem Hof, der Herrschaftsausübung und dem Schriftwesen vorlegt, bietet gleichfalls Belege, die es erlauben, ihren Deutungen prüfend nachzugehen, dabei aber zu konträren Einschätzungen zu gelangen. Die jüngeren Karlsbücher verdanken sich überwiegend der 1200. Wiederkehr der Kaiserkrönung, so dass der nahende 1200. Todestag ihre Zahl noch vermehren dürfte. Bereits erschienen ist das mit Belegen versehene Taschenbuch von W. HARTMANN [163], das in seinem ersten Drittel erkennbar, aber über ihn hinausgehend Einhards Gliederung folgt, um dann systematisierend die Herrschaftspraxis, das Verhältnis zu Religion und Wissenschaft sowie den fränkischen Nachbarn zu behandeln. Eigens, weil es hier bibliographisch nicht erfasst ist, sei auf Karls Nachleben [ebd. 247–260] verwiesen, das A. TH. HACK am Beispiel seiner angeblichen Reiterstatue behandelt [Francia 35 (2008) 349–379]. Gesamtdarstellungen

Die 1200. Wiederkehr des Epochenjahres 800 bot auch Gelegenheit zu Sammelwerken. Den Auftakt machten als Nachzügler die Beiträge zu dem „Frankfurter Konzil von 794" [165: R. BERNDT], auf dem sich der Franke bereits kaisergleich präsentierte. Karls und Leos III. Paderborner Zusammentreffen „799" nahm die rührige Ausstellungsstadt zum Anlass, „Kunst und Kultur der Karolin- Sammelbände gerzeit" vorzuführen [169: CH. STIEGEMANN/M. WEMHOFF], und der Mediävistenverband, „Karl de[n] Große[n] und das Erbe der Kulturen" zu behandeln [168: F.-R. ERKENS]. Während die von STIEGEMANN/WEMHOFF gesammelten Beiträge neben dem Treffen von 799 und der Wiedererrichtung des Kaisertums vor allem dem damaligen Sachsen und heutigen Westfalen gewidmet sind, betrachten die von F.-R. ERKENS versammelten Autoren Karl in seiner Zeit, seine unmittelbaren Erben und sein Nachleben. Nicht nur das Geschehen 799 und das Epos „De Karolo rege et Leone papa" [16] behandelt der im Nachgang erschienene Sammelband „Am Vorabend der Kaiserkrönung" [202: P. GODMAN/J. JARNUT/P. JOHANEK]. „Ex Oriente" blickt der Aachener Ausstellungskatalog von 2003 [167: W. DREßEN/G. MINKENBERG/A. C. OELLERS] mit Bagdad, Jerusalem und Aachen auf drei Kulturen um 800 und heute, womit sich die Perspektive deutlich veränderte, war doch die klassische Karlsausstellung von 1965 noch ganz auf die Europäische Wirtschaftsgemeinschaft ausgerichtet [166: W. BRAUNFELS]. Hingegen bietet die angelsächsischen Sichtweisen „Charlemagne. Empire and Society" [170: J. STORY].

Karls Expansion

Die einzelnen Kriegszüge, mit denen Karl über seine Vorfahren hinausgelangend fast den ganzen christlich gebliebenen Westen des *imperium* bis 800 zusammenzwang, sind, wenn „Karl der Große" insgesamt behandelt wird, zwar mehr oder weniger detailliert wiedergegeben [vgl. 157: A. BARBERO, 31–88, 162: D. HÄGERMANN, 91–378, oder 163: W. HARTMANN, 82–111], doch richtet sich das herrschaftsgeschichtlich bedeutsame Interesse vor allem darauf, ob fränkische Massenheere von Zehntausenden [171: B. S. BACHRACH, Warfare, 58] oder Abteilungen von einigen Tausenden marschierten [174: G. HALSALL, Warfare, 119ff.] oder gar nur Kleingruppen auf „Plunder and Tribute" ausgingen [179: T. REUTER]. Sowohl die maximalistische [BACHRACH] wie die minimalistische Position [REUTER] schließt É. RENARD [178: Politique] aus. Auch E. J. GOLDBERG [288: Struggle, 124–126] sieht aus logistischen Gründen stets nur einige Tausend der insgesamt verfügbaren Männer aufgeboten, und zwar in den Regionen, die dem jeweiligen Kriegsziel benachbart waren.

Äußere Gegner

Unter den Verbänden, denen Karl entgegentrat, besaßen nur die „Langobarden" [177: W. POHL/P. ERHART, 573–638 Bibliographie] eine den Franken vergleichbare Herrschaftsstruktur, die den „Sachsen" [180: M. SPRINGER] völlig fehlte, was den mehr als 30-jährigen Kleinkrieg bedingte [ebd. 166–261], zu dem auch auf die Aufsätze in dem Beitragsband der Paderborner Ausstellung „799" verwiesen sei [169: STIEGEMANN/WEMHOFF, 223–345]. Der Spanienfeldzug von 778,

3. Die Herrschaften der einzelnen Karolinger 77

dessen Scheitern seinen Schlusspunkt in dem ungesühnten Gemetzel angeblich von Roncesvalles [172: H. BRALL-TUCHEL, Herz, 39–43] fand, verfestigte die Frontstellung zu der anderen monotheistischen Religion im Pyrenäenraum. Dabei traten Elemente religiös motivierter Kampfesrhetorik auf [vgl. 173: A. TH. HACK, Karl], die „Charlemagne's Jihad" in Sachsen beeinflusst haben sollen [175: Y. HEN]. Die Vereinnahmung Baierns 788 (s. u.) führte zu der unmittelbaren Konfrontation mit dem Steppenvolk der „Awaren" [176: W. POHL], das innerlich geschwächt der fränkische Oberherrschaft keinen erfolgreichen Widerstand mehr leisten konnte und bald unter den nachrückenden Slawen aufging. Welche „Darstellung des Feindes" Karls Geschichtsschreiber boten, untersucht C. ROBSANTER [in 186: L. KOLMER/CH. ROHR, 103–120].

Wiewohl die Expansion Karl Ressourcen erschloss, um personale Bindungen zu seinen Gunsten auszurichten, blieben in der Kriegergesellschaft Konflikte nicht aus, die auch den Herrscher einbezogen. Zu den wenigen, die seine Autoren auch einräumten, gehörte der von Thüringen ausgehende Hardradaufstand 785/86 [81: K. BRUNNER, Gruppen, 48–52, und 188: J. L. NELSON, Opposition, 13–22]. Die Empörung wird folglich immer wieder herangezogen, um das Verhältnis zwischen Herrscher und Adel [ST. AIRLIE in 170: STORY, 89f.], Eliten in der Krise [R. LE JAN in 79: BOUGARD/FELLER/DIES., 404–410] oder soziale Schichtungen zu behandeln [183: PH. DEPREUX, Défense, 98–104]. Der nächste Konflikt, der sich in der Erinnerung nicht unterdrücken ließ, aber erfasste Karls eigene Familie, weil er seinen erstgeborenen Sohn Pippin betraf [81: K. BRUNNER, Gruppen, 62f., und 188: J. L. NELSON, Opposition, 9–13].

Karls Opponenten

Widerstand, der sich um Mitglieder der eigenen Familie formierte, sollte nach Pippin „dem Buckligen" die Regel bleiben, bis mit Boso von Vienne 879 ein Nichtkarolinger nach der Herrschaft griff [ST. AIRLIE in 170: STORY, 99]. Am Anfang kam es unter Karl zu dem später verschwiegenen Konflikt mit dem eigenen Bruder (dazu II.2.3). Weil Karl dabei seine langobardische Ehefrau verstoßen hatte, zog sich sein eigener Vetter „Adalhard" protestierend ins Kloster zurück, stand dem König jedoch später wieder treu zur Seite [185: B. KASTEN]. Mit Tassilo III. von Baiern geriet ein weiterer Verwandter in Karls Visier, allerdings erst, als seine mit jenem weitläufig verwandte dritte Ehefrau Hildegard 783 gestorben [51: M. HARTMANN, Königin, 99] und der nach Einhard [4: Vita Karoli, c. 20] angeblich auf die vierte Fastrada zurückgehende Hardradaufstand niedergeschlagen war.

Familienkonflikte

Seither war der Baier dem Druck seines fränkischen Cousins

Tassilo III.

Pippin „der Bucklige"

Karls Frauen und Kinder

Karls Hof

ausgesetzt [vgl. 53: H. KAMP, Friedensstifter, 99f.], der ihn 788 mit „ein[em] politische[n] Prozeß" [R. SCHIEFFER in 165: BERNDT, 167–182] entmachtete. Tassilos Verurteilung wegen *harisliz* war nur möglich, weil seine vasallitische Bindung an Pippin, Karl und Karlmann von 757 an behauptet und, wie M. BECHER [182: Eid] herausarbeitet, in der Retrospektion der „Annales regni Francorum" [4] festgeschrieben wurde. Ihnen will PH. DEPREUX [184: Tassilon] dennoch vertrauen, die einzelnen Bindungsakte aber noch nicht im späteren Rechtssinne verstehen. Die forcierte Formierung der Vergangenheit, die sich mit Unterwerfungsakten [vgl. 181: ST. AIRLIE, Narratives] verband, konnte „dissidente Stimmen" [M. DIESENBERGER in 221: CORRADINI/MEENS/PÖSSEL/SHAW, 105–120] nicht ganz unterdrücken, macht es aber sehr schwierig, mit Karls Cousin den letzten Machthaber, der östlich vom Rhein Eigenständigkeit beanspruchte, historisch zu fassen, worum sich die Beiträge zu „Tassilo III. von Bayern" bemühen [186: L. KOLMER/CH. ROHR].

In den Nachwirkungen von Tassilos Entmachtung verortet C. I. HAMMER einen mit Karl d. J. abgesprochenen Plan, „Pipinus rex" [187] eine Aquitanien vergleichbare Herrschaft in Baiern einzuräumen, wo einige den Erstgeborenen unterstützt haben sollen, den die unmittelbaren Zeitgenossen noch nicht als bucklig diskriminierten. Deshalb fragt G. JORDAN [52: Siech, 253], ob er es überhaupt war. Doch säte bereits 784 Paulus Diaconus Zweifel an Pippins legitimer Geburt und es sind, wenn auch unterschiedlich bewertet [vgl. 54: B. KASTEN, Königssöhne, 141–149], Bestrebungen vermutlich 789 erkennbar, die Nachfolge auf die Hildegardsöhne zu beschränken. Daran hielt auch die nur mit Töchtern gesegnete Fastrada fest, was Pippin 792 zu jener Tonsur verhalf, die auch Tassilo erhalten hatte.

Der Blick auf Karls Opponenten erfasst immer wieder seine Ehefrauen, die, weil im Haus wirkend, sehr wohl in dessen Belange involviert waren. Himiltrud, die nicht mehr als Konkubine angesehen wird, die namenlose Langobardenprinzessin, Hildegard und „Fastrada" [im Vergleich mit Hildegard: F. STAAB in 165: BERNDT, 183–217, und mit Blick auf Tassilos letzten Auftritt 794: 189: F. SCHMIEDER] behandelt auf neuestem Stand M. HARTMANN [51: Königin, 96–104], die aber Karls fünfte Frau Liutgard nicht mehr als Ehefrau zählt [ebd. 88] wie noch M. RICHTER [in 168: ERKENS, 17–24]. Karls konsequentes Nichtheiraten als Kaiser rief erst nach seinem Tod Kritiker auf den Plan [R. COLLINS in 72: LE JAN, 193–211].

Das von S. EPPERLEIN für ein allgemeines Publikum geschilderte „Leben am Hof Karls des Großen" [191] lässt J. FRIED in einem,

3. Die Herrschaften der einzelnen Karolinger 79

wenn auch so nie stattgefundenen „Gastmahl Karls des Großen" höchst lebendig werden, indem er die verstreuten Nachrichten zusammenführt, um nicht mehr Präsentes zu vergegenwärtigen [192]. Studien zu „Court Culture" [in 207: C. CUBITT] oder „Königshof und Herrschaftsraum" [193: W. RÖSENER] greifen regelmäßig auf den Traktat „De ordine palatii" [15] zurück, den Karls Vetter „Adalhard" [190: B. S. BACHRACH] verfasste, doch erst Hinkmar von Reims allerdings in jenen Partien unangetastet überlieferte, in denen er seine eigene Bedeutung nicht herausstreichen konnte. Karls Hof als (Begegnungs)Raum hausherrschaftlicher Machtausübung (dazu II.2.3) lässt sich zwar nicht in einzelne moderne Ressorts zerlegen, doch verdient eine Besonderheit hervorgehoben zu werden: Karl verstand es nämlich, gleichsam in einer frühen Exzellenzinitiative auch die besten Geister seiner Zeit um sich zu scharen. Diese konventionell „Hofschule" genannte [H. SCHEFFERS in 167: DREßEN/MINKENBERG/OELLERS 3, 28–35], durchaus fluente Intellektuellengruppe um den Angelsachsen „Alcuin" [220: D. A. BULLOUGH] trieb jene Bildungsreform voran, die Karl aus Sorge um den rechten Gottesdienst letztlich herrschaftsstabilisierend initiiert hatte und die Grundlagen europäischer Wissenskultur legte, wovon J. FRIED in der EdG handeln wird [227: Wissen].

Die Wiederaneignung von Dialektik und Logik [200: TH. ERTL, Bilderstreit, 35] versetzte Karls Intellektuelle in die Lage, den Widerspruch zu erkennen zwischen seiner faktischen Macht im christlich gebliebenen westlichen *imperium* (*res*) und seiner Würde als König (*nomen*). Ob überhaupt und wann der Plan aufkam, *res* und *nomen* in Einklang zu bringen, ist ebenso umstritten wie die Deutung von „Carlo Magno a Roma" [197], so der Titel einer römischen Ausstellung zum 25. Dezember 800.

Karls
Kaiserkrönung

Nur vier perspektivisch berichtende zeitgenössische Texte schildern die Vorgeschichte und den Vorgang am Weihnachtstag 800. Während die fränkischen übereinstimmend von Karls Annahme des *nomen imperatoris* berichten, heben die Lorscher Annalen [übersetzt in 11: W. HARTMANN, Geschichte, 55f.] vor allem auf seine faktische Macht durch den Besitz der alten Kaiserresidenzen ab und darauf, das ganze christliche Volk habe Karl darum gebeten, die Würde eines Kaisers anzunehmen. Dies sei ihm so zuwider gewesen, ließ Einhard [4: Vita Karoli, c. 28] als einziges verlauten, dass Karl, wenn er darum gewusst hätte, an dem Hochfest die Peterskirche nicht betreten hätte. Der eigentliche Akt findet sich in den „Annales regni Francorum" [4: J. 801] und in der Vita Leonis III. des Liber Pontificalis [übersetzt in 11: W. LAUTEMANN, Quellen, 70f.] übereinstimmend so geschildert,

Quellen

dass zuerst Leo an der Confessio Petri die Krönung vornahm und dann das Volk, das die Vita ausdrücklich das römische nennt, den römischen Kaiser ausrief (akklamierte), wie die fränkische Quelle betont, die im Gegensatz zur Vita die abschließende Ehrenbezeugung durch Leo nicht zu erwähnen vergisst. Karls und seiner Helfer Deutung des ganzen Vorganges schlug sich nieder in dem distanzierenden „Romanum gubernans imperium" der seit dem Mai 801 benutzten Kaisertitulatur nach spätantikem Ravennater Vorbild [vgl. 322: P. CLASSEN, Aufsätze, 187–204].

Deutung und Bedeutung

Die hier nur grob und von J. L. NELSON [in 70: JUSSEN, 55–71 und 373f.] ausführlichst wiedergegebenen Quellenaussagen werden zusammen mit den Vorgängen von 799 kontrovers gedeutet. Dabei wird immer wieder P. CLASSEN herangezogen, insbesondere was die anschließende Klärung des Verhältnisses zu Byzanz anlangt [198: Karl, 82–99]. „Neues von der Kaiserkrönung" bespricht R. SCHIEFFER [204], vor allem die erinnerungskritische Studie über „Einhards Schweigen" [201: J. FRIED] und die Fakten, Hypothesen und Spekulationen zu „799 und d[en] Folgen" [203: J. JARNUT]. Danach sieht J. FRIED Karl mit byzantinischem Einverständnis, wie in der Kölner Notiz [abgedruckt in 201: Schweigen, 308 Anm. 89], allerdings für F.-R. ERKENS [199: Paderborn, 155 Anm. 84] zu isoliert bezeugt, die Kaiserwürde anstreben. Sie habe sich zudem mit Endzeiterwartungen verbunden [so W. BRANDES in 165: BERNDT, 49–79, und 201: FRIED, Schweigen, 303f.], was M. BECHER [196: Mantik] nicht zu sehen vermag, während R. SCHIEFFER [204: Neues, 20–24] skeptisch bleibt.

799

Die Ereignisse von 799, die M. BECHER [in 169: STIEGEMANN/ WEMHOFF, 22–36] aus der Sicht der Zeitgenossen behandelt, konterkarierten mögliche Pläne und erklären Karls langes Zögern. Gegen die dedizierte Auffassung von J. JARNUT [203: 799, 199f.], Karl habe zumindest den Überfall auf Leo III. genutzt, wenn nicht arrangiert, um ihn gefügig zu machen, wendet J. FRIED [201: Schweigen, 289 und 298] ein, dass es dafür keine Belege gebe, und R. SCHIEFFER [204: Neues, 17], dass ein solches Vorgehen angesichts Leos ohnehin bedrängter Lage schlicht überflüssig gewesen sei. Diese war im September 799 bei dem [so 203: JARNUT, 799, 201f.] nur kurzen Paderborner Treffen zu behandeln, nicht aber [wie DERS., 203f., annehmen will] die Erhebung zum Kaiser, denn die Quellen „schweigen" von der Kaiserwürde [so 201: FRIED, 315f., oder 199: ERKENS, Paderborn, 150].

Leo III.

Der inkriminierte römische Hirte war das Problem, das Karl zögern ließ. Erst nach einer langen Rundreise, die ihn nicht zufällig zu Alcuin [198: P. CLASSEN, Karl, 56f.] führte, traf Karl am 23. November

800 vor Rom ein. Sein Empfang durch Leo am 12. Meilenstein erfolgte mehr als kaisergleich [ebd. 58f.], doch will M. BECHER [194: Kaiserkrönung, 7–9] hierin kein Zeremoniell sehen, vielmehr ein Treffen, um über anstehende Fragen zu verhandeln. Denn noch gab es die Vorwürfe gegen Leo, die nicht ein Synodalentscheid, sondern er selbst durch einen Reinigungseid [201: FRIED, Schweigen, 307f.] am 23. Dezember ausräumte.

Der feierliche Akt musste schon vor dem Weihnachtstag geprobt gewesen sein. Doch gelang es Leo, indem er kurzfristig die Krönung entgegen der byzantinischen Abfolge vor die Akklamation setzte, sich in den Vordergrund zu rücken [195: M. BECHER, Karl, 8] und zudem der ganzen Erhebung einen starken (stadt)römischen Bezug zu geben [162: D. HÄGERMANN, Karl, 427]. Beides lassen die Quellen erkennen, die so den Widerwillen Karls, den Einhard (s. o.) ohne nähere Erklärung bezeugt, nicht als bloßen Bescheidenheitstopos erhellen, worin SCHIEFFER [204: Neues, 7] nur Spekulationen zu sehen vermag. Keine solche aber ist Karls Kaisertitulatur (s. o.), die DERS. [46: Karolinger, 103f.] gegen die hervorgehobene Rolle der Römer heranzieht, betont doch die Titulatur Karls faktische Machtgrundlagen [K. HERBERS in 41: FRIED/HEHL, 207] und zeigt trotz „Einhards Schweigen", dass Karl seine Kaiserwürde gemäß der *nomen-res*-Theorie verstand und sie nicht als eine auf Rom und seinen Bischof gestützte sah [201: FRIED, Schweigen, 320f.].

25. Dezember 800

3.3 Hochkarolingische Herrschaft 800–829

Die Karolinger stützten ihre Herrschaft materiell ganz unmittelbar auf das Königsgut, das sie noch von den Merowingern übernehmen konnten, und auf ihre eigenen vor allem im Gebiet von Maas, Rhein und Main gelegenen Güterkomplexe, die seit längerem erforscht sind [vgl. 45: R. SCHNEIDER, Frankenreich, 123]. Dabei wird wie auch jüngst für den wichtigen Aachener Raum von „Reichsgut" [210: D. FLACH] gesprochen, was eine Transpersonalität suggeriert, die in einem deutlichen Kontrast steht zu Karls I. Anordnung im Capitulare de villis: „Unsere Höfe ... sollen allein unserem Bedarf dienen und niemanden sonst" [10: Quellen, 39, c. 1]. Aufschluss über einen solchen Komplex liefert für das Rhein-Main-Gebiet der „Lorscher Codex", der mit einer Verständnishilfe vorliegt [18].

Königshöfe

Neben den übernommenen Königssitzen der Merowinger im Westen bauten die Karolinger selbst in Mitten ihrer Besitzkomplexe einzelne Vororte zu Herrschaftsmittelpunkten für repräsentative Versammlungen aus, die nach dem antiken *palatium* so genannten

Pfalzen

"Königspfalzen" [206: G. BINDING]. Als "Orte der Herrschaft" [208: C. EHLERS] erfreuen sie sich eines eigenen Forschungsprojektes [vgl. 209: FENSKE/JARNUT/WEMHOFF, Splendor palatii]. Im engeren ostfränkischen Bereich nutzten die Karolinger, auch als Stationen ihres Itinerars, nach dem Brand der Wormser Pfalz 790/1 Ingelheim und "Franconofurd" [215: M. WINTERGERST], daneben im späteren 9. Jahrhundert Trebur [212: T. PICARD, Königspfalzen], in Alemannien Bodman [271: TH. ZOTZ, Ludwig], zur Sicherung Sachsens "Paderborn" [M. BALZER in 169: STIEGEMANN/WEMHOFF 1, 116–123] und nach Tassilos Entmachtung Regensburg [214: W. STÖRMER, Bedeutung]. In Karls I. Spät- und Ludwigs I. Anfangszeit kam es zu dem Sonderfall eines dauerhaften, fast ausschließlichen Herrschaftsmittelpunkts in "Aachen" [J. L. NELSON in 211: DE JONG/THEUWS/VAN RHIJN, 217–237, vgl. auch CH. KELLER in 167: DREßEN/MINKENBERG/OELLERS 3, 6–23, L. FALKENSTEIN in 208: EHLERS, 131–181, und M. UNTERMANN in 169: STIEGEMANN/WEMHOFF 3, 152–164].

Steuerstaat? Mochten einzelne Pfalzbauten noch so sehr an vergangene Vorbilder gemahnen, lagen die unmittelbar eigenen Ressourcen karolingischer Machtausübung eindeutig in der sie umgebenden "Agrarwirtschaft" [213: W. RÖSENER] und in der Arbeitskraft jener Menschen, die in abgestufter Unfreiheit lebend die Königsgutkomplexe bewirtschafteten. Dennoch sieht J. DURLIAT [223: Finance] die Ausübung von Macht exakt bis zum Jahr 888 materiell beruhen auf der ungebrochen weiterarbeitenden spätantiken Steuerverwaltung, was CH. WICKHAM zu der Feststellung veranlasste: "The Fall of Rome will not take place" [239]. Erneut vorläufige Befunde und Konzeptionen vorlegend, sieht ST. ESDERS [224: Abgaben] mit der spätantiken Umwandlung von Bürgerpflichten in Grundlasten und deren Anbindung an agrarische Betriebseinheiten bereits das vorgebildet, was der veränderten Wirklichkeit des Frühmittelalters erlaubte, Herrschaftsrechte mittels des römischen Instruments der Zession oder der Leihe zu delegieren, ohne diese Rechtsansprüche jemals aufzugeben. Angesichts solcher Vorbildungen im 4. Jahrhundert, die trotz erheblicher Brüche in Rinnsalen in das 9. geflossen sein sollen, erhebt sich die Frage, wie frühmittelalterlich die Spätantike gegenüber der vorangegangenen Antike war.

Gemeinschaft der Gläubigen Andere jüngere Studien, die G. BÜHRER-THIERRY [219: Centres] bespricht, verstehen Karls I. und Ludwigs I. *imperium* nicht territorial, sondern als Gemeinschaft der Gläubigen, die zunächst unter Karls unbestrittener theokratischer Führung stand, mit seinem Sohn dann

3. Die Herrschaften der einzelnen Karolinger 83

immer mehr unter bischöfliche Kontrolle geriet [ebd. 145–149]. Innerer Aufbau [ebd. 149f.], Abgrenzung nach außen vor allem durch die Grenzmarken [ebd. 150f.] sowie das Verhältnis zwischen Herrscher und regionalen Gewalten [ebd. 152f.] lassen erkennen, dass die beiden Kaiser nicht den Embryo eines modernen Staates schufen, sondern gemäß der Vorstellung handelten, alle öffentliche Gewalt sei eine unmittelbar von Gott übertragene Aufgabe, die es um des Seelenheils willen auszuüben gelte [ebd. 153]. Auch die Beiträger zu „The long Morning of Medieval Europe" [222: J. R. DAVIS/M. MCCORMICK] sind sich darin sich einig, dass die auf sozialen Netzwerken, also auf personalen Bindungen, beruhende Herrschaft in hochkarolingischer Zeit, die aus insularer Sicht bis zu Karl II. reicht, nicht mit modernen Verfassungsmodellen beschrieben werden kann. Zwar mag es beispielsweise im Rechtswesen Zuständigkeiten gegeben haben, wenn H. KAMP [53: Friedensstifter, 34] die Gerichte der Grafen und *missi* als ausschlaggebend ansieht, doch nutzten die Betroffenen, wie W. C. BROWN zeigt, auch die Fürsprache der Mächtigen zur außergerichtlichen Konfliktbeilegung [in 225: ESDERS, 31–53].

Die Art wie und die Mittel, mit denen Karl I. und Ludwig I. zu herrschen versuchten, machen es aber leicht, eine besondere Verfasstheit, ja sogar „Staatlichkeit" zu erkennen, die der des 10. Jahrhunderts entgegengesetzt erscheint. Wenn aber die ostfränkische „Königsherrschaft" seit König Ludwig II. „eher ottonisch als karolingisch" war [274: R. DEUTINGER, 390], dann liegt für die unmittelbar vorangegangene Zeit der Verdacht nahe, die gängige Vorstellung hochkarolingischer Herrschaft sei „eher ein Zerrbild" [ebd. 398]. Diesem aber haben die Männer, die Karl I. und Ludwig I. schreibend unterstützten, erfolgreich vorgearbeitet, handelt es sich doch um ein Problem der Quellenoptik.

Ein Anschein von Verfasstheit

Denn trotz der trümmerhaften Überlieferung ist gerade zwischen 800 und 829 der Versuch zu erkennen, „Schriftkultur und Reichsverwaltung" [236: R. SCHIEFFER] zu verbinden, oder um es weniger etatistisch auszudrücken, Herrschaft auch mit der Feder auszuüben und zu (unter)stützen. Im Gegensatz zur Spätantike und zur Merowingerzeit schrieben für Karl I. und Ludwig I. vor allem Geistliche. Sie sollten bis zum späten Hochmittelalter den Schriftgebrauch monopolisieren und eine Laienschriftlichkeit verdrängen, die nach 800 noch nicht ganz verschwunden war, erinnert sei an Einhard und Nithard (dazu II.3.4) oder an „Dhuoda" [8]. Denn neben der vertrauten Rechtsschriftlichkeit wie der Sammlung des (Gewohnheits)Rechts, die im „Wilden Osten" mit der Grenzsicherung einherging [229: H. LÜCK], und neben der „Ur-

Herrschaft mit der Feder

kunde", für die während der Manuskripterstellung eine Monographie von M. MERSIOWSKY [231] angekündigt war, nimmt DERS. auch eine ganz alltägliche Schriftlichkeit von Briefen und Mandaten an [in 236: SCHIEFFER, 109–166]. Von ihr aber sind je weiter im 9. Jahrhundert und je weiter östlich nur Trümmer überliefert. Daher ist ihr wie auch das Ausmaß des Schriftgebrauchs überhaupt strittig: So sieht M. RICHTER nur einen „beschränkten Nutzen des Schreibens" [235] im Gegensatz zu R. McKITTERICK, der zahlreiche Handschriftenstudien verdankt werden [vgl. 164: Charlemagne, 418–421/Karl, 441f.]. Doch zeigt DIES. [230: Unity practice] jüngst wieder, dass bei dem Schriftgebrauch Vereinheitlichung zwar angestrebt war, tatsächlich aber eine Vielzahl von Formen und Texten in Gebrauch blieb, im Rechtswesen aber grundsätzlich die Schriftform durchgesetzt werden konnte.

Kapitularien   Eine Besonderheit, auch im Frühmittelalter bei der Ausübung von Herrschaft die Schrift zu nutzen, bieten die nach ihrer kapitelweisen, oft nur sehr stichwortartigen Auflistung Kapitularien [1: MGH Capit.] genannten Texte, in denen kurze Anordnungen, Beratungs- und Entscheidungsgrundlagen sowie Erinnerungen an Normen oder schlicht Prüflisten gesehen werden können. Die Überlieferung dieser „Kapitularien", die beispielsweise durch „ihre bischöfliche Vermittlung" in andere Verwendungszusammenhänge führte [237: H. SCHNEIDER], beschreibt H. MORDEK [232: Bibliotheca], der auch ihre Eigenart analysiert [233: Studien]. Mit den Kapitularien, die doch tatsächlich vor allem unter den beiden ersten Kaisern entstanden, in Westfranken Nachzügler fanden und im Osten ganz wegbrachen [274: R. DEUTINGER, Königsherrschaft, 162], sieht H. MORDEK „die Karolinger" energisch bemüht, den durch das gesprochene Wort geprägten Volksrechten die dem kanonischen und römischen Recht vertraute Schrift „als wesentlichen und nicht nur untergeordneten Bestandteil beizugeben ..., um durch Rechtskontinuität Rechtssicherheit zu schaffen" [in 236: SCHIEFFER, 66]. Eine dominant normative Betrachtung der Kapitularien durch die ältere Forschung, die R. SCHNEIDER überblickt [45: Frankenreich, 127f.], weicht der Suche nach ihrem Realitätsbezug. So sieht ST. PATZOLD die Frage nach den Geltungsansprüchen dieser „Normen im Buch" [234] von der älteren Forschung [ebd. 330–334] falsch gestellt: aus dem hochkarolingischen Bemühen, den *populus christianus* zu einem gottgefälligen Leben anzuhalten, seien unterschiedliche Listen hervorgegangen, wobei fraglich bleibe, ob überhaupt ein konsistenter Normtext verabschiedet wurde, denn nicht der Wortlaut sei wichtig gewesen, sondern die gemeinte Ordnung [ebd. 349f.]. Gleichfalls nicht allein als präskriptive Texte, sondern vielmehr als solche, die jeweils

3. Die Herrschaften der einzelnen Karolinger 85

den Beginn von Verhandlungen zwischen überregionalen und lokalen Eliten markierten, sieht diese Aufzeichnungen CH. PÖSSEL [in 221: CORRADINI/MEENS/DIES./SHAW, 253–274].

Eng mit dem handlungsanleitenden Charakter einzelner Kapitularien verbunden waren, weshalb sie stets beispielsweise von R. MCKITTERICK [164: Charlemagne, 214–291/Karl, 192–253] zusammen behandelt werden, jene Beauftragten, mit denen Karl I. und Ludwig I., nicht aber mehr ihre ostfränkischen Nachfolger [274: R. DEUTINGER, Königsherrschaft, 221] aktiv in abgegrenzten Teilen ihres Herrschaftsbereiches Aufsicht, Gericht und Kontrolle besorgen ließen. Daher erwartet R. SCHNEIDER, den Gang der Forschung beschreibend, „ein wirklich befriedigendes Forschungsbild" von den *missi dominici* erst, wenn eine „wissenschaftlich vertretbare Kapitularienedition" vorliegt [45: Frankreich, 120]. Jeweils ein Bischof und ein Graf handelten als *missi* gemeinsam, worin sich wiederum zeigt, dass für den entsendenden Herrscher Geistliches und Weltliches eine unauflösliche Einheit bildeten.

Missi dominici

Denn der gottbegnadete Herrscher sah sich vor dem Höchsten für das ihm anvertraute Volk verantwortlich, doch keineswegs nur um irdische Gerechtigkeit, sondern auch um sein Seelenheil besorgt. Dieses christliche Sendungsbewusstsein sieht TH. M. BUCK nach der Kaiserkrönung 800 noch eine Steigerung erfahren [218: Capitularia]. Doch schon zuvor handelte Karl I. aus der Überzeugung, die der Moderne fremd ist, dass nämlich nur richtig vollzogener Gottesdienst einer gottbegnadeten Herrschaft den Segen des Höchsten sichere. Um aber sicherzustellen, dass die Priester die Liturgie richtig feierten, die Sakramente richtig spendeten, war die richtige Kenntnis der normativen Texte, allen voran der Bibel unabdingbar [vgl. 37: A. ANGENENDT, Frühmittelalter, 320–347]. Daher initiierte Karl I. eine kulturelle Reform, angefangen von der Normierung der Schrift als „karolingische Minuskel" bis hin zur Emendation des lateinischen Bibeltextes [ebd. 305–320]. Um diesen richtig zu verstehen, sammelten und sicherten Karls Gelehrte aber nicht nur die Kommentare der spätantiken Kirchenlehrer, vielmehr alle, auch heidnischen lateinischen Texte, die sie erreichen konnten. Das hierfür gerne gebrauchte Schlagwort „Karolingische Renaissance" geht aber in die Irre, denn nicht die Wiedergeburt einer vorbildlichen Antike war das Ziel, sondern „correctio" [ebd. 305]: die Richtigstellung des christlichen Lebens, seiner Normen und Texte. Welche weiterwirkende Bedeutung diesen bis zur Bolognareform beispiellosen „Bildungserlassen" [226: J. FLECKENSTEIN] zukommen sollte, wird in der EdG J. FRIED behandeln [227: Wis-

Correctio

sen]. Die von der Bildungsreform unterstützte Vereinheitlichung des religiösen Lebens entfaltete eine überdauernde integrative Wirkung, die machtpolitisch nicht erreicht und für R. SCHIEFFER auch gar nicht bewusst angestrebt wurde [104: Einheit].

„Heeresreform"   Alle Sachverhalte, die in hochkarolingischer Zeit mit Hilfe der Schrift geregelt, besser richtiggestellt werden sollten, hier anzusprechen, ist nicht möglich. Daher sei nur noch kurz auf das Hauptinstrument der Machtpolitik, auf das Heer, geblickt. Um dieses schlagkräftig zu halten, um aber Härten zu vermeiden, band Karl I. 808 in seinem Kapitular De exercitu promovendo [teilweise übersetzt in 11: W. HARTMANN, Geschichte, 70–72] die Pflicht zur Heeresfolge an den Besitz von vier besetzten Hufen und schloss bei geringerem Besitz entsprechend zwei oder vier Freie zusammen, um den Kriegsdienst eines zu ermöglichen. Hierin sieht T. REUTER [in 253: GODMAN/COLLINS, 395 und 400] nach dem Ende der Expansion eine Umstellung des Heeres auf ein Konzept defensiver Verteidigung, hingegen erkennt É. RENARD [in 79: BOUGARD/FELLER/LE JAN, 322] und DERS. [178: Politique] mit der grundbesitzlastigen Gestellung grundsätzliche Rekrutierungsprobleme behoben. Die Bindung des Kriegsdienstes an die Rechnungseinheit „Hufe" führt noch einmal zurück zu der divergierenden Einschätzung öffentlicher Ordnung. Denn genau eine solche Rückbindung des Kriegsdienstes erkennt ST. ESDERS bereits durch Kaiser Valens 375 mit der an das *iugum* vorgebildet, so dass zwischen beiden „tatsächlich nicht nur ein systematischer, sondern wohl auch ein entwicklungsgeschichtlicher Zusammenhang angenommen werden" muss [224: Abgaben, 213] und „ein, wenn auch dünner, Verbindungsfaden von den spätantiken Regelungen ... bis in die karolingische Zeit (zu) ziehen" ist [ebd. 215]. Hier aber sorgte der Sachzwang dafür, dass der Fall Roms nicht stattfand, denn die Konstitution des Valens ging nicht in den unter fränkischer Herrschaft verbreiteten Überlieferungsträger römischen Rechts ein, die „Lex Romana Visigothorum" [hrsg. von G. HAENEL, Leipzig 1849].

Der Anfang vom Ende?   Entgegen allen Bemühungen um Richtigstellung und Verbesserung hätten bereits in der Spätzeit Karls I. „Krise und Auflösung" eingesetzt [265: R. SCHNEIDER]. Gegen diese von F. L. GANSHOF [zuletzt engl. The Carolingians ..., Aberdeen 1971] aufgestellte Dekompositionsthese wendet sich J. FRIED [in 72: LE JAN, 75f., und in 112: KASTEN, 172], wenn er Karl I. noch durch die große Reforminitiative seines letzten Lebensjahres 813 jenen großen Friedensplan absichern sieht, den der biologische Zufall anders als 806 mit der Divisio regnorum geplant auf Ludwig I. und Bernhard von Italien beschränkt hatte.

3. Die Herrschaften der einzelnen Karolinger

3.4 Ludwig I. „der Fromme" († 840) und seine Söhne bis 843

Mit der Krise karolingischer Herrschaft endete die unter Karl I. grundgelegte imperiale Beherrschung der Erinnerung. Denn die ihr dienenden „Annales regni Francorum" [4] brechen mit jenem Jahr 829 ab, in dem Ludwig I. eine erste, Widerspruch provozierende Entscheidung zugunsten seines jüngsten Sohnes fällte. Bezeichnenderweise fanden diese „Einheitsannalen" sowohl eine, von Anfang an ausführliche Fortsetzung in den westfränkischen „Annales Bertiniani" [2] als auch eine zunächst dürftige Fortführung in den ostfränkischen „Annales Fuldenses" [3] (dazu II.3.5), so dass sich mit der Herrschaft auch die Erinnerung vervielfältigte. Dies gilt für Ludwig I. um so mehr, als nicht nur die Texte seiner Verteidiger, sondern auch die seiner Kritiker eine Überlieferungschance fanden. Doch stehen dem akademischen Unterricht deutscher Zunge überwiegend nur die Verteidiger zur Verfügung, nämlich die „Gesta Hludowici" des adelig-ostfränkisch orientierten Trierer Chorbischofs Thegan [20], der gegen den Wortführer von 833, Ebo von Reims, polemisierte, und die „Vita Hludowici" eines Anonymus, der wegen seiner einschlägigen Interessen der Astronomus genannt wird [20]. Bei ihm soll es sich um Jonas von Orléans [36: M. TISCHLER, Einharts Vita, 1109], einen Vertrauten des Karlssohnes Drogo von Metz [257: M. DE JONG, Penitential State, 80] oder um Walahfrid Strabo [242: C. M. BOOKER, Past Convictions, 293 Anm. 129; ebd. Verweise auf ältere Identifizierungen] gehandelt haben. Beide Ludwigsviten folgen dem annalistischen Schema und reichen nicht an die „Vita Karoli" [4] heran, die Einhard 828 vor der Krise verfasste (dazu II.3.2). Als Zeitzeugenbericht vor allem der anschließenden Bruderkriege wertvoll sind die „Historiarum Libri IV", die Ludwigs illegitimer Neffe Nithard [4] als einer der letzten „Lay Intellectuals" hinterließ [240: P. WORMALD/J. L. NELSON]; Nithard stand eindeutig auf Seiten seines Cousins Karls II. und fiel 845 im Kampf gegen die Normannen. Ausschließlich in das angelsächsische Idiom übertragen sind die Rechtfertigungsschrift, die Relatio, der Ludwigs Bußakt von 833 beiwohnenden Bischöfe unter Führung des Ebo von Reims [242: C. M. BOOKER, Past Convictions, 257–264, und 257: M. DE JONG, Penitential State, 271–277] und jenes hochmerkwürdige, dem Leben von Ludwigs Seitenverwandten und Opponenten Wala gewidmete „Epitaphium Arsenii" des Paschasius Radbertus [19].

Diese Hauptquellen, zu denen noch der [außer von 257: M. DE JONG, Penitential State, 277–279] nicht übersetzte Ludwigkritiker Agobard von Lyon kommt, sowie die einschlägigen Kapitularien- und Syn-

Erzählende Quellen

Übergreifendes

odaltexte untermauern die große Darstellung, die E. BOSHOF der ganzen Lebenszeit „Ludwig[s] de[s] Frommen" widmet [243]. Hauptsächlich die Quellen zu 822, 828/9, 830 und 833 analysiert M. DE JONG, um Ludwigs Gemeinwesen als „Penitential State" zu erweisen [257: 59–111 eine eingehende Würdigung der Quellen]. Auf 833 konzentriert sich C. M. BOOKER in seinen doppeldeutigen „Past Convictions" [242], wenn er dafür eintritt, Ludwigs Kritiker ernst zu nehmen, weil seine loyalen Anhänger die Ereignisse von 833 als Drama erzählt hätten, das seit der Aufklärung gleichsam theatermäßig (miss)verstanden worden sei.

Gesamteinschätzungen

Ludwig I., den erst die Nachwelt über das gängige Herrscherbeiwort hinaus fromm nannte [so 263: R. SCHIEFFER], als „Des großen Kaisers kleine[n] Sohn" [N. STAUBACH in 253: GODMAN/COLLINS, 701–721] zu sehen, also letztlich für unfähig zu halten, hat eine lange Tradition [vgl. 242: C. M. BOOKER, Past Convictions, 73–89]. Daher sind nicht erst die Beiträger zu dem von P. GODMAN/R. COLLINS besorgten Sammelband bemüht, „Charlemagne's Heir" [253] Gerechtigkeit widerfahren zu lassen. Insbesondere die schon fast monographische Studie „*Hludovicus Augustus*" von K. F. WERNER [ebd. 3–125] widmet sich der Leitung des christlichen Kaiserreiches, und zwar ihren Ideen und Realitäten. Unzweifelhaft waren zu Ludwigs Zeit Geistliches und Weltliches, tiefer Glaube und Machtpolitik [so mit Blick auf seine Kritiker 242: C. M. BOOKER, Past Convictions, 125] in besonderer, ja übersteigerter Weise vereint, können *admonitio* und *correctio* [so 257: M. DE JONG, Penitential State] geradezu als Wesensmerkmale von Ludwigs Gemeinwesen angesehen werden, in dem mit himmlischen Eingebungen „Politics of Dreaming" [247: P. E. DUTTON] betrieben wurde und in der sich alle, auch der Kaiser selbst, nach dem Gegensatzpaar *aequitas* und *iniquitas* beurteilen lassen mussten [so 242: C. M. BOOKER, Past Convictions, 214–246].

Neue Männer, neue Ideen

Doch darf über den zentralen Themen der jüngeren Monographien, Buße [257: M. DE JONG] und Überzeugung / Verurteilung [242: C. M. BOOKER], nicht außer Acht bleiben, dass Ludwig I. und seine Männer, die PH. DEPREUX in einer „Prosopographie" [246] erfasst hat und deren „Service of the State" ST. AIRLIE [in 60: DERS./REIMITZ/POHL, 93–111] analysiert, zunächst einmal mit einem neuartigen Entwurf der Machtausübung antraten, ein Geistliches wie Weltliches übergreifendes Gemeinwesen planten und schließlich an ihren Rivalitäten und an der Realität personaler Herrschaft scheiterten. So dokumentierte der radikale Elitentausch von 814 [J. FRIED in 253: GODMAN/COLLINS, 234–239] den Willen zur Neuorientierung. Obschon dann über die Kanoniker- und Mönchsreform hinaus [vgl. 101: W. HARTMANN, Syn-

3. Die Herrschaften der einzelnen Karolinger 89

oden, 156–161] faktisch das bereits unter Karl I. 813 Begonnene [vgl. ebd. 128–140] fortgeführt wurde, wobei „Ludwig als Gesetzgeber" für P. LANDAU [228] eine große Synthese anstrebte, setzten seine Männer eindeutig andere Akzente als Karls I. Berater. Einigkeit besteht, dass Ludwig eine neue Elite aus Aquitanien mitbrachte. Diese Gruppe war keineswegs uniform [J. FRIED in 72: LE JAN, 85f.] und erst recht nicht von Benedikt von Aniane dominiert, dessen bestimmenden Anteil auch an der Mönchsreform D. GEUENICH überbewertet sieht [in 321: BAUER/HIESTAND/KASTEN/LORENZ, 99–112]. Doch erkennt wiederum allein durch die von diesem favorisierte Benediktsregel C. M. BOOKER [242: Past Convictions, 223f.; hierin 261: TH. F. X. NOBLE, Ideal, folgend] bewirkt, dass sich das Gegensatzpaar *aequitas* und *iniquitas* zur Beurteilung aller, einschließlich des Kaisers, durchsetzte. Allerdings lässt BOOKER völlig außer Acht, dass die Pariser Synode von 829 erstmals den gelasianischen Dualismus aufgriff, der tendenziell der geistlichen Gewalt wegen ihrer Sorge für das Seelenheil des Herrschers eine höhere Wertigkeit zuerkannte [vgl. 103: ST. PATZOLD, Episcopus, 155f.]. Solche patristischen Einflüsse, aber auch römisch-rechtliche aus dem einst westgotischen Aquitanien [64: J. W. BUSCH, Amtswalten] müssen zusammen mit monastischen gesehen werden, zumal Ludwig den „abbot of the realm" [242: C. M. BOOKER, Past Convictions, 227] vielleicht als Nichtlachender [vgl. 256: M. INNES], kaum jedoch überzeugend als leidenschaftlicher Jäger verkörpern konnte.

Ein Bündel von Einflüssen führte dazu, *ecclesia* und *imperium* neuartig zu denken und Herrschaft nach einer ansatzweise transpersonal ausgerichteten Konzeption zu planen, die für E. BOSHOF von einer „Einheitsidee" [in 253: GODMAN/COLLINS, 161–189] getragen war. Mag auch die vorgeblich „so häufig variert[e] Argumentationskette: ein Gott – eine Kirche – ein Glaube – ein Reich" [45: R. SCHNEIDER, Frankenreich, 39] in den Quellen exakt so nicht aufscheinen, so widersprechen doch die dort erkennbaren Absichten dem Schluss, Ludwigs Berater hätten „eine Parallelisierung von Glaubenseinheit und politischer Einheit ... nicht vorgenommen" [111: S. KASCHKE, Reichsteilungen, 330]. Der Plan einer starken Einkaiserherrschaft lässt sich aus der Rückschau leicht als von vornherein unrealistisch bezeichnen [so D. HÄGERMANN in 112: KASTEN, 291–299], denn bei unveränderter Zahl der Söhne hätte Ludwig I. 817 wie Karl I. mit seiner Friedensordnung von 806 die Teilungsproblematik in die Enkelgeneration verschoben. Weit mehr belastet war der Plan von 817 dadurch, dass er den von 813 schlicht zerstörte [so J. FRIED in 112: KASTEN, 145–192].

Ob „Ludwig der Fromme oder Ludwig der Gnädige" war, neigt

Ordinatio imperii

TH. ZOTZ [272] zu Gunsten des letzteren zu beantworten. Denn die *pietas* sei ein Korrektiv zu der *iustitia* gewesen, was Ludwigs Anhänger [so auch 268: A. WEIHS] beispielsweise der zu ihnen gehören wollende Ermoldus Nigellus [12] herausstellten [so PH. DEPREUX in 102: HILL/SWAN, 201–224], hingegen Ludwigs Neffe nicht sehen konnte. Die Ordinatio überging nämlich 817 schlicht das von Karl I. gewollte „Königtum Bernhards von Italien und sein Verhältnis zum Kaisertum" [245: PH. DEPREUX, der Ludwig I. dabei zu entlasten versucht]. Seine Männer ließen den berechtigten Protest Bernhards, dessen legitime Geburt [so J. FRIED in 112: KASTEN, 177] dank ihres Wirkens noch heute umstritten ist [vgl. 107: K. UBL, Inzestverbot, 273], als Hochverrat erscheinen [so J. JARNUT, ND in 116: DERS., 329–340]. Der Kaiser selbst nahm 818 den bedauerlichen Unfall bei dem Vollzug der gnädig gewährten Blendungsstrafe [zu ihr im Frühmittelalter allgemein 244: G. BÜHRER-THIERRY, Anger] billigend in Kauf [so 270: G. G. WOLF, Aufstand], doch konnte er den „Nachruhm König Bernhards" nicht unterbinden [255: E. HLAWITSCHKA].

Bernhard von Italien

Das übersteigerte *ministerium*

Wie Ludwig I. seine Nachfolge auf die eigenen Söhne beschränkte, stand in einem starken Kontrast zu dem für ihn, aber auch für die Seinen propagierten Gedanken von einem Gott rechenschaftspflichtigen „Amtswalten" [64: J. W. BUSCH, 58–60]. Schon Alcuin sah den gottbegnadeten Herrscher ein *ministerium* versehen, doch verortete er ihn als davidisches Oberhaupt über der Kirche [M. ALBERI in 102: HILL/SWAN, 3–17]. Doch anders als Karl I. ließ Ludwig I. mit dem Bußakt von Attigny 822 und den programmatischen Äußerungen von 823–825 [vgl. O. GUILLOT in 253: GODMAN/COLLINS, 455–486] und 825, die „Echte Quellen" sind [G. SCHMITZ in 323: ERKENS/WOLFF, 275–300], langfristig zu, dass sich zwischen ihn und die Transzendenz gemäß dem gelasianischen Modell der Episkopat als irdische Kontrollinstanz schob, die sich bereits Ende des Jahrzehnts deutlich bemerkbar machte. So wurde aus der „Kirchenpolitik des Königs" die „Königspolitik der Kirche", um die Titelfrage von M. SUCHAN [266] abzuwandeln.

Judith und Karl II.

Die Kirchenbuße von Attigny erwies sich vielmehr als „Auftakt größter Turbulenzen" [J. FRIED in 72: LE JAN, 101]. Sie rührten nicht zuletzt daher, dass sich Ludwig I. in der Ordinatio von 817 ohne Abänderungsklausel [vgl. 111: S. KASCHKE, Reichsteilungen, 332f.] auf drei Söhne festgelegt hatte, ihm seine zweite Gemahlin Judith 823 aber mit Karl II. einen vierten gebar. Die 819 nach alttestamentarischem, nicht byzantinischem Vorbild [so M. DE JONG in 47: BRUBAKER/SMITH, 257–277] vom Kaiser selbst Ausgewählte, deren frühe Jahre als „Caesar's Wife" E. WARD [in 253: GODMAN/COLLINS, 205–227] behandelt,

3. Die Herrschaften der einzelnen Karolinger 91

stand gerade wegen ihres Einsatzes für den eigenen Sohn im Zentrum der zeitgenössischen Kritik, was A. KOCH in einer Biographie der „Kaiserin Judith" [258] zurechtzurücken versucht. Das Zerrbild ihrer Gegner wird ihr sicher nicht gerecht, doch stellte ihr Engagement für Karl II. das ambitionierte Projekt einer starken Einkaiserherrschaft in Frage, das diesen Sohn eben nicht vorgesehen hatte, was aber nicht Judith, sondern ihrem Gatten anzurechnen ist.

Die Judithkritiker, die an dem Projekt von 817 festhielten, werden gerne einer Reichseinheitspartei zugerechnet, die aber zu sehr nach Parlamentarismus klingt und auch die differierenden Interessen der einzelnen Beteiligten verdeckt [262: ST. PATZOLD, Palastrebellion, und zeitgleich 288: E. J. GOLDBERG, Struggle, 58]. Die, wie immer auch zu nennenden Verteidiger des Entwurfs von 817, der radikal mit dem gängigen Teilungsbrauch brach (dazu II.2.5), verbanden sich mit jenen Kritikern, die einen gegen Ende der 820er Jahre angesichts defensiver Misserfolge drängenden Reformstau auflösen wollten. Doch Ludwig I. überraschte seine Kritiker, indem er seinem nachgeborenen Sohn Karl II. 829 einen eigenen Herrschaftsbereich ausgehend von jenem Alemannien zuwies, aus dem, was J. FRIED [249: Schatten, 127f.] nicht erkennen kann, Karls II. Mutter stammen soll, worin TH. ZOTZ die „Genese eines neuen Regnum" [271] sieht. Die übersteigerte Vorstellung vom *ministerium* des Herrschers, seine frühe Festlegung auf drei Söhne, Misserfolge und Reformstau prägten den „Vorabend der ersten Krise der Regierung Ludwigs" [251: F. L. GANSHOF], deren Bewältigung geradenwegs in die zweite von 833 führte.

Vor der Krise

Die Kritik, die „Wala" [269: L. WEINRICH] und andere an Ludwigs I. übermäßigem Eingreifen in kirchliche Belange übten, fand für J. FRIED [249: Schatten, 105] ihren Niederschlag in den beiden wirkmächtigsten Fälschungen des Mittelalters: so sei Pseudoisidors Dekretalenwerk als eine herrschafts- und sozialkritische Schrift zu lesen, die K. ZECHIEL-ECKES [241: Spur] nach 835 in Walas Kloster Corbie entstanden sieht, und die „Donation of Constantine" in dessen oder dem Umfeld Hilduins von St.-Denis um 833 zu verorten [97: J. FRIED].

Produkte der Krise

Gegen ältere Auffassungen, mit den Ereignissen von 833 habe der Abstieg der Karolinger begonnen, betont die anglophone Forschung im Gefolge von J. L. NELSON [in 253: GODMAN/COLLINS, 147–159], Ludwig I. sei in seinen letzten Lebensjahren keineswegs „less effective as a monarch" [257: M. DE JONG, Penitential State, 261] oder gar ein Schattenkönig gewesen [242: C. M. BOOKER, Past Convictions, 21f.], so dass der Eindruck entsteht, er sei letztlich aus den Bußakten von 822 und 833

Stärkung durch Buße?

gestärkt hervorgegangen. Doch indem sich Ludwig anders als sein Vater früh und eindeutig auf den neuartigen Entwurf einer kleinen Intellektuellengruppe festlegte, überforderte er mit deren Konzept einer starken Einkaiserherrschaft letztlich sich selbst und die fränkische Adelsgesellschaft [243: E. BOSHOF Ludwig, 268f.], die an dem Brauch gleicher Teilung festhielt. Daher begann der Weg zur Wasserscheide von Fontenoy, für die M. DE JONG [257: Penitential State, 56] gegen die von Soissons eintritt, bereits 823 mit der Geburt Karls II.

Das keimende Ostfranken
Die Teilung, auf die sich die Brüder bei der Entmachtung ihres Vaters 833 verständigten, ist für E. J. GOLDBERG [288: Struggle, 70] die Blaupause für die von Verdun 843 gewesen, zumal bereits zuvor König Ludwig II. den Anspruch seines kaiserlichen Bruders auf Überordnung gemäß der Ordinatio ignoriert habe [ebd. 52 und 56]. Die von Ludwig II. spätestens seit 833 beanspruchte Rheingrenze ließ die großen Anhänger seines Vaters beiderseits des Stromes eine Zerteilung ihres Besitzes befürchten, weshalb sie nach 835 für eine Rehabilitierung Lothars I. und damit für einen starken mittleren Herrschaftsbereich eintraten, mithin der jüngere Ludwig auf Baiern zurückgedrängt wurde [ebd. 88f.]. Dabei habe Kaiser Ludwig I. als erster das Gebiet „rechts des Rheins" in die normale Herrschaftspraxis einbezogen [264: R. SCHIEFFER], allerdings gegen Ende seines Lebens doch im Kampf gegen den gleichnamigen Sohn. Wie „Kaiser Ludwig" alltäglich herrschte, wird deutlicher hervortreten, wenn TH. KÖLZER die kritische Edition seiner Urkunden vorlegt [vgl. vorerst 259: Kaiser Ludwig]: beispielsweise bestätigen sie die gängigen Vorstellungen von der Regelhaftigkeit von „Reichsversammlungen" nicht [248: D. EICHLER].

Bruderkrieg und Teilung
Die „Entstehungsgeschichte und Bedeutung des Vertrages von Verdun" stellt F. J. GANSHOF [250] heraus, der vorausgehenden „Search for Peace" widmet sich J. L. NELSON [260]. Die dabei 842 entstandenen Straßburger Eide sind unter sprachwissenschaftlichen Gesichtspunkten ediert von K. GÄRTNER/G. HOLTUS [252: Parallelurkunde]. Das vorangegangene Gemetzel von „Fontenoy" veranlasst J. GILLHAM die Alternative „Schonen oder Vernichten" bis in das 11. Jahrhundert zu erörtern [in 324: FOURACRE/GANZ, 242–265]. Weiter analysieren E. SCREEN [313: Importance], welchen Niederschlag der Bruderkrieg in Lothars I. Urkunden fand, und E. J. GOLDBERG [254: Revolt] seine Bemühungen, sich nach der Niederlage 841 zu behaupten, was zu dem sogenannten Stellinga-Aufstand führte [vgl. auch 277: C. EHLERS, Integration, 258–263, 183: PH. DEPREUX, Défense, 104–107, oder 180: M. SPRINGER, Sachsen, 262–270].

3.5 König Ludwig II. († 876) und seine Nachkommen in Ostfranken

Die Hauptnachrichten über die karolingischen Herrschaften am und östlich vom Rhein finden sich in den „Annales Fuldenses" [3], die H. LÖWE [26: Geschichtsquellen, 671] als Ostfränkische Reichsannalen apostrophierte. Tatsächlich aber lassen sie für die Jahre 838–863 und 863–882 unterschiedliche Bearbeiter und Interessen erkennen, auch fanden sie für die Jahre 882–887 und 882–901 Fortsetzungen von konträren Standpunkten. Dazu referiert ST. PATZOLD [103: Episcopus, 363–365] den Forschungsstand und H. REIMITZ [in 221: CORRADINI/MEENS/PÖSSEL/SHAW, 121–136] stellt die Schwierigkeit heraus, einen derart gewachsenen Text zu edieren. Die westfränkische Außensicht auf die östlichen Herrschaften und ihr Verhältnis zu der mittleren und westlichen vermitteln bis zum Tod ihres letzten Bearbeiters Hinkmar von Reims 882 die „Annales Bertiniani" [2]. Ebenfalls aus einer westlichen, aber monastischen Perspektive berichten für die Jahre 874–900 die „Annales Vedastini" [2] und aus einer niederrheinischen, am Schluss Kölner die „Annales Xantenses" [2] für die Jahre 831–873. Vorstellungen vom Herrscherhandeln, die bei dem Besuch Karls III. 883 in St. Gallen gängig waren, nicht aber das tatsächliche Wirken Karls I. schildert nach S. MACLEAN [298: Kingship, 204] 885/6 der St. Galler Mönch Notker Balbulus anekdotisch [3: Gesta Karoli]. Als Zeitgenosse der letzten ostfränkischen Karolinger und, worauf S. MACLEAN [310: Insinuation] abhebt, Betroffener der Kämpfe in Lotharingien verfasste Regino von Prüm seine bis 906 reichende „Chronica" [3]. Dabei habe er nach H. LÖWE [26: Geschichtsquellen, 903f.], an Justinus geschult, das Herrscherhandeln im 9. Jahrhundert in seinen Ursachen und Wirkungen retrospektiv analysiert, nach ST. AIRLIE [27: Sad Stories] hingegen mit der augustinischen Geschichtsvision als den Aufstieg und Fall der Karolinger gedeutet.

Erzählende Quellen

Einen konzisen, aber schwer erreichbaren Überblick über die strukturellen und familiären Gegebenheiten ostfränkischer Karolingerherrschaft bietet H. WOLFRAM [in 308: ZEHETMAYER, 9–23]. Ausführlich analysiert R. DEUTINGER in seiner pragmatischen, also am tatsächlichen Handeln der Herrscher orientierten Verfassungsgeschichte die „Königsherrschaft im Ostfränkischen Reich", die „eher ottonisch als karolingisch" gewesen sei [274: 390]. Welche Rolle dabei Herrscher- und Adelsitinerare spielten, untersucht TH. ZOTZ [in 82: DEPREUX/BOUGARD/LE JAN, 173–187], der auch den Hof als Mittelpunkt behandelt [DERS. in 72: LE JAN, 233–247]. Inwieweit bereits die lange Herrschaft König Ludwigs II. in Ostfranken oder der

Übergreifendes

Herrscherwechsel 887/888 „die Entstehung des Deutschen Reiches" bewirkt haben, hat die deutsche Mediävistik über 1945 hinaus diskutiert, wovon in der EdG J. EHLERS [275: Entstehung] handelt. Daher mag hier nur kurz auf jüngere verwiesen sein: W. HARTMANN sieht, während „Ludwig der Deutsche" ein Vierteljahrhundert lang herrschte, ein Zusammengehörigkeitsgefühl sich entwickeln, das die Auflösung des östlichen Herrschaftsbereiches verhindert habe [289: Ludwig, 257], und stimmt mit J. FRIED überein, dass dieser Ludwig derjenige König war, „dem das künftige Reich der Deutschen seine Existenz verdankte" [40: Weg, 510]. R. SCHIEFFER [in 301: FUCHS/SCHMID, 1–16] erkennt im endenden 9. Jahrhundert erste Züge, die rückblickend die weitere Entwicklung prägten, die wiederum C. R. BRÜHL [273: Deutschland] erst ausgangs des 11. Jahrhunderts abgeschlossen sieht.

Einzelne *regna*   Die einzelnen Regionen am und östlich vom Rhein werden in landesgeschichtlichen Handbüchern behandelt, die W. BAUMGART auflistet [22: Bücherverzeichnis, 95–97]. Über Westfalen, einen Teil des frühmittelalterlichen Sachsens, informiert auch der Beitragsband der Paderborner Ausstellung „799" [169: STIEGEMANN/WEMHOFF, 347–444]. Berichte über „Reliquientranslationen" [282: H. RÖCKELEIN] geben Einblicke in Gemeinschaftsbildung und Beziehungsnetze der führenden „Saxons" und bezeugen zugleich die Herausbildung von Identitäten [283: E. SHULER]. Monographisch behandelt C. EHLERS die „Integration Sachsens" [277], des weiteren G. LUBICH das heutige Franken [281: Weg], F. STAAB [284: Untersuchungen] und M. INNES [280: State] das Mittelrheingebiet, H. J. HUMMER das Elsass [279: Politics] sowie kurz die „Alemannia" B. BIGOTT [in 325: KRIEG/ZETTLER, 29–37]. Besondere Beachtung findet der, nach Aussage seiner heute Regierenden ältester Staat Europas Baiern: So widmet sich C. I. HAMMER dem „Ducatus" [278], die ältere Studie von J. JAHN [vgl. DERS. in 129: JARNUT/NONN/RICHTER, 317–344] nicht ersetzend, W. BROWN mit „Unjust Seizure" dem dortigen Rechtswesen [217] und ST. FREUND den kirchlichen Verhältnissen [96: Agilolfinger]. Während in Baiern und Alemannien ältere Strukturen vorlagen oder in Sachsen entstanden, die K. F. WERNER als „Regna" auffasst [285], und die in den Führungsschichten ein Bewusstsein ihrer Eigenständigkeit hervorbrachten, sieht TH. BAUER ein solches auch in „Lotharingien" [309] gegeben, während J. SCHNEIDER dort ein eigenes vergeblich sucht und nur ein fränkisch-karolingisches findet [312: Suche, 457f.]. Dennoch sei hier weiter nach Lothar II. mit Lotharingien der Norden des mittleren Herrschaftsgebietes von 843 bezeichnet. Dieses wie auch das westfränkische boten

3. Die Herrschaften der einzelnen Karolinger 95

Ziele für jene „Nordmannen", zu denen sich weitere Literatur bei J. SCHNEIDER [ebd. 361f.] oder J. FRIED [45: Formierung, 272f.] findet.

Der jüngste, ersteheliche Sohn Kaiser Ludwigs I. trägt in der Literatur traditionell den Beinamen „der Deutsche", weil er nach der Ordinatio von 817 mit Baiern ausgestattet seinen Herrschaftsbereich 843 endgültig an den Rhein ausweiten konnte. Zwar titulierten seine gelehrten Zeitgenossen die rechtsrheinischen Gebiete durchaus mit dem antiken Begriff Germania, doch verstanden sie, wie der damit Bezeichnete selbst, darunter jene klar durch den Fluss abgegrenzten Gegenden, in denen man sich keineswegs bereits auf Deutsch, sondern in den Volkssprachen verständigte [vgl. 275: J. EHLERS, Entstehung, 15 und 100–104 und gegen eine gemeinschaftsfördernde Sprachenpolitik Ludwigs II. 287: D. GEUENICH, Karl]. Um dem Anachronismus zu entgehen, wird hier mit EHLERS konsequent König Ludwig II. von seinem Neffen Kaiser Ludwig II. unterschieden.

Ludwig II. der sogenannte Deutsche († 876)

"Ludwig der Deutsche" steht dennoch auf dem Titel der Monographie [289] und des Sammelbandes zu seiner Zeit [290] von W. HARTMANN. Auch E. J. GOLDBERG behandelt Louis the German, bringt aber mit dem Titel seiner Monographie „Struggle for Empire" [288] deutlich zum Ausdruck, dass der faktisch nur am und östlich vom Rhein herrschende Karlsenkel im gesamtfränkischen Rahmen dachte und jede sich bietende Gelegenheit ergriff, seine Herrschaft auch in diesem Rahmen auszuüben. GOLDBERG legt, wiewohl er [ebd. 13] den Ertrag anthropologisch ausgerichteter Geschichtsforschung für die Erkenntnis der nichtinstitutionalisierten und auf Personenbindungen beruhenden Macht im Frühmittelalter anerkennt, Wert auf die exakte Chronologie und den Kontext des Herrscherhandelns, das als krisen- und situationsbezogenes nicht unbedingt Spielregeln (II.2.3) folgen musste. Dabei schöpft GOLDBERG alle Quellen aus und gewinnt mit Zeugenreihen und Ausstellungsumständen von Herrscher- und Privaturkunden wichtige Aufschlüsse. Gegenüber dieser streng chronologischen Darstellung nähert sich die aus den Quellen belegende Monographie von HARTMANN dem ostfränkisch verwurzelten und gesamtfränkisch ambitionierten Herrscher systematisierend, nämlich in dem ersten Hauptteil seiner Familie, den inneren Verhältnissen und der äußeren Politik, im zweiten der Herrschaftsstruktur, die nunmehr aus dem Handeln aller ostfränkischen Karolinger R. DEUTINGER [274: Königsherrschaft] erhellt. Der Sammelband „Ludwig der Deutsche und seine Zeit" [290: W. HARTMANN] behandelt die Grenzkriege im Osten, die Rolle Baierns in Ludwigs Politik, seine Pfalzen, Urkunden und

Gesamtdarstellungen

Versöhnung mit der „Reichskirche" 847 sowie Bildung, Kultur und Liturgie.

Hauptprobleme Nachdem König Ludwig II. die Folgen der Bruderkriege (dazu II.3.4) überwinden und die personalen Bindungen in Ostfranken auf sich ausrichten konnte, nachdem dort die Normannengefahr 845 gebannt und eine Oberhoheit über die Slawen an der Ostgrenze gesichert schien [288: GOLDBERG, Struggle, 115–164, und 289: HARTMANN, Ludwig, 43f., 109f. und 111–113], war er meist mit zwei Hauptproblemen konfrontiert, die „Friedensstifter" auf den Plan riefen [53: H. KAMP, 82–95]: mit seinem Halbbruder Karl II. (zu ihm II.3.7) und seinen eigenen, wie 817 ebenfalls drei Söhnen.

Die Halbbrüder König Ludwigs II. Streben, seine Herrschaft auszuweiten, führte ihn, aller beschworenen „Brüdergemeine" [56: R. SCHNEIDER], dem sie tragenden „Konzept karolingischer Synoden" [91: H. H. ANTON] und den damit verbundenen „Herrschertreffen" [276: I. VOSS] zum Trotz, in mehrere Konfrontationen mit Karl II.: 853/4 in Aquitanien und 858/9 im eigentlichen Westfranken [288: GOLDBERG, Struggle, 233–262, und 289: HARTMANN, Ludwig, 48–53]. Der wohl kaum am „Verrat der Welfen" [vgl. 274: R. DEUTINGER, Königsherrschaft, 294f.] gescheiterte Übergriff von 858/9 erfolgte auf westfränkische Einladung, die R. LE JAN [in 79: BOUGARD/FELLER/DIES., 410–417] behandelt, und mündete 860 in dem wechselseitig in der Volkssprache beschworenen Frieden von Koblenz [P. GEARY in 225: St. ESDERS, 239–253], bevor 869 der kurze, aber heftige Streit um Lotharingien (dazu II.3.6) ausbrach und mit der Teilung von Meerssen 870 beigelegt wurde [288: GOLDBERG, Struggle, 292–299, und 289: HARTMANN, Ludwig, 59f.] trotz der gebrochenen Rippen Ludwigs II. [52: G. JORDAN, Siech, 247f.].

Vater und Söhne Karlmann (* um 830), Ludwig III. d. J. (* um 835) und Karl III. (* 839) [so 46: R. SCHIEFFER, Karolinger, 139] konnten um 850, als sie die Mündigkeit erreichten, nicht voraussehen, dass ihr Vater bis 876 leben würde. Fast ein Vierteljahrhundert war die Teilhabe an der Herrschaft das Anliegen der „Königssöhne" [54: B. KASTEN, 498–541]. Denn belehrt durch die Erfahrungen seines Vaters, verwehrte König Ludwig II. seinen volljährigen Söhnen bis zu seinem Tod den königlichen Rang, übertrug ihnen aber Aufgaben in einer Position zwischen sich selbst und den Großen ihrer jeweiligen Regionen [vgl. im Überblick 289: W. HARTMANN, Ludwig, 66–76, und zu den Ehen der Söhne dorthin 274: R. DEUTINGER, Königsherrschaft, 291f.]. Weil sich in ihnen zugleich die Einflusssphären einer künftigen Herrschaftsteilung abzeichneten, was der Vater bereits 866/7 und nochmals 872 bestätigte, konnten Konflikte mit ihm und Konkurrenz zwischen den Brüdern

3. Die Herrschaften der einzelnen Karolinger 97

nicht ausbleiben. Diese traten nicht nur gleichzeitig auf, vielmehr verbanden sich auch mit dem problematisch gewordenen Südosten, wo die Mährerherrschaft nach Eigenständigkeit strebte [vgl. 288: GOLDBERG, Struggle, 242–248 und 279–288 sowie 289: HARTMANN, Ludwig, 113–119], während Karlmann die Grenze sicherte. Noch sein Sohn „Arnolf" sollte mit letztlich zweifelhaftem Erfolg die Mährer bekämpfen [vgl. H. DOPSCH in 301: FUCHS/SCHMID, 143–186]. Ihr Siedlungsgebiet ist Gegenstand einer Forschungskontroverse [vgl. ebd. 161–163], die hier nicht skizziert wird, weil mehrenteils die Mährer dort angesiedelt werden, wo ihr Name überlebt hat.

Der offenkundig machtvollere, weil auch schwierigere Part, den Karlmann mit der Grenzsicherung im Südosten spätestens 865 übertragen erhielt, gab seinen Brüdern zweifelsohne Anlass zur Beunruhigung. Während M. BORGOLTE [295: Karl III., 53f.] mit der Möglichkeit einer Individualsukzession Karlmanns rechnet, sieht HARTMANN diese damals quellenmäßig nicht belegt [289: Ludwig, 71, aber 256]. Hingegen verweist GOLDBERG [288: Struggle, 275–277] darauf, nur Karl III. habe einen geringeren Teil erhalten, während die beiden anderen mit Baiern und Sachsen je ein Kerngebiet als Wirkungsfeld erhielten. Hingegen sieht H. WOLFRAM [in 308: ZEHETMAYER, 20] die jüngeren Brüder vor 865 in der offenkundigen Furcht vor einer Individualsukzession. Für GOLDBERG [288: Struggle, 304] haben aber erst die Pläne, Karlmann das italienische Erbe zu sichern, seine jüngeren Brüder eine Unterordnung wie in der Ordinatio von 817 befürchten lassen.

Individualsukzession?

Die faktisch auf Italien beschränkte Herrschaft Kaiser Ludwigs II. geriet, da er söhnelos blieb, zum letzten Streitobjekt seiner Onkel. Während König Ludwig II. nach Verhandlungen mit dem Söhnelosen 872 und 874 die Nachfolge seines Sohnes Karlmann gesichert wähnte [110: W. GIESE, Nachfolgeregelungen, 480–483], setzte sich im Wettlauf um Italien letztlich der eigene Halbbruder durch [288: GOLDBERG, Struggle, 304–334, und 289: HARTMANN, Ludwig, 120f.]. Denn Karl II. manövrierte die Heere seiner Neffen Karlmann und Karl III. aus und war bereits zuvor mit dem römischen Bischof übereingekommen, der ihn am Weihnachtstag 875 zum Kaiser krönte [92: D. ARNOLD, Johannes VIII., 69–76 und 80–87]. König Ludwig II. hatte das italienische Erbe gerade nicht für sich, sondern für Karlmann beansprucht, um der Konkurrenz zwischen seinen Söhnen durch eine nicht nur um Lotharingien verbreiterte Herrschaftsbasis gegenzusteuern. Doch war das Gegenteil eingetreten.

Das italienische Erbe

Wie 871 kam es 873 zu einer Empörung der jüngeren Söhne gegen den Vater, wobei das spektakuläre Ende der Erhebung 873 [289:

Karls III. Anfall

HARTMANN, Ludwig, 71–73] unterschiedlich gedeutet wird: ein „epileptischer Anfall" [so noch 54: B. KASTEN, Königssöhne, 536f.] habe Karl III. auf der Frankfurter Versammlung im Januar 873 niedergestreckt. Dagegen wendet G. JORDAN ein, dass Karl bis zu seiner schweren Erkrankung 887 keine physische Beeinträchtigung erkennen ließ [52: Siech, 258]. Folglich sieht S. MACLEAN [in 78: WEILER/DERS., 97–119] darin eine Art Bußritual, denn die Annalisten berichten übereinstimmend von dem Wunsch der Weltentsagung, der Widerrufung der Ehe sowie dem Ablegen von Schwert und fürstlicher Kleidung. Damit werde Karls eigentliches Anliegen verdeckt, des Vaters Vergebung für seine Rebellion zu erlangen und eine Strafe abzuwenden, wie sie Karl II. 873 über seinen Sohn Karlmann mit der Blendung verhängen sollte. Der Akt könne eine Buße [so auch 257: M. DE JONG, Penitential State, 268f.], aber auch ein Ausdruck echter Frömmigkeit gewesen sein, gibt GOLDBERG zu bedenken [288: Struggle, 315f.]. DERS. weist [ebd. 317 Anm. 40] auch darauf hin, dass die in den „Annales Xantenses" [2: J. 873] erwähnte *deditio* Ludwigs III. d. J., auf die HARTMANN als in die Ottonenzeit weisend abhebt [289: Ludwig, 72 und 255], die einzige aus seines Vaters langer Herrschaftszeit bezeugte ist.

Karlmann († 880) und Ludwig III. d. J. († 882)

Die väterlichen Bemühungen um Ausgleich, der Übergriff des westfränkischen Onkels, vor allem aber die Großen, die nach dem Tod des Vaters 876 die Teilung mittrugen, haben bewirkt, dass sich Fontenoy im Osten nicht wiederholte, wenn auch GOLDBERG die Wirkung der Eide vom Nördlinger Ries gering veranschlagt, was die Kooperation der Erben anlangt [288: Struggle, 336f.]. Erst spät zu eigenständiger Herrschaft gelangt, verblieb den beiden älteren Söhnen König Ludwigs II. nur wenig Zeit, eigene Akzente zu setzen, so dass die Forschung sie meist zusammen mit ihrem Vater behandelt. „Karlmanns" Bestreben war es, wie seine „Urkunden für italienische Empfänger" [294: W. STÖRMER] zeigen, den Anspruch auf Italien aufrecht zu erhalten. Auch versuchte er, die eigene Nachfolge zu sichern, was nicht gelang [58: G. TELLENBACH, Grundlagen, 292–294], da „König Ludwig der Jüngere" [291: J. FRIED, 17] mit Hilfe der Baiern seinen nichtehelich geborenen Neffen Arnolf überging (s. u.). Dieser Ludwig III. selbst habe sein „Sachsen" zu kurz beherrscht, als dass es bereits ein Eigengewicht wie das ältere bairische entwickeln konnte [so 292: S. KASCHKE] oder in älterer Sicht von M. BORGOLTE die Ausbildung eines Herzogtums gefördert hätte, wenn DERS. „Karl III." [295] versuchen sieht, seiner Herrschaft im inneralemannischen Raum ein Fundament zu geben. Der dritte, überlebende Bruder erlangte 881 die Kaiserwürde [92: D. ARNOLD, 76–80], was Karlmann verwehrt blieb. Nachdem „Jo-

3. Die Herrschaften der einzelnen Karolinger 99

hannes VIII." verschiedene Kandidaten, nicht aber Boso von Vienne erwogen hatte [ebd. 100–109], und nachdem alle Karolinger gemeinsam gegen Boso vorgegangen waren (dazu II.3.6), gelangte Karl III. erst im zweiten Anlauf nach Rom. Überdies hatte „after the death of Louis II" die Konkurrenz der west- und ostfränkischen Herrschaft um Italien seine Großen in zwei Lager gespalten [297: S. MacLean].

Weder Karlmann noch Ludwig III., der in Ribémont ganz Lotharingien erlangte [312: J. Schneider, Suche, 100], verblieb Zeit zur Festigung ihrer Herrschaften, was zu erbbiologischen Mutmaßungen Anlass gibt (dazu II.2.2). T. Reuter bezweifelt Epilepsie [so die älteren „Diagnosen" in 301: Fuchs/Schmid, 265 Anm. 36] als Krankheit und sieht bei Hemma und Karlmann sowie vermutlich bei Karl III. Schlaganfälle dem Tod vorausgehen sowie bei Arnolf vermutlich einen ersten 896 und einen zweiten oder mehrere 899. Nur für Ludwig III. lasse sich nichts Sicheres angeben. Schlicht weil König Ludwig II. und seine angeblich die Krankheitsneigung vererbende Frau Hemma lange gesund lebten, gelangten ihre Söhne, verglichen mit ihren Vorfahren, erst sehr spät zur selbständigen Herrschaft, so dass altersbedingt ihre Gesundheit früher litt [so 288: Goldberg, Struggle, 339].

„Erbkrankheit"

Dem Ableben seiner Brüder folgten die tödlichen Unfälle seiner westfränkischen Verwandten, so dass Kaiser Karl III. als einziger vollehelich geborener Karolinger alle ihre Herrschaften bis auf die Provence, auch Niederburgund genannt, 885 noch einmal vereinte. Erst von diesem Jahr an behandelt S. MacLean den gleichnamigen Urenkel Karls I. [298: Kingship], so dass für die Zeit zuvor auch für ihn das gilt, was oben zu seinen Brüdern gesagt wurde. Seit dem 12. Jahrhundert trägt Karl III. den Beinamen „der Dicke" [ebd. 2], was sich nicht auf eine zeitgenössisch auch nicht bezeugte körperliche Besonderheit bezieht, als vielmehr auf eine mit ihr assoziierte Trägheit und damit Erfolglosigkeit. Wiewohl er ihn durchgängig „Charles the Fat" nennt, will MacLean gerade mit dem Bild aufräumen, Karls Versagen sei zwangsläufig auf seine Verlassung 887 hinausgelaufen, habe den Aufstieg der Großen zur Königsherrschaft und damit einhergehend „the End of the Carolingian Empire" bewirkt. Zwar sei Karl III. kein „great king" gewesen, doch seine von den Zeitgenossen kritisierte Art, gegen die Normannen vorzugehen, zeige ihn nicht schlechter als andere Herrscher und überdies habe er sich in dem gegebenen strukturellen Rahmen, Macht auszuüben, bis zu seiner schweren Erkrankung 887 aktiv und mobil erwiesen [ebd. 232], worauf schon ältere Studien hinwiesen [58: G. Tellenbach, Grundlagen, 294f.].

Karl III. der sogenannte Dicke († 888)

Letztlich, so MacLean [298: Kingship, 232], resultiere die Ab-

Das Nachfolgeproblem lösung der Karolinger mit Männern, die in ihrem Dienst zu Einfluss gelangt waren, schlicht daher, dass der Familie unbestritten ehelich geborene Erben fehlten. Denn nachdem sein westfränkischer Verwandter und möglicher Nachfolger Karlmann 884 tödlich verunglückt [307: TH. OFFERGELD, Reges pueri, 466] und Karl III. *simplex* unmündig und zudem nicht anerkannt war [ebd. 403–409], blieb Karl III. nur sein eigener Sohn Bernhard, den aber nicht seine Ehefrau Richgard geboren hatte. Der Versuch, Bernhard mit Hilfe von Hadrian III. zu legitimieren [ebd. 467–472], vereitelte 885 der Tod des Hirten, dessen Nachfolger Stephan VI. eine Mitwirkung vermied [298: MACLEAN, Kingship, 167–169]. Ebenfalls nicht zum Erfolg führte Karls Versuch, sich 887 von seiner Ehefrau zu trennen, um Bernhards Mutter heiraten zu können [ebd. 169–178], was für R. SCHIEFFER [46: Karolinger, 186] eine vage Vermutung ist. Doch der auslösende Vorwurf, die Gattin habe Ehebruch mit dem Hauptratgeber Liutward von Vercelli begangen, stärkte Karls Autorität nicht und obendrein war seine Gesundheit angegriffen.

Die Verlassung Karls III. Auch wenn der „Mythos von der Kopfoperation" [52: G. JORDAN, Siech, 255] nicht zu halten ist, war Karl III. 887 doch gesundheitlich schwer beeinträchtigt. Zudem blieb die unter den Bedingungen personaler Herrschaft entscheidende Frage seiner Nachfolge letztlich ungeklärt, weiter war sein Hauptratgeber Liutward entmachtet und durch neue um Erzbischof Liutbert von Mainz abgelöst. Die Initiative zu einer regelrechten Verlassung des nicht mehr Durchsetzungsfähigen ging eindeutig vom ostfränkischen Herrschaftsbereich aus, dann erst folgten die anderen *regna*, deren Große noch vor Karls Tod mangels karolingischer neue Männer zu Königen erhoben wie beispielsweise im Westen „Odo" [R. SCHNEIDER in 315: EHLERS/MÜLLER/SCHNEIDMÜLLER, 12–21]. Wer im Osten die Initiative ergriff, gaben bereits die zeitgenössischen Berichte [abgedruckt bei 38: M. BECHER, Merowinger, 137f.] interessegeleitet konträr an: die Mainzer Fassung der „Annales Fuldenses" [3] schreiben sie Arnolf zu, ihr bairischer Fortsetzer den Großen. „The best-know (and best) article" [so 298: S. MACLEAN, Kingship, 8 Anm. 19] „zum Sturz Karls III." stammt von H. KELLER [296], der die Standortgebundenheit beider Annalen herausarbeitet [ebd. 336–353] und den aus der Erfahrung weiterer Königserhebungen berichtenden Regino sowie urkundliche Zeugnisse beizieht [ebd. 353–357], um zu einer Rekonstruktion der Ereignisse zu gelangen bis hin zu Arnolfs „Königswahl" in Forchheim, die im Dezember 887 das Beispiel für die anderen *regna* gab [ebd. 358–374]. Arnolfs Tränen sind registriert [ebd. 349], doch erst die jüngere Forschung sieht den Sieger mit seinem

3. Die Herrschaften der einzelnen Karolinger 101

„Weinen" Karls Anhängern die Möglichkeit geben, sich mit den neuen
Verhältnissen abzufinden [62: M. BECHER, 49f.].
Die Verlassung Karls III. war das Ergebnis eines Zusammen-   Zusammenspiel
wirkens. Arnolf musste sich durch seinen Onkel erneut zurückgesetzt   von Herrscher und
sehen, als dieser Ludwig, den Sohn des Boso von Vienne, adoptierte   Beherrschten
(dazu II.3.6) und mehrfach versuchte, seinen eigenen Sohn Bernhard
zu legitimieren. Zudem seien, so H. KELLER [296: Sturz, 379–384],
von Liutward auch Nichtkarolinger wie Berengar, Ludwig und Odo
als Nachfolger erwogen worden, was seinen Sturz durch die Gruppe
um Liutbert nach sich zog. Hingegen sieht MACLEAN [298: Kingship,
168] den Liutwardplan als aus der Rückschau erschlossen an, vielmehr
habe Karls III. Treffen mit seinen späteren Nachfolgern allein dazu
gedient, die Nachfolge durch seinen Sohn Bernhard abzusichern. Arnolfs Entschluss, seiner eindeutigen Zurücksetzung durch den Onkel
zuvorzukommen und selbst „skrupellos" als „Usurpator" [so 40: J.
FRIED, Weg, 526] nach dessen Herrschaft zu greifen [296: H. KELLER,
Sturz, 360f., und 298: MACLEAN, Kingship, 192f.], gab den Großen
wiederum die Möglichkeit, die Herrschaft Karls III. offen abzulehnen,
während umgekehrt Arnolf seinen Griff nach ihr nicht unternommen
hätte, „wenn er nicht auf breitere Unterstützung rechnen konnte" [296:
H. KELLER, Sturz, 374]. Nicht die Stämme handelten, den Beginn
der deutschen Geschichte einläutend [so W. SCHLESINGER], eher riss
Arnolf die anderen Großen durch sein entschiedenes Handeln mit [so
G. TELLENBACH, Nachweise der Kontroverse bei R. SCHIEFFER in 301:
FUCHS/SCHMID, 3–5]: Das gemeinsame Handeln aber begründete eine
neue Herrschaft. Dies geriet ebenso wenig in Vergessenheit wie der Ort,
an dem Arnolf im Dezember 887 Anerkennung fand. Denn in Forchheim sollten 889 Arnolfs illegitime Söhne, 900 sein legitimer Sohn
Ludwig IV. und 911 der Nichtkarolinger Konrad I. die Zustimmung
der Beherrschten finden. Gegenüber den „multi reguli" [H. H. KORTÜM
in 301: FUCHS/SCHMID, 68–88], die Arnolfs Beispiel in den anderen
Teilen des karolingischen Europas folgten, nahm dieser die Rolle
des Ranghöheren ein, wobei deren Anerkennung des *senior*, wie R.
DEUTINGER [274: Königsherrschaft, 80f.] zeigt, von den Zeitgenossen
keineswegs nur vasallitisch verstanden wurde.

"Kaiser Arnolf" ist zwar keine Monographie, dafür aber ein Sam-   Arnolf († 899)
melband gewidmet, der verschiedene Aspekte seiner Herrschaft und   und Zwentibold
damit „das ostfränkische Reich am Ende des 9. Jahrhunderts" behan-   († 900)
delt [301: F. FUCHS/P. SCHMID]. Als einziger versucht M. BECHER [in
326: LUDWIG/SCHILP, 665–682] nachzuweisen, dass Arnulf (doch diese
Namensform bezeugen nur wenige Quellen) ehelich geboren ist. Nach

C. I. Hammer [302: Crowding, 534] habe Karlmann am Lebensende Arnolfs Mutter Liutswind, deren hypothetischer Stammbaum geboten wird, als rechtmäßige Ehefrau betrachtet. Arnolf, den die Zeitgenossen als illegitim ansahen, war aber an der Südostgrenze zu Anhang und Ansehen gekommen und wird deshalb in der älteren Literatur von Kärnten genannt. Nachdem er sich durchgesetzt hatte, erlangte „Bayern" als Königsland eine Sonderstellung [so 303: A. Krah]. Doch, wie E.-M. Eibl [300: Stellung] mit ihrer Urkundenauswertung zeigt, die W. Hartmann [in 301: Fuchs/Schmid, 223] zu präzisieren rät, verstand es Arnolf, gerade mit seinen häufigen Aufenthalten im Mittelrheingebiet in die anderen Räume hinzuwirken. Diese werden in der älteren Literatur, aber auch von A. Krah [303: Bayern, 2f.] als Stammesherzogtümer gefasst. Hingegen zeigt M. Becher [in 301: Fuchs/Schmid, 89–121], indem er die ältere Diskussion um diesen Begriff aufgreift [ebd. 94–96], am Beispiel Ottos des Erlauchten, dass dieser Liudolfinger kein Prototyp eines Stammesherzogs war, sondern als königlicher Amtsträger von einer regional gesicherten Basis aus im ganzen Herrschaftsbereich agierte. In diesem hatte sich Arnolf selbst schon 891 gegen die letzte mögliche innerfamiliäre Konkurrenz durchgesetzt, als sein Cousin Bernhard bei einem Aufstand seiner alemannischen Anhänger zu Tode kam [307: Th. Offergeld, Reges pueri, 488–492]. Unklar bleibt, warum Arnolf 895 gegen seine Cousine Hildegard vorging [vgl. 274: R. Deutinger, Königsherrschaft, 287f.].

Lotharingien

Das Problem der eigenen Nachfolge, das sich Arnolf anfänglich [vgl. 110: W. Giese, Nachfolgeregelungen, 504–506] wie einst Karl III. gestellt hatte, wich mit der Geburt Ludwigs IV. der Frage, welche Rolle seine erstgeborenen illegitimen Söhne spielen sollten. Dem jüngeren Ratold könnte 896 in Italien [vgl. 58: G. Tellenbach, Grundlagen, 288f., und 274: R. Deutinger, Königsherrschaft, 290] eine Aufgabe zugedacht gewesen sein, wie sie der ältere Zwentibold 895 im Westen übernahm, wo es faktisch zur „Wiederausgliederung des Lotharischen Regnums" kam [312: J. Schneider, Suche, 122]. Ob 895 eine letzte echte Reichsteilung erfolgte [E. Hlawitschka] oder ein Unterkönigtum eingerichtet wurde [C. R. Brühl, die Nachweise bei B. Kasten in 301: Fuchs/Schmid, 17 Anm. 1], wird nicht mehr diskutiert, weil Zwentibold faktisch eigenständig und nicht als Unterkönig herrschte [M. Hartmann in 301: Fuchs/Schmid, 131]. Dies. sieht auch [ebd. 125f.] eine Königsweihe des ältesten Arnolfsohnes 895 quellenmäßig nicht eindeutig belegt [vgl. 312: J. Schneider, Suche, 118] und setzt sich kritisch mit der Gesamtbeurteilung von „Zwentibold" [299: Th. Bauer] auseinander, die ders. [309: Lotharingien, 621] gibt.

3. Die Herrschaften der einzelnen Karolinger

Die höhere Würde eines Kaisers, faktisch eines Gegenkaisers, erlangte Arnolf im Februar 896, konnte sie aber, vom Schlag getroffen, nicht mehr nutzen für ein gemeinsames Vorgehen verbündeter gegen die konkurrierenden Herrscher im karolingischen Europa [42: KELLER/ALTHOFF, Zeit, 51]. Vielmehr häuften sich in seinem unmittelbaren Herrschaftsbereich die Krisen. Als ein Symptom wertet T. REUTER den „Uota-Prozeß" [in 301: FUCHS/SCHMID, 253–270], der im Juni 899 nicht darauf abgezielt hätte, die Legitimität Ludwigs IV. zu erschüttern. Vielmehr habe der sich rapide verschlechternde Gesundheitszustand Arnolfs auf der Suche nach den Ursachen eine „ziemlich hysterische Abwehrmaßnahme" provoziert gegen vermeintliche Giftattentäter und eben gegen eine angeblich untreue Ehefrau. Anders als BECHER [ebd. 92] und M. HARTMANN [51: Königin, 134f.] will REUTER [in 301: FUCHS/SCHMID, 257], hierin D. C. JACKMAN [306: Konradiner, 136–139] folgend, Uota ausdrücklich nicht der Familie der Konradiner zuordnen. R. DEUTINGER [274: Königsherrschaft, 292f.] referiert die Zeugnisse und Einschätzungen, hält aber [ebd. 385] daran fest, dass die mit den Karolingern „gemachte Verwandtschaft" den weiteren Weg der Konradiner ebnete.

Arnolfs Ende

Die Konradiner sollten unter Arnolfs Sohn, dem lange unmündigen Ludwig IV., weiter hervortreten und nach „Preßburg 907" [305: R. HIESTAND] bestimmend sein sowie nach dem Tod des als Kind bezeichneten letzten ostfränkischen Karolingers mit Konrad I. selbst zur Herrschaft gelangen. Der Jahrestag der vernichtenden Niederlage 907 bot Anlass, die Verhältnisse „im Schnittpunkt frühmittelalterlicher Kulturen" [308: R. ZEHETMAYER] zu beleuchten, beispielsweise schätzt R. DEUTINGER die Auswirkungen der Schlacht auf Baiern anders als bisher ein [ebd. 58–70]. Umfassend behandelt TH. OFFERGELD die Herrschaft anderer für Ludwig vor und nach seiner Volljährigkeit [307: Reges pueri, 518–648]. Hingegen ist der Sammelband „Konrad I. – Auf dem Weg zum ‚Deutschen Reich'?" [304: H.-W. GOETZ/S. ELLING] vor allem auf seine in die Zukunft blickende Leitfrage ausgerichtet. So will V. POSTEL [ebd. 129–149] im Unterschied zur Herrschaftspraxis der Karolinger 911 den Abschluss einer *amicitia* erschließen. Zurück blickt I. HEIDRICH [ebd. 59–75], wenn sie Konrad I. seine Herrschaft weniger seiner Verwandtschaft mit den Karolingern als seiner im Vergleich mit anderen Führungsfamilien größeren Nähe zum Hof seines Vorgängers verdanken sieht. Hingegen vertritt D. C. JACKMAN [ebd. 77–92] die Ansicht, Konrads I. und Ludwigs IV. Mütter seien Schwestern gewesen. Dennoch ist angesichts seiner bereits hochmittelalterlichen Fehl-

Ludwig IV. das Kind († 911) und Konrad I. († 918)

zuordnung zu betonen, dass Konrad I. kein Karolinger war, wohl aber in dem spätkarolingischen Rahmen zu herrschen versuchte.

3.6 Lothar I. († 855) und seine Nachkommen in Lotharingien

Lothar I.   Der älteste Sohn Kaiser Ludwigs I. hat bislang keine Monographie erhalten, vielmehr tritt er in jenen, die seinen Brüdern König Ludwig II. und Kaiser Karl II. gewidmet sind, stets als derjenige auf, der am längsten an der Ordinatio von 817 festhielt. Anlässlich des 1150. Todestages aber gedachte man an seinem Sterbeort „Lothar I., Kaiser und Mönch in Prüm" [311: R. NOLDEN], so dass nunmehr sein „Ringen um die Einheit des Frankenreiches" von E. BOSHOF [ebd. 11–71] eingehend gewürdigt und von S. KASCHKE seine „Dispositio regni" von 855 behandelt ist [ebd. 89–98].

Dreiteilung   Nach 855 verstegtigte sich die Aufteilung des mittleren Herrschaftsbereiches: Das „Regnum Italiae" [dazu Literatur über 21: BÖHMER/ZIELINSKY] besaß seit Karl I. stets Eigengewicht, die Provence sollte sie gewinnen, als dort 879 mit Boso von Vienne ein erster Nichtkarolinger nach der Königsherrschaft griff, „Carolingian Response" [293: S. MACLEAN] durch gemeinsames Vorgehen und den „Jugement morale" der ostfränkischen Eliten herausforderte [F. STAAB in 72: LE JAN, 385–382]. Bosos Sohn Ludwig hingegen gelangte 887 durch Adoption in das Nachfolgekalkül Karls III. [vgl. 307: TH. OFFERGELD, Reges pueri, 472–482], während S. MACLEAN [298: Kingship, 161–169] in der Adoption nur die Anerkennung als König der Provence sieht. Als solcher trat er in Italien auf, wurde Kaiser und 905 „der Blinde" [42: KELLER/ALTHOFF, Zeit, 52f.].

Lothar II.   Der Norden von Lothars I. mittlerer Herrschaft, von der ein Teil noch heute an Lothar II. erinnert, geriet nach seinem Tod 869 zum Streitobjekt zwischen den westlichen und östlichen Karolingern sowie ihren Nachfolgern. Denn Lothar II. gelang es nicht, seinen Sohn Hugo zu legitimieren durch einen spektakulären Ehescheidungsprozess, den M. HARTMANN hinsichtlich der „Königin" [51: 127–131] sowie K. HEIDECKER [in 102: HILL/SWAN, 225–235] und L. BÖHRINGER [in 225: ESDERS, 255–289] in seiner Bedeutung für die Entwicklung des Eherechts behandeln, wobei DIES. insbesondere das konsensstiftende Wirken des Hinkmar von Reims gegen Lothar II. herausstellt. Hugo selbst versuchte, sich im Herrschaftsbereich seines Vaters zu behaupten [58: G. TELLENBACH, Grundlagen, 286f., und 274: R. DEUTINGER, Königsherrschaft, 306f.], bis Karl III. den 885 Gefangenen zur Blendung verurteilen ließ [so 298: S. MACLEAN, Kingship, 149–152].

3. Die Herrschaften der einzelnen Karolinger

Wiewohl nach dem Zwischenspiel des „Zwentibold" [299: TH. BAUER] ohne eigenen Herrscher, habe Lothars II. Herrschaftsbereich in seinen Bischofsherrschaften Bestand gehabt, stellt DERS., das 8. bis 12. Jahrhundert überblickend [309: Lotharingien], fest. Hingegen vermag J. SCHNEIDER mit seiner kleinen Histoire totale dieses „verlorene Reich" [312: Suche] in dem Jahrhundert nach 855 nicht zu finden, vielmehr attestiert er seinen Eliten ein fränkisch-karolingisch ausgerichtetes politisches Bewusstsein, das zwischen West und Ost schwankte [was DERS. ebd. 444 für eine üble Nachrede Widukinds, 2.36, MGH SS rer. Germ. 60, 97, hält].

Lotharingien

3.7 Karl II. „der Kahle" († 877) und seine Nachkommen in Westfranken

Die Monographie zu dem jüngsten Sohn Kaiser Ludwigs I., dessen Regesten im Entstehen sind [21: BÖHMER/FEES], stammt nicht aus heimisch kontinentaler Feder. Vielmehr sieht J. L. NELSON „Charles the Bald" [317] energisch und tatkräftig die Krisen seiner anfangs angefochtenen Herrschaft überwinden, was A. KRAH [316: Entstehung] vor allem behandelt. Ebenfalls von den „Verträge[n] von Verdun und von Coulaines 843" [322: P. CLASSEN, 249–277] ausgehend, sind gegenüber NELSON die Akzente etwas anders gesetzt, wenn B. APSNER [314: Vertrag] auf die Mitwirkung von Adel und Episkopat, also auf die herrschaftsstabilisierende Wirkung des 843 in Coulaines ausgehandelten [88: R. SCHNEIDER, Tractare] Handlungsverbundes, abhebt. Allerdings beachtet er die „konsensuale Herrschaft" [90: SCHNEIDMÜLLER] nach Ansicht von ST. PATZOLD [86: Konsens] nicht genügend, der selbst noch das Konkurrieren bei der Herrschaftsteilhabe hervorhebt. Wiewohl mit E. BOSHOF [in 168: ERKENS, 135–152] Skepsis angezeigt ist, die Namensgleichheit mit dem Großvater habe Karls II. Herrschaftsverständnis wesentlich bestimmt, sind doch Intensität und Umfang entsprechender Bemühungen, dieses zum Ausdruck zu bringen, durchaus vergleichbar, wozu die Arbeiten von N. STAUBACH heranzuziehen sind [319: Rex christianus, 318: Regia sceptra]. Gleichsam in einem umgekehrten Verhältnis zu ihrer forcierten Legitimation standen die Möglichkeiten, eine westfränkische Königsherrschaft faktisch auszuüben. Um den hier vorgegebenen Rahmen nicht zu überschreiten, sei für die Zeit nach Karl II. auf die Handbücher verwiesen und für die seit Odo 888 „französischen Könige" auf J. EHLERS/H. MÜLLER/B. SCHNEIDMÜLLER [315], zu deren Einzeldarstellungen jeweils ein Anhang über die Quellen und Literatur informiert.

Verweise

III. Quellen und Literatur

Die hier benutzten Abkürzungen finden sich im Inhaltsverzeichnis der „Historische Zeitschrift" aufgelöst, nicht hingegen folgende:

AW	Akademie der Wissenschaften, Philosophisch-Historische Klasse
BGQM	Beiträge zur Geschichte und Quellenkunde des Mittelalters
CHMA	Collection Haut Moyen Âge
CStMLT	Cambridge Studies in Medieval Life and Thought
DAW	Denkschriften der Akademie der Wissenschaften, Philosophisch-Historische Klasse
EME	Early Medieval Europe
FGM	Forschungen zur Geschichte des Mittelalters
FStGA	Ausgewählte Quellen zur deutschen Geschichte des Mittelalters – Freiherr vom Stein-Gedächtnisausgabe
GMR	Gestalten des Mittelalters und der Renaissance
HF	Historische Forschungen
HSt	Historische Studien
IMR	International Medieval Research
MGH	Monumenta Germaniae historica, Abt. siehe unter 1.
MGH StuT	MGH Studien und Texte
MGM	Monographien zur Geschichte des Mittelalters
MSt	Millenium-Studien
QAMRhK	Quellen und Abhandlungen zur mittelrheinischen Kirchengeschichte
PuP	Päpste und Papsttum
RGA	Reallexikon der Germanischen Altertumskunde
SAW	Sitzungsberichte der Akademie der Wissenschaften, Philosophisch-Historische Klasse
StEMA	Studies in the Early Middle Ages
TRHS	Transactions of the Royal Historical Society
TRW	Transformation of the Roman World
VHK	Veröffentlichungen der Historischen Kommission

VMPIG	Veröffentlichungen des Max Planck-Instituts für Geschichte
VuF	Vorträge und Forschungen

1. Quellenausgaben mit Verständnishilfen

1.1 Kritische Editionen

1. MGH = Monumenta Germaniae historica mit den Unterabteilungen SS = Scriptores, darin SS rer. Germ. = Scriptores rerum Germanicarum in usum scholarum separatim editi; LL = Leges, darin v. a. Capit. = Capitularia und Conc. = Concilia; DD = Diplomata, darin Diplomata Karolinorum, und Epp. = Epistolae, vgl. den aktuellen Bearbeitungsstand in dem MGH-Gesamtkatalog unter http://www.mgh.de/publikationen.

1.2 Lateinisch-neusprachliche Ausgaben

2. Annales Bertiniani, Vedastini, Xantenses, übers. von R. RAU, Quellen zur karolingischen Reichsgeschichte 2 (FStGA 6). Darmstadt 1958 u.ö.
3. Annales Fuldenses, Reginonis Chronica, Notkeri Gesta Karoli, übers. von DEMS., ebd. 3 (FStGA 7). Darmstadt 1960 u.ö.
4. Annales regni Francorum, Einhardi Vita Karoli Magni, ..., Nithardi Historiarum Libri IV, übers. von DEMS., ebd. 1 (FStGA 5). Darmstadt 1955 u.ö.
5. Annales Mettenses priores usque ad annum 725, übers. von P. FOURACRE/R. A. GERBERDING, Late Merovingian France. History and Hagiography 640–720. Manchester u. a. 1996, 350–370.
6. Bonifatii Epistulae, Varia, Vita Bonifatii auctore Willibaldo, übers. von R. RAU (FStGA 4b). Darmstadt 1968 u.ö.
7. Continuatio chronicarum quae dicuntur Fredegarii (Fredegarfortsetzung), Liber Historiae Francorum, ..., übers. von H. HAUPT, in: H. WOLFRAM (Hrsg.), Quellen zur Geschichte des 7. und 8. Jahrhunderts (FStGA 4a). Darmstadt 1982 u.ö.
8. Dhuodae Liber manualis, übers. von W. FELS (Bibliothek der mittellateinischen Literatur 5). Stuttgart 2008.

9. Einhardi Opera, übers. von P. E. DUTTON, Charlemagne's Courtier. The Complete Einhard. Peterborough/Ontario 1998, ND ebd. 2006; Translatio et miracula sanctorum martyrorum Marcellini et Petri, übers. von K. ESSELBORN, in: Archiv für hessische Geschichte und Altertumskunde N. F. 15 (1928) 24–86.
10. Einzeltexte zur Agrarwirtschaft: Quellen zur Geschichte des deutschen Bauernstandes im Mittelalter, übers. von G. FRANZ (FStGA 31). Darmstadt 1967, 17–115.
11. Einzeltexte, verschiedene: W. HARTMANN, Deutsche Geschichte in Quellen und Darstellung 1: Frühes und hohes Mittelalter 750–1250. Stuttgart 1995, 23–129; W. LAUTEMANN, Geschichte in Quellen 2: Mittelalter. München ^{4}1996, 42–134.
12. Ermoldi Nigelli In honorem Hludowici Christianissimi caesaris augusti Carmen, hrsg. und übers. von E. FARAL, Ermold Le Noir. Poème sur Louis Le Pieux et épitres au roi Pépin (Les classiques de l'histoire de France au moyen âge 14). Paris 1932.
13. Fürsten- und Königsspiegel des karolingischen Frankenreichs, übers. von H. H. ANTON, Fürstenspiegel des frühen und hohen Mittelalters (FStGA 45). Darmstadt 2006, 47–205.
14. Die Geschichtsschreiber der deutschen Vorzeit ... 11: ... Lebensbeschreibung des Bischofs Arnulf ..., übers. von O. ABEL. Leipzig ^{4}1940; 13: ... Leben des Abtes Sturmi ..., übers. von M. TANGL. Leipzig ^{3}1920; 15: Paulus Diakonus (im Anhang Briefe aus dem Codex Carolinus), übers. von O. ABEL. Leipzig ^{3}1939; 17: ... Aus des Paulus Diakonus Geschichte der Bischöfe von Metz, übers. von O. ABEL. Leipzig ^{3}1940; 18: Ermoldus Nigellus, übers. von TH. G. PFUND. Leipzig ^{2}1889; 21: Die Übertragung des Hl. Alexander ... übers. von B. RICHTER. Berlin 1856, und 25: Leben des Abtes Eigil, der Äbtissin Hathumoda von Gandersheim nebst der Übertragung des Hl. Liborius und des Hl. Vitus, übers. von G. GRANDAUR. Leipzig 1890.
15. Hinkmar von Reims, De ordine palatii, übers. von TH. GROSS/R. SCHIEFFER (MGH Fontes iuris 3). Hannover 1980.
16. De Karolo rege et Leone papa, übers. von F. BRUNHÖLZL. (Studien und Quellen zur westfälischen Geschichte 36 Beiheft). Paderborn 1966, ND ebd. 2009.
17. Liber pontificalis, übers. R. Davis, The lives of the eighth-century popes. The ancient biographies of nine popes from AD 715 to AD 817; The ancient biographies of ten popes from AD 817 to AD 891 (Translated texts for historians 13 und 20). Liverpool 1992–1995.
18. Lorscher Codex 1–6, übers. von K. J. MINST. Lorsch 1966–1972.

19. Paschasii Radberti Epitaphium Arsenii, hrsg. von E. DÜMMLER (Abh. AW 1900, 2). Berlin 1900; übers. von A. CABANISS, Charlemagne's Cousins. Contempory Lives of Adalard and Wala, Syracuse N.Y. 1967, 83–204.
20. Thegani Gesta Hludowici imperatoris, Astronomi Vita Hludowici imperatoris, übers. von E. TREMP (MGH SS rer. Germ. 64). Hannover 1995.
21. Urkundenregesten: J. F. BÖHMER, Regesta imperii 1: E. MÜHLBACHER/J. LECHNER, Die Regesten des Kaiserreiches unter den Karolingern 751–918. Innsbruck ²1908, berichtigter ND Hildesheim 1966; 1.2.1: I. FEES, Die Regesten des Westfrankenreichs und Aquitaniens 1: Karl der Kahle 840 (823)–877. 1: 840 (823)–848. Wien/Köln/Weimar 2007; 1.3.1: H. ZIELINSKY, Die Karolinger im Regnum Italiae 840–887 (888). Köln/Wien 1991; 1.3.2: DERS., Das Regnum Italiae in der Zeit der Thronkämpfe und Reichsteilungen 888 (859)–926. Köln/Weimar/Wien 1996; 1.4.2.1: K. HERBERS, Papstregesten 844–858. Köln/Weimar 1999.

1.3 Hilfsmittel zu Quellen

22. W. BAUMGART, Bücherverzeichnis zur deutschen Geschichte. Hilfsmittel, Handbücher, Quellen. München ¹⁷2010.
23. Medioevo Latino 1–(31), Roma 1980–(2010).
24. D. VON DER NAHMER, Die lateinische Heiligenvita. Eine Einführung in die lateinische Hagiographie. Darmstadt 1994.
25. Repertorium fontium historiae medii aevi 1–11. Roma 1962–2007.
26. W. WATTENBACH/W. LEVISON/H. LÖWE, Deutschlands Geschichtsquellen. Vorzeit und Karolinger 1: W. LEVISON, Die Vorzeit von den Anfängen bis zur Herrschaft der Karolinger. Weimar 1952; 2: DERS./H. LÖWE, Die Karolinger vom Anfang des 8. Jahrhunderts bis zum Tode Karls des Großen. Ebd. 1953; 3: H. LÖWE, Die Karolinger vom Tode Karls des Großen bis zum Vertrag von Verdun. Ebd. 1957; 5: DERS., Die Karolinger vom Vertrag von Verdun bis zum Herrschaftsantritt der Herrscher aus dem sächsischen Hause. Das westfränkische Reich. Ebd. 1973; 6: DERS., Die Karolinger vom Vertrag von Verdun bis zum Herrschaftsantritt der Herrscher aus dem sächsischen Hause. Das ostfränkische Reich. Ebd. 1990; Beiheft = 4: R. BUCHNER, Die Rechtsquellen. Ebd. 1953.

1.4 Studien zu einzelnen Geschichtswerken

27. St. AIRLIE, Sad Stories of the Death of Kings. Narrative Pattern and Structures of Authority in Regino of Prüm's Chronicle, in: E. M. TYLER/R. BALZARETTI, Narrative and History in the Early Medieval West (StEMA 16). Turnhout 2006, 105–131.
28. R. COLLINS, Die Fredegar-Chroniken (MGH StuT 44). Hannover 2007.
29. R. COLLINS, The "Reviser" Revisited: Another Look at the Alternative Version of the "Annales Regni Francorum", in: A. C. MURRAY (Hrsg.), After Rome's Fall. Narrators and Sources of Early Medieval History. Fsch. Walter Goffart. Toronto/Buffalo/London 1998, 191–213.
30. M. HARTMANN, Die Darstellung der Frauen im Liber Historiae Francorum und die Verfasserfrage, in: Concilium medii aevi 7 (2004) 209–237.
31. I. HASELBACH, Aufstieg und Herrschaft der Karolinger in der Darstellung der sogenannten Annales Mettenses priores. Ein Beitrag zur Geschichte der politischen Ideen im Reiche Karls des Großen (HSt 412). Lübeck/Hamburg 1970.
32. H. HOFFMANN, Untersuchungen zur karolingischen Annalistik (Bonner HF 10). Bonn 1958.
33. K. H. KRÜGER, Neue Beobachtungen zur Datierung von Einhards Karlsvita, in: FmSt 32 (1998) 124–145.
34. R. SCHIEFFER, Geschichtsschreibung am Hof Karls des Großen, in: DERS./J. WENTA/M. GIESE (Hrsg.), Die Hofgeschichtsschreibung im mittelalterlichen Europa. Projekte und Forschungsprobleme (Subsidia Historiographica 3). Torun 2006, 7–18.
35. O. SCHNEIDER, Erzbischof Hinkmar und die Folgen. Der vierhundertjährige Weg historischer Erinnerungsbilder von Reims nach Trier (MSt 22). Berlin/New York 2010.
36. M. TISCHLER, Einharts Vita Karoli. Studien zu Entstehung, Überlieferung und Rezeption, 1–2 (MGH Schriften 48). Hannover 2002.

2. Die ganze Karolingerzeit

2.1 Handbücher und allgemeine Überblicksdarstellungen

37. A. ANGENENDT, Das Frühmittelalter. Die abendländische Christenheit von 400 bis 900. Stuttgart ^{3}2001.

38. M. BECHER, Merowinger und Karolinger (Geschichte kompakt). Darmstadt 2009.
39. J. FRIED, Das Mittelalter. Geschichte und Kultur. München 2008.
40. J. FRIED, Der Weg in die Geschichte. Die Ursprünge Deutschlands bis 1024. Frankfurt am Main/Berlin 1994; hier zitiert nach der ungekürzten Tb-Ausgabe. Berlin 1998.
41. J. FRIED/E.-D. HEHL (Hrsg.), Weltdeutungen und Weltreligionen 600 bis 1500. Darmstadt 2010.
42. GEBHARDT 1: F. PRINZ, Europäische Grundlagen deutscher Geschichte (4.–8. Jahrhundert). Stuttgart ^{10}2004, 145–647; GEBHARDT 2: R. SCHIEFFER, Die Zeit des karolingischen Großreichs 714–887. Ebd. ^{10}2005; GEBHARDT 3: H. KELLER/G. ALTHOFF, Die Zeit der späten Karolinger und der Ottonen. Krisen und Konsolidierungen 888–1024. Ebd. ^{10}2008.
43. H.-W. GOETZ, Europa im frühen Mittelalter 500–1050 (Handbuch der Geschichte Europas 2). Stuttgart 2003.
44. J. LAUDAGE/L. HAGENEIER/Y. LEIVERKUS, Die Zeit der Karolinger. Darmstadt 2006.
45. Oldenbourg Grundriss der Geschichte 5: R. SCHNEIDER, Das Frankenreich. München ^{4}2001; OGG 6: J. FRIED, Die Formierung Europas 840–1046. Ebd. ^{3}2008.
46. R. SCHIEFFER, Die Karolinger. Stuttgart/Berlin/Köln ^{4}2006.

2.2 Die Familie und ihre Herrschaften

47. J. BRUBAKER/J. M. H. SMITH (Hrsg.), Gender in the Early Medieval World, East and West 300–900. Cambridge 2004.
48. K. BUND, Thronsturz und Herrscherabsetzung im Frühmittelalter (Bonner HF 44). Bonn 1979.
49. A. ESMYOL, Geliebte oder Ehefrau. Konkubinen im frühen Mittelalter (Beihefte zum AKG 52). Köln/Weimar/Wien 2002.
50. I. H. GARIPZANOV, Symbolic Language of Authority in the Carolingian World (c. 751–877) (Brill's Series on the Early Middle Ages 16). Leiden/Boston 2008.
51. M. HARTMANN, Die Königin im frühen Mittelalter. Stuttgart/Berlin/Köln 2009.
52. G. JORDAN, Hoffnungslos siech, mißgestaltet und untüchtig? Kranke Herrscher und Herrschaftsanwärter in der Karolingerzeit, in: C. NOLTE (Hrsg.), Homo debilis. Behinderte, Kranke, Versehrte in der

Gesellschaft des Mittelalters (Studien und Texte zur Geistes- und Sozialgeschichte des Mittelalters 3). Korb 2009, 245–262.
53. H. KAMP, Friedensstifter und Vermittler im Mittelalter (Symbolische Kommunikation in der Vormoderne). Darmstadt 2001.
54. B. KASTEN, Königssöhne und Königsherrschaft. Untersuchungen zur Teilhabe am Reich in der Merowinger- und Karolingerzeit (MGH Schriften 44). Hannover 1997.
55. J. L. NELSON, Carolingian Royal Funerals, in: F. THEUWS/DIES. (Hrsg.), Rituals of Power from Late Antiquity to the Early Middle Ages (TRW 8). Leiden/Boston/Köln 2000, 131–184.
56. R. SCHNEIDER, Brüdergemeine und Schwurfreundschaft. Der Auflösungsprozeß des Karolingerreiches im Spiegel der *caritas*-Terminologie in den Verträgen der karolingischen Teilkönige des 9. Jahrhunderts (HSt 388). Lübeck/Hamburg 1964.
57. M. SIERCK, Festtag und Politik. Studien zur Tagewahl karolingischer Herrscher (Beihefte zum AKG 38). Köln/Weimar/Wien 1995.
58. G. TELLENBACH, Die geistigen und politischen Grundlagen der karolingischen Thronfolge. Zugleich eine Studie über kollektive Willensbildung und kollektives Handeln im neunten Jahrhundert, in: FmSt 13 (1979) 184–302.
59. M. WINTER, „In Schönheit prangt alles, alles strahlt voller Zier?" Der karolingische Herrscher und sein Körper in den zeitgenössischen Schriftquellen, in: FmSt 39 (2005) 101–128.

2.3 Frühmittelalterliche „Staatlichkeit"

60. ST. AIRLIE/H. REIMITZ/W. POHL (Hrsg.), Staat im frühen Mittelalter (DÖsterreich.AW 334 = FGM 11). Wien 2006.
61. G. ALTHOFF, Die Macht der Rituale. Symbolik und Herrschaft im Mittelalter. Darmstadt 2003.
62. M. BECHER, *Cum lacrimis et gemitu*. Vom Weinen der Sieger und der Besiegten im frühen und hohen Mittelalter, in: G. ALTHOFF (Hrsg.), Formen und Funktionen öffentlicher Kommunikation im Früh- und Hochmittelalter (VuF 51). Stuttgart 2001, 25–52.
63. PH. BUC, The Dangers of Ritual between Early Medieval Texts and Social Scientific Theory. Princeton/Oxford 2001.
64. J. W. BUSCH, Vom Amtswalten zum Königsdienst. Beobachtungen zur ‚Staatssprache' des Frühmittelalters am Beispiel des Wortes *administratio* (MGH StuT 42). Hannover 2007.

65. J. FRIED, Gens und regnum. Wahrnehmungs- und Deutungskategorien politischen Wandels im frühen Mittelalter. Bemerkungen zur doppelten Theoriebindung des Historikers, in: J. MIETHKE/K. SCHREINER (Hrsg.), Sozialer Wandel im Mittelalter. Wahrnehmungsformen, Erklärungsmuster, Regelungsmechanismen. Sigmaringen 1994, 73–104.
66. J. FRIED, Der karolingische Herrschaftsverband im 9. Jahrhundert zwischen ‚Kirche' und ‚Königshaus', in: HZ 235 (1982) 1–43.
67. H.-W. GOETZ, Regnum. Zum politischen Denken der Karolingerzeit, in: ZRG 117 GA 104 (1987) 110–189.
68. J. JARNUT, Anmerkungen zum Staat im frühen Mittelalter. Die Kontroverse zwischen Johannes Fried und Hans-Werner Goetz, in: D. HÄGERMANN/W. HAUBRICHS/DERS. (Hrsg.), Akkulturation. Probleme einer germanisch-romanischen Kultursynthese in Spätantike und frühem Mittelalter (Ergänzungsbände zum RGA 41). Berlin/New York 2004, 504–509.
69. B. JUSSEN, The King's two Bodies Today, in: Representations 106 (2009) 102–117.
70. B. JUSSEN (Hrsg.), Die Macht des Königs. Herrschaft in Europa vom Frühmittelalter bis in die Neuzeit. München 2005.
71. H. KELLER, Zum Charakter der ‚Staatlichkeit' zwischen karolingischer Reichsreform und hochmittelalterlichem Herrschaftsausbau, in: FmSt 23 (1989) 248–264.
72. R. LE JAN (Hrsg.), La royauté et les élites dans l'Europe carolingienne (début IXe aux environs des 920) (Centre d'histoire de l'Europe du Nord-Ouest 17). Villeneuve d'Ascq 1998.
73. TH. MAYER (Hrsg.), Das Königtum (VuF 3). Konstanz 1956.
74. P. VON MOOS, ‚Öffentlich' und ‚Privat' im Mittelalter. Zu einem Problem der historischen Begriffsbildung (Schriften der Heidelberger AW 33). Heidelberg 2004.
75. A. NITSCHKE, Karolinger und Ottonen. Von der „karolingischen Staatlichkeit" zur „Königsherrschaft ohne Staat"?, in: HZ 273 (2001) 1–29.
76. W. POHL, Herrschaft, in: RGA 14 (1999) 443–457.
77. W. POHL/V. WIESER (Hrsg.), Der frühmittelalterliche Staat. Europäische Perspektiven (DÖsterreich.AW 386 = FGM 16). Wien 2009.
78. B. WEILER/S. MACLEAN (Hrsg.), Representations of Power in Medieval Germany 800–1500 (IMR 16). Turnhout 2006.

2. Die ganze Karolingerzeit 115

2.4 Herrschaftsausübung

2.4.1 mit Freien

79. F. BOUGARD/L. FELLER/R. LE JAN (Hrsg.), Les élites au Haut moyen âge. Crises et renouvellements (CHMA 1). Turnhout 2006.
80. F. BOUGARD/D. IOGNA-PRAT/R. LE JAN (Hrsg.), Hiérarchie et stratification sociale dans l'occident médiéval (400–1100) (CHMA 6). Turnhout 2008.
81. K. BRUNNER, Oppositionelle Gruppen im Karolingerreich (VIÖG 5). Wien/Köln/Graz 1979.
82. PH. DEPREUX/F. BOUGARD/R. LE JAN (Hrsg.), Les élites et leurs espaces. Mobilité, rayonnement, domination (du VIe au XIe siècle) (CHMA 5). Turnhout 2007.
83. R. DEUTINGER, Beobachtungen zum Lehenswesen im frühmittelalterlichen Bayern, in: ZBLG 70 (2007) 57–83.
84. J. HANNIG, Consensus fidelium. Frühfeudale Interpretationen des Verhältnisses von Königtum und Adel am Beispiel des Frankenreiches (MGM 27). Stuttgart 1982.
85. W. HECHBERGER, Adel, Ministerialität und Rittertum im Mittelalter (EdG 72). München ²2010.
86. ST. PATZOLD, Konsens und Konkurrenz. Überlegungen zu einem aktuellen Forschungskonzept der Mediävistik, in: FmSt 41 (2007) 74–103.
87. S. REYNOLDS, Fiefs and Vassals. The Medieval Evidence Reinterpreted. Oxford 1994.
88. R. SCHNEIDER, *Tractare de statu regni*. Bloßer Gedankenaustausch oder formalisierte Verfassungsdiskussion?, in: J. PETERSOHN (Hrsg.), Mediaevalia Augiensia. Forschungen zur Geschichte des Mittelalters (VuF 54). Stuttgart 2001, 59–78.
89. B. SCHNEIDMÜLLER, Zwischen Gott und den Getreuen. Vier Skizzen zu den Fundamenten der mittelalterlichen Monarchie, in: FmSt 36 (2002) 193–224.
90. B. SCHNEIDMÜLLER, Konsensuale Herrschaft. Ein Essay über Formen und Konzepte politischer Ordnung im Mittelalter, in: P.-J. HEINIG/S. JAHNS/H.-J. SCHMIDT/R. CH. SCHWINGES/S. WEFERS (Hrsg.), Reich, Regionen und Europa in Mittelalter und Neuzeit. Fsch. Peter Moraw (HF 67). Berlin 2000, 53–87.

2.4.2 mit Geistlichen

91. H. H. ANTON, Zum politischen Konzept karolingischer Synoden

und zur karolingischen Brüdergemeinschaft, in: HJb 99 (1979) 55–132.
92. D. ARNOLD, Johannes VIII. Päpstliche Herrschaft in den karolingischen Teilreichen am Ende des 9. Jahrhunderts (Europäische Hochschulschriften, Reihe 23: Theologie 797). Frankfurt am Main u. a. 2005.
93. F.-J. ERKENS, Herrschersakralität im Mittelalter. Von den Anfängen bis zum Investiturstreit. Stuttgart 2006.
94. W. FALKOWSKI, The Carolingian Speculum Principis. The Birth of a Genre, in: Acta Poloniae Historica 98 (2008) 5–27.
95. F. J. FELTEN, Äbte und Laienäbte im Frankenreich. Studie zum Verhältnis von Staat und Kirche im früheren Mittelalter (MGM 20). Stuttgart 1980.
96. ST. FREUND, Von den Agilolfingern zu den Karolingern. Bayerns Bischöfe zwischen Kirchenorganisation, Reichsintegration und karolingischer Reform 700–847 (Schriftenreihe zur bayrischen Landesgeschichte 144). München 2004.
97. J. FRIED, Donation of Constantine and Constitutum Constantini. The Misinterpretation of a Fiction, its Original Meaning, and the Lateran-Palace (MSt 3). Berlin/New York 2007.
98. J. FRIED/L. E. SAURMA-JELTSCH (Hrsg.), 794. Karl der Große in Frankfurt am Main. Ein König bei der Arbeit. Ausstellung zum 1200-Jahre-Jubiläum der Stadt Frankfurt am Main. Sigmaringen 1994.
99. A. TH. HACK, *Codex Carolinus*. Studien zur päpstlichen Epistolographie im 8. Jahrhundert (PuP 35). Stuttgart 2007.
100. F. HARTMANN, Hadrian I. Frühmittelalterliches Adelspapsttum und die Loslösung Roms vom byzantinischen Kaiser (PuP 34). Stuttgart 2006.
101. W. HARTMANN, Die Synoden der Karolingerzeit im Frankenreich und in Italien (W. BRANDMÜLLER, Konziliengeschichte A: Darstellungen) Paderborn u. a. 1989.
102. J. HILL/M. SWAN (Hrsg.), The Community, the Family and the Saint. The Pattern of Power in Early Medieval Europe (IMR 4). Turnhout 1998.
103. ST. PATZOLD, Episcopus. Wissen über Bischöfe im Frankenreich des späten 8. bis frühen 10. Jahrhunderts (Mittelalter-Forschungen 25). Ostfildern 2008.
104. R. SCHIEFFER, Die Einheit des Karolingerreiches als praktisches Problem und als theoretische Forderung, in: W. MALECZEK

(Hrsg.), Fragen der politischen Integration im mittelalterlichen Europa (VuF 63). Ostfildern 2005, 33–47.
105. R. SCHIEFFER, Karl der Große und die Einsetzung der Bischöfe im Frankenreich, in: DA 63 (2007) 451–467.
106. S. SCHOLZ, Politik, Selbstverständnis, Selbstdarstellung. Die Päpste in karolingischer und ottonischer Zeit (HF 26). Stuttgart 2006.
107. K. UBL, Inzestverbot und Gesetzgebung. Die Konstruktion eines Verbrechens 300–1100 (MSt 20). Berlin/New York 2008.

2.5 Herrschaftsteilungen

108. F.-J. ERKENS, Divisio legitima und unitas imperii. Teilungspraxis und Einheitsstreben bei der Thronfolge im Frankenreich, in: DA 52 (1996) 423–485.
109. F.-J. ERKENS, Einheit und Unteilbarkeit. Bemerkungen zu einem vielerörterten Problem der frühmittelalterlichen Geschichte, in: AKG 80 (1998) 269–295.
110. W. GIESE, Die designativen Nachfolgeregelungen der Karolinger 714–979, in: DA 64 (2008) 437–511.
111. S. KASCHKE, Die karolingischen Reichsteilungen bis 831. Herrschaftspraxis und Normvorstellungen in zeitgenössischer Sicht (Schriften zur Mediävistik 7). Hamburg 2006.
112. B. KASTEN (Hrsg.), Herrscher- und Fürstentestamente im westeuropäischen Mittelalter (Norm und Struktur 29). Köln/Weimar/Wien 2008.

3. Die Herrschaften der einzelnen Karolinger

3.1 Die eine Familie des 8. Jahrhunderts

3.1.1 Übergreifendes

113. J. W. BUSCH, Vom Attentat zur Haft. Die Behandlung der Konkurrenten und Opponenten der frühen Karolinger, in: HZ 263 (1996) 561–588.
114. P. FOURACRE, Conflict, Power and Legitimation in the Late Seventh and Eight Centuries, in: I. ALFONSO/H. KENNEDY/J. ESCALONA (Hrsg.), Building Legitimacy. Political Discourses and Forms of Legitimacy in Medieval Societies. (The Medieval

Mediterranean. People, Economies and Cultures 400–1500, 53). Leiden/Boston 2004, 3–26.
115. H.-W. GOETZ, Der fränkische maior domus in der Sicht erzählender Quellen, in: S. HAPP/U. NONN (Hrsg.), Vielfalt der Geschichte. Lernen, Lehren und Erforschen vergangener Zeiten. Fschr. Ingrid Heidrich. Berlin 2004, 11–24.
116. J. JARNUT, Herrschaft und Ethnogenese im Frühmittelalter. Gesammelte Aufsätze, hrsg. von M. BECHER/ST. DICK/N. KARTHAUS. Münster 2002.
117. I. WOOD, The Merovingian Kingdoms 450–751. London 1994.

3.1.2 Arnulfinger und Pippiniden

118. E. EWIG, Die Merowinger und das Frankenreich. Mit Literaturnachträgen von U. NONN. Stuttgart/Berlin/Köln ⁵2006.
119. J.-PH. GENET, Le coup d'État, ou les légitimités contrairées, in: F. FORONDA/J.-PH. GENET/J. M. NIETRO SORIA (Hrsg.), Coups d'État à la fin du Moyen Âge? Aux fondements du pouvoir politique en Europe occidentale (Collection de la Casa de Velázques 91). Madrid 2005, 1–17.
120. ST. HAMANN, Zur Chronologie des Staatsstreichs Grimoalds, in: DA 59 (2003) 49–96.
121. R. KAISER, Das römische Erbe und das Merowingerreich (EdG 26). München ³2004.
122. O. G. OEXLE, Die Karolinger und die Stadt des heiligen Arnulf, in: FmSt 1 (1967) 250–364.
123. M. WEIDEMANN, Zur Chronologie der Merowinger im 7. und 8. Jahrhundert, in: Francia 25 (1998) 177–230.
124. M. WERNER, Der Lütticher Raum in frühkarolingischer Zeit. Untersuchungen zur Geschichte einer karolingischen Stammlandschaft (VMPIG 62). Göttingen 1980.
125. H. WUNDER, Zur Entmachtung des austrasischen Hausmeiers Pippin, in: K. HERBERS/H. H. KORTÜM/C. SERVATIUS (Hrsg.), Ex ipsis rerum documentis. Beiträge zur Mediävistik. Fsch. Harald Zimmermann. Sigmaringen 1991, 39–54.

3.1.3 Karl Martell († 741)

126. F. J. FELTEN/J. JARNUT/L. VON PADBERG (Hrsg.), Bonifatius. Leben und Nachwirken. Die Gestaltung des christlichen Europa im Frühmittelalter (QAMRhK 121). Mainz 2007.

127. P. FOURACRE, The Age of Charles Martel. Harlow 2000.
128. R. A. GERBERDING, The Rise of the Carolingians and the Liber Historiae Francorum. Oxford 1987.
129. J. JARNUT/U. NONN/M. RICHTER (Hrsg.), Karl Martell in seiner Zeit (Beihefte der Francia 37). Sigmaringen 1994.
130. W. JOCH, Legitimität und Integration. Untersuchungen zu den Anfängen Karl Martells (HSt 456). Husum 1999.
131. J. SEMMLER, Zur pippinidisch-karolingischen Sukzessionskrise 714–723, in: DA 33 (1977) 1–36.
132. H. WITTMANN, Zur Rolle des Adels bei der Stiftung von Kirchen und Klöstern in Thüringen (bis zum Ende der Regierungszeit Karls des Großen), in: E. BÜNZ/ST. TEBRUCK/H. G. WALTHER (Hrsg.), Religiöse Bewegungen im Mittelalter. Fsch. Matthias Werner (VHK für Thüringen. Kleine Reihe 24). Köln/Weimar/Wien 2007, 107–154.
133. G. G. WOLF, Nochmals zur „Adoption" Pippins d. J. durch den Langobardenkönig Liutprand 737, in: ZRG 130 GA 117 (2000) 654–658.
134. I. WOOD, The Missionary Life. Saints and Evangelisation of Europe 400–1050. Harlow u. a. 2001.

3.1.4 Pippin I. († 768) und Karlmann († 754)

135. W. AFFELDT, Untersuchungen zur Königserhebung Pippins. Das Papsttum und die Begründung des karolingischen Königtums im Jahr 751, in: FmSt 14 (1980) 95–187.
136. M. BECHER, Drogo und die Königserhebung Pippins, in: FmSt 23 (1989) 131–153.
137. M. BECHER, Eine verschleierte Krise. Die Nachfolge Karl Martells 741 und die Anfänge der karolingischen Hofgeschichtsschreibung, in: J. LAUDAGE (Hrsg.), Von Fakten und Fiktionen. Mittelalterliche Geschichtsdarstellungen und ihre kritische Aufarbeitung (Europäische Geschichtsdarstellungen 1). Köln/Weimar/Wien 2003, 95–134.
138. M. BECHER, Neue Überlegungen zum Geburtsdatum Karls des Großen, in: Francia 19 (1992) 37–60.
139. M. BECHER/J. JARNUT (Hrsg.), Der Dynastiewechsel von 751. Vorgeschichte, Legitimationsstrategien und Erinnerung. Münster 2004.
140. W. DREWS, Die Karolinger und die Abbasiden von Bagdad. Legitimationsstrategien frühmittelalterlicher Herrscherdynastien im

Vergleich (Europa im Mittelalter. Abhandlungen und Beiträge zur historischen Komparatistik 12). Berlin 2009.
141. O. ENGELS, Zum päpstlich-fränkischen Bündnis im 8. Jahrhundert, in: D. BERG/H.-W. GOETZ (Hrsg.), Ecclesia et regnum. Beiträge zur Geschichte von Kirche, Recht und Staat im Mittelalter. Fschr. Franz-Josef Schmale. Bochum 1989, 21–38.
142. F.-J. ERKENS, Auf der Suche nach den Anfängen: Neue Überlegungen zu den Ursprüngen der fränkischen Königssalbung, in: ZRG 120 KA 90 (2004) 494–509.
143. A. GAUERT, Noch einmal Einhard und die letzten Merowinger, in: L. FENSKE/W. RÖSENER/TH. ZOTZ (Hrsg.), Institutionen, Kultur und Gesellschaft im Mittelalter. Fsch. Josef Fleckenstein. Sigmaringen 1984, 59–72.
144. A. TH. HACK, Zur Herkunft der karolingischen Königssalbung, in: ZKiG 110 (1999) 170–190.
145. I. HEIDRICH, Synode und Hoftag in Düren im August 747, in: DA 50 (1994) 415–440.
146. K. H. KRÜGER, Königskonversionen im 8. Jahrhundert, in: FmSt 7 (1973) 169–222.
147. R. MCKITTERICK, Die Anfänge des karolingischen Königtums und die Annales regni Francorum, in: W. POHL/M. DIESENBERGER (Hrsg.), Integration und Herrschaft. Ethnische Identitäten und soziale Organisation im Frühmittelalter (DÖsterreich.AW 301 = FGM 3). Wien 2002, 151–168.
148. B. MERTA, Politische Theorie in den Königsurkunden Pippins I., in: MIÖG 100 (1992) 117–131.
149. H. J. SCHÜSSLER, Die fränkische Reichsteilung von Vieux-Poitiers 742 und die Reform der Kirche in den Teilreichen Karlmanns und Pippins. Zu den Grenzen der Wirksamkeit des Bonifatius, in: Francia 13 (1985) 47–112.
150. J. SEMMLER, Der Dynastiewechsel von 751 und die fränkische Königssalbung (Studia humaniora, series minor 6). Düsseldorf 2003.
151. A. STOCLET, La *Clausula de unctione Pippini regis*. Mises au point et nouvelles hypothèses, in: Francia 8 (1980) 1–42, und dass. Vingt ans après, in: RBPH 78 (2000) 719–771.
152. J. STROTHMANN, Das Königtum Pippins als Königtum der Familie und die Bedeutung der Clausula de unctione Pippini, in: ZRG 139 GA 125 (2008) 411–429.
153. K. F. WERNER, Das Geburtsdatum Karls des Großen, in: Francia 1 (1973) 115–157.

154. G. G. WOLF, Die Peripetie in des Bonifatius Wirken und die Resignation Karlmanns d. Ä. 745/47, in: AfD 45 (1999) 1–5.

3.1.5 Karl und Karlmann († 771)

155. M. RICHTER, Die „lange Machtergreifung" der Karolinger. Der Staatstreich gegen die Merowinger in den Jahren 747–771, in: U. SCHULTZ (Hrsg.), Große Verschwörungen. Staatsstreich und Tyrannensturz von der Antike bis zur Gegenwart. München 1998, 48–59.
156. G. G. WOLF, Einige Bemerkungen zum Tod von Karlmann d. Ä. († 17. August 754) und Karlmann d. J. († 4. Dezember 771), in: AfD 45 (1999) 7–14.

3.2 Karl I. der Große († 814)

3.2.1 Gesamtdarstellungen

157. A. BARBERO, Karl der Große. Vater Europas. Aus dem Italienischen übers. von A. KOPETZKI. Stuttgart 2007.
158. M. BECHER, Karl der Große. München ^{5}2007.
159. R. COLLINS, Charlemagne. London 2000.
160. J. FAVIER, Charlemagne. Paris 1999.
161. J. FLECKENSTEIN, Karl der Große (Persönlichkeit und Geschichte 28). Göttingen ^{3}1990.
162. D. HÄGERMANN, Karl der Große. Herrscher des Abendlandes. Biographie. Berlin/München 2000.
163. W. HARTMANN, Karl der Große. Stuttgart 2010.
164. R. MCKITTERICK, Charlemagne. The Formation of a European Identity. Cambridge u. a. 2008; erschien zuerst u.d.T.: Karl der Große. Aus dem Englischen übers. von S. FISCHER (GMR). Darmstadt 2008.

3.2.2 Sammelbände

165. R. BERNDT (Hrsg.), Das Frankfurter Konzil von 794. Kristallisationspunkt karolingischer Kultur 1: Politik und Kirche; 2: Kultur und Theologie (QAMRhK 80.1–2). Mainz 1997.
166. W. BRAUNFELS (Hrsg.), Karl der Große. Lebenswerk und Nachleben, 1–5. Düsseldorf 1965–1968.

167. W. Dreßen/G. Minkenberg/A. C. Oellers (Hrsg.), Ex oriente. Isaak und der weiße Elefant. Bagdad, Jerusalem, Aachen. Eine Reise durch drei Kulturen um 800 und heute, 1–3. Mainz 2003.
168. F.-J. Erkens (Hrsg.), Karl der Große und das Erbe der Kulturen. Berlin 2001.
169. Ch. Stiegemann/M. Wemhoff (Hrsg.), 799. Kunst und Kultur der Karolingerzeit. Karl der Große und Papst Leo III. in Paderborn, 1–3. Mainz 1999.
170. J. Story (Hrsg.), Charlemagne. Empire and Society, Manchester/New York 2005.

3.2.3 Karls Expansion

171. B. S. Bachrach, Early Carolingian Warfare. Prelude to Empire. Philadelphia/Pa. 2001.
172. H. Brall-Tuchel, Das Herz des Königs. Karl der Große, Roland und die Schlacht von Roncesvalles in den Pyrenäen am 15. August 778, in: G. Krumeich/S. Brandt (Hrsg.), Schlachtenmythen. Ereignis, Erzählung, Erinnerung (Europäische Geschichtsdarstellungen 2). Köln/Weimar/Wien 2003, 33–62.
173. A. Th. Hack, Karl der Große, Hadrian I. und die Muslime in Spanien. Weshalb man einen Krieg führt und wie man ihn legitimiert, in: W. Hartmann/K. Herbers (Hrsg.), Die Faszination der Papstgeschichte. Neue Zugänge zum frühen und hohen Mittelalter (Forschungen zur Kaiser- und Papstgeschichte des Mittelalters. Beihefte zu J. F. Böhmer, Regesta Imperii, 28). Köln/Weimar/Wien 2008, 29–54.
174. G. Halsall, Warfare and Society in the Barbarian West 450–900. London 2003.
175. Y. Hen, Charlemagne's Jihad, in: Viator 37 (2006) 33–51.
176. W. Pohl, Die Awaren. Ein Steppenvolk in Mitteleuropa 567–822 n. Chr. München ²2002.
177. W. Pohl/P. Erhart (Hrsg.), Die Langobarden. Herrschaft und Identität (DÖsterreich.AW 239 = FGM 9). Wien 2005.
178. É. Renard, La politique militaire de Charlemagne et la paysannerie, in: Francia 36 (2009) 1–33.
179. T. Reuter, Plunder and Tribute in the Carolingian Empire, in: TRHS 5th ser. 35 (1985) 75–94.
180. M. Springer, Die Sachsen. Stuttgart 2004.

3.2.4 Karls Opponenten

181. St. Airlie, Narratives of Triumph and Rituals of Submission. Charlemagne's Mastering of Bavaria, in: TRHS 6th ser. 9 (1999) 93–120.
182. M. Becher, Eid und Herrschaft. Untersuchungen zum Herrscherethos Karls des Großen (VuF Sonderband 39). Sigmaringen 1993.
183. Ph. Depreux, Défense d'un statut et contestation d'un modèle de société. Conjuration, révolte et répression dans l'Occident du Haut Moyen Âge, in: Ders. (Hrsg.), Revolte und Sozialstatus von der Spätantike bis zur Frühen Neuzeit (Pariser HSt 87). München 2008, 93–109.
184. Ph. Depreux, Tassilon III et le roi des Francs. Examen d'une vassalitè controversée, in: RH 293 (1995) 23–73.
185. B. Kasten, Adalhard von Corbie. Die Biographie eines karolingischen Politikers und Klostervorstehers (Studia humaniora 3). Düsseldorf 1986.
186. L. Kolmer/Ch. Rohr (Hrsg.), Tassilo III. von Bayern. Großmacht und Ohnmacht im 8. Jahrhundert. Regensburg 2005.

3.2.5 Karls Frauen und Kinder

Söhne siehe auch 2.5 Herrschaftsteilungen

187. C. I. Hammer, „Pipinus rex". Pippin's Plot of 792 and Bavaria, in: Traditio 63 (2008) 235–276.
188. J. L. Nelson, Opposition to Charlemagne (German Historical Institute London, The 2008 Annual Lecture). London 2009.
189. F. Schmieder, Fastrada. Karl der Große, die Bayern und Frankfurt am Main, in: Millennium 2 (2005) 329–335.

3.2.6 Karls Hof

190. B. S. Bachrach, Adalhard of Corbie's *De Ordine palatii*. Some Methodological Observations Regarding Chapters 29–36, in: Cithara 41 (2001) 3–34.
191. S. Epperlein, Leben am Hofe Karls des Großen. Regensburg 2000.
192. J. Fried, Ein Gastmahl Karls des Großen, in: Ders., Zu Gast im Mittelalter. München 2007, 13–46 und 260–268.
193. W. Rösener, Königshof und Herrschaftsraum. Norm und Praxis der Hof- und Reichsverwaltung im Karolingerreich, in: Uomo e

spazio nell'alto medioevo (Atti delle Settimane di studio 50.1). Spoleto 2003, 443–478.

3.2.7 Karls Kaiserkrönung

194. M. BECHER, Die Kaiserkrönung im Jahr 800. Eine Streitfrage zwischen Karl dem Großen und Papst Leo III., in: RhVjbll 66 (2002) 1–38.
195. M. BECHER, Karl der Große zwischen Rom und Aachen. Die Kaiserkrönung und das Problem der Loyalität im Frankenreich, in: L. KÉRY (Hrsg.), Eloquentia copiosus. Fsch. Max Kerner. Aachen 2006, 1–15.
196. M. BECHER, Mantik und Prophetie in der Historiographie des frühen Mittelalters. Überlegungen zur Merowinger- und frühen Karolingerzeit, in: W. HOGREBE (Hrsg.), Mantik. Profile prognostischen Wissens in Wissenschaft und Kultur. Würzburg 2005, 167–187.
197. Carlo Magno a Roma. Roma 2001.
198. P. CLASSEN, Karl der Große, das Papsttum und Byzanz. Die Begründung des karolingischen Kaisertums, hrsg. von H. FUHRMANN/CLAUDIA MÄRTL (BGQM 9). Sigmaringen ²1988.
199. F.-J. ERKENS, Von Paderborn nach Rom: Ein Kaiserweg?, in: M. HETTLING/CH. VOLKMAR (Hrsg.), Figuren und Strukturen. Fsch. Hartmut Zwahr. München 2002, 141–156.
200. TH. ERTL, Byzantinischer Bilderstreit und fränkische Nomentheorie. Imperiales Handeln und dialektisches Denken im Umfeld der Kaiserkrönung Karls des Großen, in: FmSt 40 (2006) 13–42.
201. J. FRIED, Papst Leo III. besucht Karl den Großen in Paderborn oder Einhards Schweigen, in: HZ 272 (2001) 281–326.
202. P. GODMAN/J. JARNUT/P. JOHANEK (Hrsg.), Am Vorabend der Kaiserkrönung. Das Epos „Karolus Magnus et Leo papa" und der Papstbesuch in Paderborn 799. Berlin 2002.
203. J. JARNUT, 799 und die Folgen. Fakten, Hypothesen und Spekulationen, in: Westfälische Zeitschrift 150 (2000) 191–209, ND in: DERS., Herrschaft (wie 116) 255–273.
204. R. SCHIEFFER, Neues von der Kaiserkrönung Karls des Großen (SBayr.AW 2004, 2). München 2004.
205. K. F. WERNER, Karl der Große oder Charlemagne? Von der Aktualität einer überholten Fragestellung (SBayr.AW 1995, 4). München 1995.

3.3 Hochkarolingische Herrschaft 800–829

3.3.1 Königsgut und Pfalzen

206. G. BINDING, Deutsche Königspfalzen. Von Karl dem Großen bis Friedrich II. (765–1240). Darmstadt 1996.
207. C. CUBITT (Hrsg.), Court Culture in the Early Middle Ages. The Proceedings of the First Alcuin Conference (StEMA 3). Turnhout 2003.
208. C. EHLERS (Hrsg.), Orte der Herrschaft. Mittelalterliche Königspfalzen. Göttingen 2002.
209. L. FENSKE/J. JARNUT/M. WEMHOFF (Hrsg.), Splendor palatii. Neue Forschungen zu Paderborn und anderen Pfalzen der Karolingerzeit (Deutsche Königspfalzen 5 = VMPIG 11.5). Göttingen 2001.
210. D. FLACH, Reichsgut 751–1024 (Geschichtlicher Atlas der Rheinlande 5, 17). Bonn 2008.
211. M. DE JONG/F. THEUWS/C. VAN RHIJN (Hrsg.), Topographies of Power in the Early Middle Ages (TRW 6). Leiden/Boston/Köln 2001.
212. T. PICARD, Königspfalzen im Rhein-Main-Gebiet: Ingelheim, Frankfurt, Trebur, Gelnhausen, Seligenstadt, in: H. MÜLLER (Hrsg.), „... Ihrer Bürger Freiheit". Frankfurt am Main im Mittelalter. Beiträge zur Erinnerung an die Frankfurter Mediaevistin Elsbet Orth (VFrankfurterHK 22). Frankfurt am Main 2004, 19–73.
213. W. RÖSENER, Agrarwirtschaft, Agrarverfassung und ländliche Gesellschaft im Mittelalter (EdG 13). München 1992.
214. W. STÖRMER, Zur politischen Bedeutung und zur topographischen Lage der Pfalz Karls des Großen in Regensburg, in: MIÖG 117 (2009) 1–11.
215. M. WINTERGERST, Franconofurd (Schriften des Archäologischen Museum Frankfurt 22,1). Frankfurt am Main 2007.

3.3.2 Helfer, Mittel und Ziele

216. K. BAYERLE, Einsatzfelder des weltlichen Bannes im Frühmittelalter, in: TH. GUTMANN/H.-G. HERMANN/J. RÜCKERT/M. SCHMOECKEL (Hrsg.), Von den *leges barbarorum* bis zum *ius barbarum* des Nationalsozialismus. Fsch. Hermann Nehlsen. Köln/Weimar 2008, 13–34.

217. W. C. Brown, Unjust Seizure. Conflict, Interest and Authority in the Early Medieval Society. Ithaka/London 2001.
218. Th. M. Buck, Capitularia imperatoria. Zur Kaisergesetzgebung Karls des Großen von 802, in: HJb 122 (2002) 3–26.
219. G. Bührer-Thierry, Centres et périphéries dans l'empire carolingien. De la conception à la construction de l'empire, in: F. Hurlet (Hrsg.), Les empires. Antiquité et Moyen Âge. Analyse comparée. Rennes 2008, 145–154.
220. D. A. Bullough, Alcuin. Achievement and Reputation (Education and Society in the Middle Ages 16). Leiden/Boston 2004.
221. R. Corradini/R. Meens/Ch. Pössel/Ph. Shaw (Hrsg.), Texts and Identities in the Early Middle Ages (DÖsterreich.AW 344 = FGM 12). Wien 2006.
222. J. R. Davis/M. McCormick (Hrsg.), The Long Morning of Medieval Europe. New Directions in Early Medieval Studies. Aldershot u. a. 2008.
223. J. Durliat, Les finances publiques de Dioclétien aux Carolingiens (284–889) (Beihefte der Francia 21). Sigmaringen 1990.
224. St. Esders, ‚Öffentliche' Abgaben und Leistungen im Übergang von der Spätantike zum Frühmittelalter. Konzeptionen und Befunde, in: Th. Kölzer/R. Schieffer (Hrsg.), Von der Spätantike zum frühen Mittelalter. Kontinuitäten und Brüche, Konzeptionen und Befunde (VuF 70). Ostfildern 2009, 245–285.
225. St. Esders (Hrsg.), Rechtsverständnis und Konfliktbewältigung. Gerichtliche und außergerichtliche Strategien im Mittelalter. Köln/Weimar/Wien 2007.
226. J. Fleckenstein, Bemerkungen zu den Bildungserlassen Karls des Großen und zum Verhältnis von Reform und Renaissance, in: Società, istituzioni, spiritualità. Studi in onore di Cinzio Violante 1 (Collectanea 1). Spoleto 1994, 345–360.
227. J. Fried, Wissen als soziales System im Frühen und Hochmittelalter (EdG). München (in Vorbereitung).
228. P. Landau, Ludwig der Fromme als Gesetzgeber. Das Gesetzgebungsprogramm des Kaisers am Beispiel von Verwandtenerbrecht und Verfügungsmacht, in: F. Dorn/J. Schröder (Hrsg.), Fsch. Gerd Kleinheyer. Heidelberg 2001, 371–386.
229. H. Lück, Der wilde Osten. Fränkische Herrschaftsstrukturen im Geltungsbereich der *Lex Saxonum* und *Lex Thuringorum* um 800, in: Th. Gutmann (wie 216) 118–131.
230. R. McKitterick, Unity and Diversity in Carolingian Admini-

strative Practice, in: P. ERHART/K. HEIDECKER/B. ZELLER (Hrsg.), Privaturkunden der Karolingerzeit. Dietikon/Zürich 2009, 85–94.
231. M. MERSIOWSKY, Die Urkunde in der Karolingerzeit. Originale, Urkundenpraxis und politische Kommunikation (MGH Schriften 60). Hannover 2011.
232. H. MORDEK, Bibliotheca capitularium regum Francorum manuscripta. Überlieferung und Traditionszusammenhang der fränkischen Herrschererlasse (MGH Hilfsmittel 15). München 1995.
233. H. MORDEK, Studien zur fränkischen Herrschergesetzgebung. Aufsätze über Kapitularien und Kapitulariensammlungen. Frankfurt am Main u. a. 2000.
234. ST. PATZOLD, Normen im Buch. Überlegungen zu Geltungsansprüchen so genannter ‚Kapitularien‘, in: FmSt 41 (2007) 331–350.
235. M. RICHTER, Vom beschränkten Nutzen des Schreibens im Frühmittelalter, in: W. POHL/P. HEROLD (Hrsg.), Vom Nutzen des Schreibens. Soziales Gedächtnis, Herrschaft und Besitz im Mittelalter (DÖsterreich.AW 306 = FGM 5). Wien 2002, 193–202.
236. R. SCHIEFFER (Hrsg.), Schriftkultur und Reichsverwaltung unter den Karolingern (Abh. der Nordrhein-Westfälischen AW 97). Opladen 1996.
237. H. SCHNEIDER, Karolingische Kapitularien und ihre bischöfliche Vermittlung. Unbekannte Texte aus dem Vaticanus latinus 7701, in: DA 63 (2007) 469–496.
238. J. M. H. SMITH, Einhard: The Sinner and the Saints, in: TRHS 6th ser. 13 (2003) 55–77.
239. CH. WICKHAM, The Fall of Rome will not take place, in: L. K. LITTLE/B. H. ROSENWEIN (Hrsg.), Debating the Middle Ages. Issues and Readings. Malden/Ma./Oxford 1998, 45–57.
240. P. WORMALD/J. L. NELSON (Hrsg.), Lay Intellectuals in the Carolingian World. Cambridge u. a. 2007.
241. K. ZECHIEL-ECKES, Auf Pseudosidors Spur oder: Versuch, einen dichten Schleier zu lüften, in: W. HARTMANN/G. SCHMITZ (Hrsg.), Fortschritt durch Fälschungen? Ursprung, Gestalt und Wirkungen der pseudoisidorischen Fälschungen (MGH StuT 31). Hannover 2002, 1–28.

3.4 Ludwig I. „der Fromme" († 840) und seine Söhne bis 843

242. C. M. BOOKER, Past Convictions. The Penance of Louis the Pious and the Decline of the Carolingians (The Middle Ages Series) Philadelphia/Pa. 2009.
243. E. BOSHOF, Ludwig der Fromme (GMR). Darmstadt 1996.
244. G. BÜHRER-THIERRY, "Just Anger" or "Vengeful Anger"? The Punishment of Blinding in the Early Medieval West, in: B. H. ROSENWEIN (Hrsg.), Anger's Past. The Social Uses of an Emotion in the Early Middle Ages. Ithaka NY/London 1998, 75–91.
245. PH. DEPREUX, Das Königtum Bernhards von Italien und sein Verhältnis zum Kaisertum, in: QuFiAB 72 (1992) 1–25.
246. PH. DEPREUX, Prosopographie de l'entourage de Louis le Pieux (781–840) (Instrumenta 1). Sigmaringen 1997.
247. P. E. DUTTON, The Politics of Dreaming in the Carolingian Empire (Regents Studies in Medieval Culture). Lincoln/Nebraska 1994.
248. D. EICHLER, Fränkische Reichsversammlungen unter Ludwig dem Frommen (MGH StuT 45). Hannover 2007.
249. J. FRIED, Der lange Schatten eines schwachen Herrschers. Ludwig der Fromme, die Kaiserin Judith, Pseudoisidor und andere Personen in der Perspektive neuer Fragen, Methoden und Erkenntnisse, in: HZ 284 (2007) 105–136.
250. F. L. GANSHOF, Zur Entstehungsgeschichte und Bedeutung des Vertrages von Verdun (843), in: DA 12 (1956) 313–330.
251. F. L. GANSHOF, Am Vorabend der ersten Krise der Regierung Ludwigs des Frommen. Die Jahre 828 und 829, in: FmSt 6 (1972) 39–54.
252. K. GÄRTNER/G. HOLTUS, Die erste deutsch-französische „Parallelurkunde". Zur Überlieferung und Sprache der Straßburger Eide, in: DIESS. (Hrsg.), Beiträge zum Sprachkontakt und zu den Urkundensprachen zwischen Maas und Rhein (Trierer HF 29). Trier 1995, 97–127.
253. P. GODMAN/R. COLLINS (Hrsg.), Charlemagne's Heir. New Perspectives on the Reign of Louis the Pious (814–840). Oxford 1990.
254. E. J. GOLDBERG, Popular Revolt, Dynastic Politics and Aristocratic Factionalism in the Early Middle Ages. The Saxon Stellinga Reconsidered, in: Speculum 70 (1995) 467–501.
255. E. HLAWITSCHKA, Zum Nachruhm König Bernhards von Italien, in: U. LINDGREN/K. SCHNITH/J. SEIBERT (Hrsg.), Sine ira et studio. Militärhistorische Studien zur Erinnerung an Hans Schmidt

(Münchener HSt, Abt. Mittelalterliche Geschichte 7). Kallmünz/ Opf. 2001, 23–40.
256. M. INNES, "He never even allowed his white teeth to be bared in laughter". The Politics of Humour in the Carolingian Renaissance, in: G. HALSALL (Hrsg.), Humour, History and Politics in Late Antiquity and the Early Middle Ages. Cambridge u. a. 2002, 131–156.
257. M. DE JONG, The Penitential State. Authority and Atonement in the Age of Louis the Pious 814–840. Cambridge u. a. 2009.
258. A. KOCH, Kaiserin Judith. Eine politische Biographie (HSt 486). Husum 2005.
259. TH. KÖLZER, Kaiser Ludwig der Fromme (814–840) im Spiegel seiner Urkunden (Nordrhein-Westfälische AW, Vorträge G 401). Paderborn u. a. 2005.
260. J. L. NELSON, The Search for Peace in a Time of War. The Carolingian Brüderkrieg, 840–843, in: J. FRIED (Hrsg.), Träger und Instrumentarien des Friedens im hohen und späten Mittelalter (VuF 43). Sigmaringen 1996, 87–114.
261. TH. F. X. NOBLE, The Monastic Ideal as a Model for Empire. The Case of Louis the Pious, in: Revue Bénédictine 86 (1976) 235–250.
262. ST. PATZOLD, Eine ‚loyale Palastrebellion' der ‚Reichseinheitspartei'? Zur ‚Divisio imperii' 817 und zu den Ursachen des Aufstandes gegen Ludwig den Frommen im Jahre 830, in: FmSt 40 (2006) 43–77.
263. R. SCHIEFFER, Ludwig „der Fromme". Zur Entstehung eines karolingischen Herrscherbeinamens, in: FmSt 16 (1982) 58–73.
264. R. SCHIEFFER, Ludwig der Fromme rechts des Rheins, in: W. EHBRECHT/A. LAMPEN/F.-J. POST/M. SIEKMANN (Hrsg.), Der weite Blick des Historikers. Einsichten in Kultur-, Landes- und Stadtgeschichte. Fsch. Peter Johanek. Köln/Weimar/Wien 2002, 13–21.
265. R. SCHNEIDER, Krise und Auflösung des fränkischen Großreiches, in: A. DEMANDT (Hrsg.), Das Ende der Weltreiche von den Persern bis zur Sowjetunion. München 1997, 47–60, 237–239 und 258f.
266. M. SUCHAN, Kirchenpolitik des Königs oder Königspolitik der Kirche? Zum Verhältnis Ludwigs des Frommen und des Episkopat während der Herrschaftskrisen um 830, in: ZKiG 111 (2000) 1–27.
267. W. WEHLEN, Geschichtsschreibung und Staatsauffassung im Zeitalter Ludwigs des Frommen (HSt 418). Lübeck/Hamburg 1970.

268. A. WEIHS, Pietas und Herrschaft. Das Bild Ludwigs des Frommen in den Vitae Hludowici (Theologie 65). Münster 2004.
269. L. WEINRICH, Wala, Graf, Mönch und Rebell. Die Biographie eines Karolingers. Ein Beitrag zur Reichs- und Kirchengeschichte (HSt 386). Lübeck/Hamburg 1963.
270. G. G. WOLF, Nochmals zum sogenannten „Aufstand" und zu dem „Prozeß" König Bernhards von Italien 817/18, in: ZRG 128 GA 115 (1998) 572–588.
271. TH. ZOTZ, Ludwig der Fromme, Alemannien und die Genese eines neuen Regnum, in: G. KÖBLER/H. NEHLSEN (Hrsg.), Wirkungen europäischer Rechtskultur. Fsch. Karl Kroeschell. München 1997, 1481–1499.
272. TH. ZOTZ, Ludwig der Fromme oder Ludwig der Gnädige? Zur Herrschertugend der *pietas* im frühen und hohen Mittelalter, in: A. BIHRER/E. STEIN (Hrsg.), Nova de veteribus. Mittel- und neulateinische Studien für Paul Gerhard Schmidt. München/Leipzig 2004, 180–192.

3.5 König Ludwig II. († 876) und seine Nachkommen in Ostfranken

3.5.1 Übergreifendes

273. C. R. BRÜHL, Deutschland, Frankreich. Die Geburt zweier Völker. Köln/Wien ²1995.
274. R. DEUTINGER, Königsherrschaft im Ostfränkischen Reich. Eine pragmatische Verfassungsgeschichte der späten Karolingerzeit (BGQM 20). Ostfildern 2006.
275. J. EHLERS, Die Entstehung des deutschen Reiches (EdG 31). München ³2010.
276. I. VOSS, Herrschertreffen im frühen und hohen Mittelalter. Untersuchungen zu den Begegnungen der ostfränkischen und westfränkischen Herrscher im 9. und 10. Jahrhundert sowie der deutschen und französischen Könige vom 11. bis 13. Jahrhundert (Beihefte zum AKG 26). Köln/Wien 1987.

3.5.2 Einzelne Regna

277. C. EHLERS, Die Integration Sachsens in das fränkische Reich (VMPIG 231). Göttingen 2007.

278. C. I. HAMMER, From *Ducatus* to *Regnum*. Ruling Bavaria unter the Merovinians and Early Carolingians (CHMA 2). Turnhout 2007.
279. H. J. HUMMER, Politics and Power in Early Medieval Europe. Alsace and the Frankish Realm, 600–1000 (CStMLT 5th ser. 65). Cambridge u. a. 2005.
280. M. INNES, State and Society in the Early Middle Ages. The Middle Rhine Valley 400–1000 (CStMLT 4th ser. 47). Cambridge u. a. 2000.
281. G. LUBICH, Auf dem Weg zur „Güldenen Freiheit". Herrschaft und Raum in der Francia orientalis von der Karolinger- zur Stauferzeit (HSt 449). Husum 1996.
282. H. RÖCKELEIN, Reliquientranslationen nach Sachsen im 9. Jahrhundert. Über Kommunikation, Mobilität und Öffentlichkeit im Frühmittelalter (Beihefte der Francia 48). Stuttgart 2002.
283. E. SHULER, The Saxons within Carolingian Christendom. Postconquest Identity in the ‚Translationes' of Vitus, Pusinna and Liborius, in: JMedH 36 (2010) 39–54.
284. F. STAAB, Untersuchungen zur Gesellschaft am Mittelrhein in der Karolingerzeit (Geschichtliche Landeskunde 11). Wiesbaden 1975.
285. K. F. WERNER, Von den „Regna" des Frankenreichs zu „deutschen Landen", in: Zeitschrift für Literaturwissenschaft und Linguistik 94 (1994) 69–81.

3.5.3 Ludwig II. der sogenannte Deutsche († 876)

286. B. BIGOTT, Ludwig der Deutsche und die Reichskirche im Ostfränkischen Reich 826–876 (HSt 470). Husum 2002.
287. D. GEUENICH, Karl der Große, Ludwig „der Deutsche" und die Entstehung eines „deutschen" Gemeinschaftsbewußtseins, in: H. BECK/DERS./H. STEUER/D. HAKELBERG (Hrsg.), Zur Geschichte der Gleichung „germanisch-deutsch". Sprache und Namen, Geschichte und Institutionen (Ergänzungsbände zum RGA 34). Berlin/New York 2004, 185–197.
288. E. J. GOLDBERG, Struggle for Empire. Kingship and Conflict under Louis the German 817–876 (Conjunctions of Religion and Power in the Medieval Past). Ithaca 2006.
289. W. HARTMANN, Ludwig der Deutsche (GMR). Darmstadt 2002.
290. W. HARTMANN (Hrsg.), Ludwig der Deutsche und seine Zeit. Darmstadt 2004.

3.5.4 Karlmann († 880) und Ludwig III. d. J. († 882)

291. J. FRIED, König Ludwig der Jüngere in seiner Zeit, in: Geschichtsblätter für den Kreis Bergstraße 16 (1983) 5–26.
292. S. KASCHKE, Sachsen, Franken und die Nachfolgeregelung Ludwigs des Deutschen: *unus cum eis populus efficerentur?*, in: NdsJb für Landesgeschichte 79 (2007) 147–186.
293. S. MACLEAN, The Carolingian Response to the Revolt of BOSO, 879–887, in: EME 10 (2001) 21–48.
294. W. STÖRMER, König Karlmanns Urkunden für italienische Empfänger, in: K. BRANDSTÄTTER (Hrsg.), Tirol, Österreich, Italien. Fsch. Josef Riedmann (Schlern-Schriften 330). Innsbruck 2005, 63–68.

3.5.5 Karl III. der sogenannte Dicke († 888)

295. M. BORGOLTE, Karl III. und Neudingen. Zum Problem der Nachfolgeregelung Ludwigs des Deutschen, in: ZGO 125 (= N. F. 86, 1977) 21–55.
296. H. KELLER, Zum Sturz Karls III. Über die Rolle Liutwards von Vercelli und Liutberts von Mainz, Arnulfs von Kärnten und der ostfränkischen Großen bei der Absetzung des Kaisers, in: DA 22 (1966) 333–384.
297. S. MACLEAN, "After his Death a Great Tribulation came to Italy ...". Dynastic Politics and Aristocratic Factions After the Death of Louis II, c. 870–890, in: Millenium 4 (2007) 239–260.
298. S. MACLEAN, Kingship and Politics in the Late Ninth Century. Charles the Fat and the End of the Carolingian Empire (CStMLT 4th ser. 57) Cambridge 2003.

3.5.6 Arnolf († 899) und Zwentibold († 900)

299. TH. BAUER, Zwentibold (870–900), König von Lotharingien. Ein merk-würdiger Heiliger, in: F. IRSIGLER/G. MINN (Hrsg.), Porträt einer europäischen Kernregion. Der Rhein-Maas-Raum in historischen Lebensbildern. Trier 2005, 16–38.
300. E.-M. EIBL, Zur Stellung Bayerns und Rheinfrankens im Reich Arnulfs von Kärnten, in: JbG des Feudalismus 8 (1984) 73–113.
301. F. FUCHS/P. SCHMID (Hrsg.), Kaiser Arnolf. Das ostfränkische Reich am Ende des 9. Jahrhunderts (ZBLG Beiheft 19 [Reihe B]). München 2002.

302. C. I. Hammer, Crowding the King. Rebellion and Political Violence in Late-Carolingian Bavaria and Italy, in: Studi medievali, ser. 3, 48 (2007) 493–541.
303. A. Krah, Bayern und das Reich in der Zeit Arnolfs von Kärnten, in: M. Kriechbaum (Hrsg.), Fsch. Sten Gagnér. Ebelsbach 1996, 1–31.

3.5.7 Ludwig IV. „das Kind" († 911) und Konrad I. († 918)

304. H.-W. Goetz/S. Elling (Hrsg.), Konrad I. Auf dem Weg zum „Deutschen Reich"?. Bochum 2006.
305. R. Hiestand, Preßburg 907. Eine Wende in der Geschichte des ostfränkischen Reiches?, in: ZBLG 57 (1994) 1–20.
306. D. C. Jackman, The Konradiner. A Study in Genealogical Methodology (Ius commune Sonderheft 47). Frankfurt am Main 1990.
307. Th. Offergeld, Reges pueri. Das Königtum Minderjähriger im frühen Mittelalter (MGH Schriften 50). Hannover 2001.
308. R. Zehetmayer (Hrsg.), Im Schnittpunkt frühmittelalterlicher Kulturen. Niederösterreich an der Wende vom 9. zum 10. Jahrhundert. (Nöla. Mitteilungen aus dem Niederösterreichischen Landesarchiv 13). St. Pölten 2008.

3.6 Lothar I. († 855) und seine Nachkommen in Lotharingien

309. Th. Bauer, Lotharingien als historischer Raum. Raumbildung und Raumbewußtsein im Mittelalter (Rheinisches Archiv 136). Köln/Weimar/Wien 1997.
310. S. MacLean, Insinuation, Censorship and the Struggle for Late Carolingian Lotharingia in Regino of Prüm's Chronicle, in: EHR 124 (2009) 1–28.
311. R. Nolden (Hrsg.), Lothar I., Kaiser und Mönch in Prüm. Zum 1150. Jahr seines Todes (Veröffentlichungen des Geschichtsvereins Prümer Land 55). Prüm 2005.
312. J. Schneider, Auf der Suche nach dem verlorenen Reich. Lotharingien im 9. und 10. Jahrhundert (Publications du Centre Luxembourgeois de Documentation et d'Études Médiévales [CLUDEM] 30). Köln/Weimar/Wien 2010.
313. E. Screen, The Importance of the Emperor: Lothar I and the Frankish Civil War 840–843, in: EME 12 (2003) 5–51.

3.7 Karl II. „der Kahle" († 877) und seine Nachkommen in Westfranken

314. B. APSNER, Vertrag und Konsens im frühen Mittelalter. Studien zu Gesellschaftsprogrammatik und Staatlichkeit im westfränkischen Reich (Trierer HF 58). Trier 2006.
315. J. EHLERS/H. MÜLLER/B. SCHNEIDMÜLLER, Die französischen Könige des Mittelalters von Odo bis Karl VIII. 888–1498. München 1996.
316. A. KRAH, Die Entstehung der „potestas regia" im Westfrankenreich während der ersten Regierungsjahre Kaiser Karls II. (840–877). Berlin 2000.
317. J. L. NELSON, Charles the Bald. London/New York [2]1996.
318. N. STAUBACH, *Regia sceptra sacrans*. Erzbischof Hinkmar von Reims, der heilige Remigius und die ‚Sainte Ampoule', in: FmSt 40 (2006) 79–101.
319. N. STAUBACH, Rex christianus. Hofkultur und Herrschaftspropaganda im Reich Karls des Kahlen 1: Der Kampf um das Erbe Karls des Großen; 2: Die Grundlegung der ‚religion royale' (Pictura et Poesis 2.1–2). Köln/Weimar/Wien 1992–93.
320. K. F. WERNER, Enquêtes sur les premiers temps du principat français (IXe–Xe siècles). Untersuchungen zur Frühzeit des französischen Fürstentums (9.–10. Jahrhundert) (Instrumenta 14). Ostfildern 2004.

4. Fest- und Gesammelte Schriften

321. D. R. BAUER/R. HIESTAND/B. KASTEN/S. LORENZ (Hrsg.), Mönchtum, Kirche, Herrschaft 750–1000. Fsch. Josef Semmler. Sigmaringen 1998.
322. P. CLASSEN, Ausgewählte Aufsätze, hrsg. von J. FLECKENSTEIN (VuF 28). Sigmaringen 1983.
323. F.-J. ERKENS/H. WOLFF (Hrsg.), Von Sacerdotium und Regnum. Geistliche und weltliche Gewalt im frühen und hohen Mittelalter. Fsch. Egon Boshof (Passauer HF 12). Köln/Weimar/Wien 2002.
324. P. FOURACRE/D. GANZ (Hrsg.), Frankland. The Franks and the World of the Early Middle Ages. Fsch. Janet L. Nelson. Manchester/New York 2008.
325. H. KRIEG/A. ZETTLER (Hrsg.), In frumento et vino opima. Fsch. Thomas Zotz. Ostfildern 2004.

4. Fest- und Gesammelte Schriften

326. U. LUDWIG/TH. SCHILP (Hrsg.), Nomen et Fraternitas. Fsch. Dieter Geuenich (Ergänzungsbände zum RGA 62). Berlin/New York 2008.
327. O. MÜNSCH/TH. ZOTZ (Hrsg.), Scientia veritatis. Fschr. Hubert Mordek. Ostfildern 2004.
328. R. SCHIEFFER (Hrsg.), Beiträge zur Geschichte des Regnum Francorum. Fsch. Eugen Ewig (Beihefte der Francia 22). Sigmaringen 1990.

Während der Drucklegung zur Kenntnis gelangt:

329. PH. DEPREUX/ST. ESDERS (Hrsg.), Produktivität einer Krise. Die Regierungszeit Ludwigs des Frommen (814–840) und die Transformation des karolingischen Imperiums (im Druck, zu II.3.4, 88).
330. A. TH. HACK, Alter, Krankheit, Tod und Herrschaft im frühen Mittelalter. Das Beispiel der Karolinger (MGM 56). Stuttgart 2009 (zu II.2.2, 56).
331. K. HEIDECKER, The Divorce of Lothar II. Christian Mariage and Political Power in the Carolingian World (Conjunctions of Religion and Power in the Medieval Past). Ithaca 2010 (zu II.3.6, 104).
332. H. REIMITZ, Nomen Francorum obscuratum. Zur Krise der fränkischen Identität zwischen der kurzen und langen Geschichte der ‚Annales regni Francorum', in: M. BECHER/ST. DICK (Hrsg.), Völker, Reiche und Namen im frühen Mittelalter (MittelalterStudien 22). München 2010, 279–296 (zu II.3.2, 74, und zu II.3.4, 87).
333. H. STEIGER, Die Ordnung der Welt. Eine Völkerrechtsgeschichte des karolingischen Zeitalters (741 bis 840), Köln/Wien/Weimar 2010 (zu II.2.3, 59).

Register

1. Vom Verlag erstelltes Personenregister

Abbasiden 62
Adalhard, Abt von Corbie († 826) 21, 77, 79
Adelchis, Hz. von Benevent († 878) 39
Adelchis, Sd Desiderius († > 788) 21
AFFELDT, W. 72
Agilolfinger 9, 15, 94
Agobard, Ebf. von Lyon († 840) 87
AIRLIE, ST. 57f., 60, 71f., 77f., 88, 93
Aistulf, Langobardenkg. († 756) 17f.
ALBERI, M. 90
Alcuin, Gelehrter († 804) 28, 79f., 90
Alemannen 14, 24, 45
ALTHOFF, G. 54, 58, 103f.
Angelsachsen 11, 14f., 17, 19, 63, 70, 79
ANGENENDT, A. 55, 62f., 72f., 85
Ansefledis († > 687) 5, 7
Ansegis, Abt von Fontenelle († 833) 53
Ansegisel, Sd Arnulf von Metz († > 662) 3f.
Ansgar, Bf. von Bremen († 865) 63
ANTON, H. H. 62, 96
APSNER, B. 105
Arn, Ebf. von Salzburg († 821) 28, 63
ARNOLD, D. 63, 97f.
Arnolf, Ks. († 899) 42, 44–50, 64, 97–103
Arnulf, Bf. von Metz († 640) 2f., 67
Arnulf, Sd Drogo († 723) 6f.

Arnulf, Sd Luitpold († 937) 51
Arnulfinger 2, 4f., 9, 67
Astronomus, Geschichtsschreiber († > 842) 87
Augustinus, Bf. von Hippo Regius († 430) 16, 93
Awaren 25f., 77

Babenberger 44–46, 48, 50
BACHRACH, B. S. 60, 76, 79
BALZER, M. 82
BARBERO, A. 75f.
Basken 23
BAUER, D. R. 71, 89
BAUER, TH. 94, 102, 105
BAUMGART, W. 54f., 94
BAYERLE, K. 59
BECHER, M. 55, 58, 60f., 65–75, 78, 80f., 100–103
Begga, Td Pippin d. Ä. († 692/5) 3f.
Benedikt, Abt von Aniane († 821) 29f., 89
Berchar, Hm. († 688/9) 5
Berengar I. von Friaul, ital. Kg., Ks. († 924) 44, 47, 49, 101
BERNDT, R. 75, 78, 80
Bernhard von Italien († 818) 29f., 86, 90
Bernhard von Septimanien († 844) 31
Bernhard, Sd Karl III. († 891) 44–47, 100–102
Bertrada, Efr. Pippin d. J. († 783) 15f., 18, 21, 71
BEUMANN, H. 59
BIGOTT, B. 64, 94
BINDING, G. 82

Bosoniden 37
Böhmen 36, 48
BÖHMER, J. F. 104f.
BÖHRINGER, L. 104
Bonifatius, Bf. von Mainz († 754) 9, 11, 14, 17, 19, 54, 63, 72f.
BOOKER, C. M. 87–89, 91
BORGOLTE, M. 61, 97f.
BOSHOF, E. 88f., 92, 104f.
Boso von Vienne († 887) 40f., 43–45, 47f., 77, 99, 101, 104
BOUGARD, F. 60–63, 77, 86, 93, 96
BRALL-TUCHEL, H. 77
BRANDES, W. 80
BRAUNFELS, W. 60, 76
Bretonen 31, 35, 37
BROWN, W. C. 83, 94
BRUBAKER, J. 56, 90
BRÜHL, C. R. 94, 102
Brun, Sd Liudolf († 880) 42
Brunhilde, Kg.in († 613) 3, 67
BRUNNER, K. 59, 77
BUC, PH. 58, 74
BUCK, TH. M. 85
BÜHRER-THIERRY, G. 82, 90
Bulgaren 39
BULLOUGH, D. A. 79
BUND, K. 56
Burchard, Bf. von Würzburg († 754/5) 16
BUSCH, J. W. 57f., 67, 74, 89f.
BUTZ, E.-M. 70

Chalpaida, Pippins d. M. Zweite († > 714?) 5f., 68
Childebert, Sd Grimoald I., Kg. († 661/2) 3, 68
Childebert II., Kg. († 596) 3
Childebert III., Kg. († 711) 68
Childebrand, Sd Pippin d. M. († > 751) 16, 66
Childerich II., Kg. († 673/5) 68
Childerich III., Kg. († > 751) 13, 16, 72
Chilperich II., Kg. († 721) 6–8, 12
Chiltrud, Td Karl Martell († 754) 9, 13, 15, 19
Chlodwig I., Kg. († 511) 3
Chlodwig II., Kg. († 659) 2

Chlothar II., Kg. († 629/30) 3, 67
Chlothar IV., Kg. († 719) 7f.
Chrodegang, Bf. von Metz († 766) 63
Chrodtrud, Efr. Karl Martell († 725) 9, 12
CLASSEN, P. 65, 80, 105
COLLINS, R. 60, 66f., 69, 74f., 78, 86, 88–91
CORRADINI, R. 78, 85, 93
CUBITT, C. 79
Cyrill, Missionar († 869) 38

Dagobert I., Kg. († 639) 2f., 67
Dagobert II., Kg. († 679) 3f.
Dagobert III., Kg. († 715/6) 6
DAVIS, J. R. 83
DEPREUX, PH. 60, 62, 77f., 88, 90, 92f.
Desiderius, Langobardenkg. († > 774) 18f., 21f.
DEUTINGER, R. 59, 61f., 83–85, 93, 95f., 101–104
Dhuoda († 843) 83
DIESENBERGER, M. 78
DOPSCH, H. 97
DREßEN, W. 76, 79, 82
DREWS, W. 62, 73f.
Drogo, Bf. von Metz († 855/6) 35, 87
Drogo, Sd Karlmann († > 754) 15, 17f., 71f.
Drogo, Sd Pippin d. M. († 708) 5–7
DURLIAT, J. 82
DUTTON, P. E. 75, 88

Ebo, Ebf. von Reims († 851) 33, 87
Ebroin, Hm. († 680) 4
EHLERS, C. 82, 92, 94
EHLERS, J. 94f., 100, 105
EIBL, E.-M. 102
EICHLER, D. 92
Einhard, Geschichtsschreiber († 840) 24f., 27, 29, 68, 74f., 77, 79–81, 83, 87
ELLING, S. 103
ENGELS, O. 74
Engildeo, Gf. (895) 49

EPPERLEIN, S. 78
ERHART, P. 76
Erich, Hz. von Friaul († 799) 26
ERKENS, F.-R. 56, 59, 62, 64–67, 73, 76, 78, 80, 90, 105
Ermenfred, Attentäter (680) 4
Ermoldus Nigellus († > 830) 90
ERTL, TH. 73, 79
ESDERS, ST. 61, 82f., 86, 96, 104
ESMYOL, A. 56, 68
ESSELBORN, K. 75
Etichonen 9
Eudo, Hz. von Aquitanien († 735) 8
EWIG, E. 67

FALKENSTEIN, L. 82
FALKOWSKI, W. 62
Fardulf, Abt von St.-Denis (um 793) 74
Fastrada, Efr. Karl I. († 794) 24, 77f.
FAVIER, J. 75
FEES, I. 105
FELLER, L. 77, 86, 96
FELTEN, F. J. 63, 70
FENSKE, L. 82
FLACH, D. 81
FLECKENSTEIN, J. 75, 85
Formosus, Pp. († 896) 49f.
FOURACRE, P. 58, 67–69, 72, 92
FREUND, ST. 94
FRIED, J. 55, 57, 62, 65, 73, 78–81, 85f., 88–91, 94f., 98, 101
Friesen 6–8
FUCHS, F. 56, 64, 94, 97, 99, 101–103
Fulco, Ebf. von Reims († 900) 47f.
Fulrad, Abt von St.-Denis († 784) 16, 74

GÄRTNER, K. 92
GANSHOF, F. L. 86, 91
GANZ, D. 92
GARIPZANOV, I. H. 56
GAUERT, A. 68
GEARY, P. 96
Gebhard, dux († 910) 51
Gelasius I., Pp. († 496) 63, 89f.

GENET, J.-PH. 67
GERBERDING, R. A. 66
Gerberga, Efr. Karlmann († > 774) 21
Gerold, Bruder Hildegards († 799) 25f.
GEUENICH, D. 70, 89, 95
GIESE, W. 70f., 97, 102
GILLHAM, J. 92
Gisela, Schwester Karls I. († > 810) 67
Gisela, Td Ludwig I. († > 874) 30
Gislemar, Hm. († 685) 4
GLATTHAAR, M. 70
GODMAN, P. 60, 76, 86, 88–91
GOETZ, H.-W. 55, 57, 67, 103
GOLDBERG, E. J. 58, 60, 76, 91f., 95–99
Gregor II., Pp. († 731) 70
Gregor III., Pp. († 741) 11, 70
Gregor IV., Pp. († 844) 32
Grifo, Sd Karl Martell († 753) 9, 12f., 15f., 70, 72
Grimoald I., Sd Pippin d. Ä. († 659) 2–4, 6, 66–69
Grimoald II., Sd Pippin d. M. († 714) 4–6
GUILLOT, O. 90
Gundakar von Karantanien (863) 38
Gunthram, Kg. († 593) 3

HACK, A. TH. 70, 73, 75, 77
Hadrian I., Pp. († 795) 21, 24, 27, 63
Hadrian II., Pp. († 872) 40
Hadrian III., Pp. († 885) 44, 100
HÄGERMANN, D. 65, 75f., 81, 89
HAENEL, G. 86
HAGENEIER, L. 55
HALSALL, G. 76
HAMANN, ST. 68
HAMMER, C. I. 74, 78, 94, 102
HANNIG, J. 59
Hardrad, Gf. (786) 24, 77
HARTMANN, F. 63
HARTMANN, M. 56, 66–68, 77f., 102–104

HARTMANN, W.   53f., 64, 75f., 79, 86, 88, 94–98, 102
HASELBACH, I.   67
Hatto, Ebf. von Mainz († 913)   50
HECHBERGER, W.   60f.
HEHL, E.-D.   55, 81
HEIDECKER, K.   104
HEIDRICH, I.   69, 71, 103
Heinrich, Babenberger († 886)   45
Heinrich I., Kg. († 936)   52
Hemma, Efr. Kg. Ludwig II. († 876) 32, 56, 99
HEN, Y.   73, 77
HERBERS, K.   81
HIESTAND, R.   71, 89, 103
Hildegard, Efr. Karl I. († 783)   23–25, 27, 64, 77f.
Hildegard, Td Ludwig III. d. J. († > 895)   46, 49, 102
Hilduin, Abt von St.-Denis († 855/9) 91
HILL, J.   90, 104
Himiltrud, Efr. Karl I. (769)   21, 25, 78
Hinkmar, Ebf. von Reims († 882) 11, 35, 37–39, 54, 69, 79, 93, 104
HLAWITSCHKA, E.   90, 102
HOFFMANN, H.   67
HOLTUS, G.   92
Hrabanus Maurus, Ebf. von Mainz († 856)   36, 63
Hugo von Tours († 837)   31
Hugo Abbas († 886)   41
Hugo, Sd Drogo, Bf. von Rouen († 730)   7f.
Hugo, Sd Lothar II. († > 895)   37, 39, 43f., 104
HUMMER, H. J.   94
Hunoald I., Hz. von Aquitanien († 745)   13f.
Hunoald II., Hz. von Aquitanien (769)   20

INNES, M.   58, 60, 89, 94
IOGNA-PRAT, D.   61, 63
Irene, Ks.in († 803)   26

JACKMAN, D. C.   103
JAHN, J.   94

JARNUT, J.   57, 60f., 66–74, 76, 80, 82, 90, 94
JOCH, W.   68
JOHANEK, P.   76
Johannes VIII., Pp. († 882)   40–42, 63, 99
Jonas, Bf. von Orléans († 841?)   87
JONG, M. DE   57f., 74f., 82, 87f., 90–92, 98
JORDAN, G.   56, 78, 96, 98, 100
Judith, Efr. Ludwig I. († 843)   30–32, 90f.
JUSSEN, B.   57, 59, 74, 80
Justinus (3. Jh.)   93

KAISER, R.   67
KAMP, H.   63, 78, 83, 96
Karl d. J., Sd Karl I., Kg. († 811) 25, 27, 65, 78
Karl das Kind, Sd Karl II. († 866) 37
Karl I., Ks. († 814)   1, 8, 15–30, 51, 55f., 60, 62–65, 67, 71, 74–83, 85–87, 89f., 93, 99, 104
Karl II., Ks. († 877)   30–43, 45, 64, 83, 87, 90–92, 96–98, 104f.
Karl III. „der Einfältige", Kg. († 929) 44, 47–51, 100
Karl III., Ks. († 888)   38–41, 43–48, 64, 93, 96–102, 104
Karl Martell, Hm. († 741)   1–3, 6–16, 18, 66, 68–70
Karl von der Provence († 863)   37, 39
Karlmann, Sd Karl I. = Pippin von Italien, Kg. († 810)   24f.
Karlmann, Sd Karl II. († 876)   98
Karlmann, Sd Karl Martell († 754) 12–15, 17f., 70–73
Karlmann, Sd Ludwig II. († 880) 38–42, 96–99, 102
Karlmann, Sd Pippin d. J. († 771) 17, 20f., 74, 78
Karlmann, Westfrankenkg. († 884) 43, 45, 100
KASCHKE, S.   64f., 68, 70f., 89f., 98, 104
KASTEN, B.   56, 61, 65, 70f., 77f., 86, 89f., 96, 98, 102

1. Vom Verlag erstelltes Personenregister 141

KELLER, CH.   82
KELLER, H.   54, 58, 100f., 103f.
KOCH, A.   91
KÖLZER, TH.   53, 68, 92
KOLMER, L.   77f.
Konrad d. Ä. († 906)   51
Konrad I., Kg. († 918)   51f., 101, 103f.
Konradiner   38, 46f., 50f., 103
KORTÜM, H. H.   101
KRAH, A.   102, 105
KRIEG, H.   70, 94
KRÜGER, K. H.   71, 75
Kunibert, Bf. von Köln († ca. 664)   2

Lambert, Ks. († 898)   49f.
LANDAU, P.   89
Langobarden   10f., 15, 17f., 21f., 24f., 27, 70, 76
Langobardenprinzessin   21, 77f.
Lantfrid, Alemannenhz. († 730)   9
LAUDAGE, J.   55
LAUTEMANN, W.   54, 79
LE JAN, R.   59–63, 77f., 86, 89f., 93, 96, 104
LEIVERKUS, Y.   55
Leo III., Pp. († 816)   27f., 75f., 79–81
LEVISON, W.   54, 75
Liudolfinger   50f., 102
Liutbert, Ebf. von Mainz († 889)   45, 100f.
Liutgard, Efr. Karl I. († 799)   28, 78
Liutgard, Efr. Ludwig III. d. J. († 885)   46
Liutprand, Langobardenkg. († 744)   11, 70
Liutswind, Arnolfs Mutter (um 850)   42, 102
Liutward, Bf. von Vercelli († 899)   43, 45, 100f.
LÖWE, H.   54, 75, 93
LORENZ, S.   71, 89
Lothar I., Ks. († 855)   29–38, 65, 92, 104
Lothar II., Kg. († 869)   37, 39, 44, 94, 104f.
LUBICH, G.   94

Ludger, Bf. von Münster († 809)   63
Ludwig „der Blinde", Kg. der Provence († 928)   45–48, 50, 101, 104
Ludwig I., Ks. († 840)   1, 23f., 27–34, 36, 39, 44, 53f., 58, 60, 63–65, 82f., 85–92, 95, 104f.
Ludwig II. der Stammler, Sd Karl II., Kg. († 879)   37, 42, 44
Ludwig II., Kg. († 876)   29, 32–41, 48, 63, 83, 92–99, 104
Ludwig II., Ks. († 875)   37, 39f., 45, 95, 97
Ludwig III. d. J., Kg. († 882)   36, 38f., 41–44, 46, 96, 98f.
Ludwig III., Westfrankenkg. († 882)   42f.
Ludwig IV. „das Kind", Kg. († 911)   1, 47, 49–52, 64, 101–103
Ludwig, Sd Ludwig III. d. J. († 879)   44
LUDWIG, U.   56, 69, 74, 101
LÜCK, H.   83
Luitpold, Mgf. († 907)   48, 51

MACLEAN, S.   56, 58, 93, 98–101, 104
Mährer   36, 38, 40, 48, 97
Marcellinus und Petrus, Hll.   75
Martin, dux († 675/9)   4, 68
MAYER, TH.   58f.
MCCORMICK, M.   83
MCKITTERICK, R.   66f., 75, 84f.
Megingaud, Gf. († 892)   49
MEENS, R.   78, 85, 93
Merowinger   2–9, 12–14, 16f., 20, 42, 64, 67f., 70f., 73, 81, 83
MERSIOWSKY, M.   84
MERTA, B.   74
Method, Missionar († 885)   38f., 48
Milo, angeblich Bf. von Trier und Reims († 761/2)   69
MINKENBERG, G.   76, 79, 82
Moos, P. v.   59
MORDEK, H.   53, 84
MÜLLER, H.   100, 105
MÜNSCH, O.   70, 74

NAHMER, D. V. D. 67
NELSON, J. L. 56f., 71f., 77, 80, 82, 87, 91f., 105
Nibelung, Sd Childebrand († > 786) 66
Nikolaus I., Pp. († 867) 37
Nithard, Enkel Karls I. († 845) 83, 87
NITSCHKE, A. 59
NOBLE, TH. F. X. 89
NOLDEN, R. 104
NONN, U. 61, 67–71, 94
Normannen 33, 36f., 42f., 45, 48, 87, 96, 99
Notker Balbulus († 912) 93

Oda, Efr. Zwentibold († > 952) 50
Odilo, Baiernhz. († 748) 9, 12f., 15
Odo, Westfrankenkg. († 898) 44f., 47–51, 100f., 105
OELLERS, A. C. 76, 79, 82
OESTERLE, J. R. 62
OEXLE, O. G. 67
OFFERGELD, TH. 56, 64, 100, 102–104
Otto der Erlauchte († 912) 42, 44, 46, 50f., 102
Ottonen 51, 98

PADBERG, L. VON 70
Paschasius Radbertus, Abt von Corbie (> † 851) 87
PATZOLD, ST. 62f., 84, 89, 91, 93, 105
Paul I., Pp. († 767) 18
Paulus Diaconus, Geschichtsschreiber († 799?) 78
Petrus, Apostel 11, 16–18, 22, 27f., 80
PICARD, T. 82
Pippin d. J. = I., Kg. († 768) 3, 11–21, 60, 62, 69–74, 78
Pippin d. M. († 714) 3–7, 9, 67–69
Pippin der Bucklige († 811) 26, 77f.
Pippin d. Ä. († 640) 2f., 67
Pippin I., Kg. von Aquitanien († 838) 29, 32f.

Pippin II., Kg. von Aquitanien († > 864) 33–37
Pippin von Italien, Kg. († 810) 24, 26f., 29
Pippiniden 3–5, 7, 67
Pirmin († 753) 9
Plektrud, Efr. Pippin d. M. († 725) 4–8, 69
PÖSSEL, CH. 78, 85, 93
POHL, W. 57f., 61, 70, 76f., 88
Poppo († > 906) 44, 48
POSTEL, V. 103
PRINZ, F. 67

Raganfrid, Hm. († 730) 6–8
Ramnulf († 890) 47
Rastislav, Mährerhz. († 870) 36, 39
Ratold, Sd Arnolf († > 896) 47, 50, 102
Regino, Abt von Prüm († 915) 93, 100
REIMITZ, H. 57, 88, 93
RENARD, É. 76, 86
REUTER, T. 76, 86, 99, 103
REYNOLDS, S. 61
Richgard, Efr. Karl III. († um 900) 44f., 100
RICHTER, M. 61, 68–70, 72, 74, 78, 84, 94
Robert der Tapfere, Kapetiner († 866) 37, 45, 47
Robert, Westfrankenkg. († 923) 51
Robertiner 19, 44, 60
ROBSANTER, C. 77
RÖCKELEIN, H. 94
RÖSENER, W. 56f., 60, 79, 82
ROHR, CH. 77f.
Rollo, Normanne († 931/2) 48
Rotrud, Td. Karl I. († 810) 26
Rudolf I., Kg. von Hochburgund († 911) 47f., 50

Sachsen 7–9, 22–25, 42, 46, 52, 70
Salier 59, 63
SAURMA-JELTSCH, L. E. 62
SCHEFFERS, H. 79
SCHIEFFER, R. 54–56, 63, 67f., 71f., 78, 80f., 83f., 86, 88, 92, 94, 96, 100f.

1. Vom Verlag erstelltes Personenregister 143

SCHILP, TH.   56, 69, 74, 101
SCHLESINGER, W.   101
SCHMID, P.   56, 64, 94, 97, 99, 101–103
SCHMIEDER, F.   78
SCHMITZ, G.   59, 90
SCHNEIDER, H.   84
SCHNEIDER, J.   65, 94f., 99, 102, 105
SCHNEIDER, O.   66, 69, 74
SCHNEIDER, R.   55f., 59–61, 65, 81, 84–86, 89, 96, 100, 105
SCHNEIDMÜLLER, B.   59, 73, 100, 105
SCHOLZ, S.   63
SCHÜSSLER, H. J.   71
SCHULZE, H. K.   61
SCREEN, E.   92
SEMMLER, J.   60, 66, 69, 71–74
SHAW, PH.   78, 85, 93
SHULER, E.   94
SIERCK, M.   56
Sigibert III., Kg. († 656)   2f., 68
Slawen   28, 36–39, 77, 96
SMITH, J. M. H.   56, 75, 90
SPRINGER, M.   76, 92
STAAB, F.   60, 78, 94, 104
STAUBACH, N.   64, 88, 105
Stephan III., Pp. († 757)   17f., 72
Stephan IV., Pp. († 772)   21
Stephan VI., Pp. († 891)   49, 100
STIEGEMANN, CH.   76, 80, 82, 94
STOCLET, A.   74
STÖRMER, W.   82, 98
STORY, J.   58, 60, 68f., 72, 76f.
STROTHMANN, J.   73
SUCHAN, M.   90
Sueton († um 150)   74
Svatopluk, Mährerhz. († 894)   48
SWAN, M.   90, 104
Swanahild, Efr. Karl Martells († > 743)   9, 13

Tassilo III., Baiernhz. († > 794)   9, 15, 19, 21, 24f., 58, 77f., 82
TELLENBACH, G.   60, 98f., 101f., 104
Thegan, Geschichsschreiber († > 838)   87

Theuderich III., Kg. († 690/1)   4f.
Theuderich IV., Kg. († 737)   12, 70
Theudoald, Sd Grimoald II. († 715?, 741?)   6, 69
Theutberga, Efr. Lothar II. († 875)   37
THEUWS, F.   57, 74, 82
TISCHLER, M.   75, 87

UBL, K.   60, 72, 90
Ungarn   39, 48, 51
UNTERMANN, M.   82
Uota, Efr. Arnolf († > 903)   47f., 50, 103

Valens, Ks. († 378)   86
VAN RHIJN, C.   57, 74, 82
VERBRUGGEN, J. F.   60
VOSS, I.   96

Waifar, Aquitanienhz. († 768)   14f., 20
Wala, Abt von Corbie († 836)   31, 33, 87, 91
Walahfrid Strabo, Gelehrter († 849)   87
Waldrada, Efr. Lothar II. († > 869)   37
Waratto, Hm. († 686)   4f.
WARD, E.   90
WATTENBACH, W.   54, 75
WEHLEN, W.   58
WEIDEMANN, M.   71
WEIHS, A.   90
WEILER, B.   56, 98
WEINFURTER, ST.   59
WEINRICH, L.   91
Welf, Gf. (um 819)   30
Welfen   19, 47f., 60, 96
WEMHOFF, M.   76, 80, 82, 94
WERNER, K. F.   60, 71, 74, 88, 94
WERNER, M.   59
Westgoten   10, 49, 59, 89
WICKHAM, CH.   82
Wido von Spoleto, Ks. († 894)   44, 47, 49f.
Widonen   19, 60
Widukind, Geschichsschreiber († > 973)   105

144 Register

Widukind, Westfale († > 785)   23
Wieser, V.   57, 61
Willibrord, Missionar († 739)   5, 9, 11
Winter, M.   56
Wintergerst, M.   82
Wittmann, H.   70
Wolf, G. G.   56, 70f., 74, 90
Wolff, H.   59, 67, 90
Wolfram, H.   61, 93, 97
Wood, I.   67f., 70

Wormald, P.   87
Wunder, H.   67
Zacharias, Pp. († 752)   16f., 72f.
Zechiel-Eckes, K.   91
Zehetmayer, R.   61, 93, 97, 103
Zettler, A.   70, 94
Zielinsky, H.   104
Zotz, Th.   70, 74, 82, 90f., 93
Zwentibold, Kg. († 900)   47, 49–51, 101f., 105

2. Vom Verlag erstelltes Ortsregister

Aachen   27, 29, 33, 39, 42, 57, 76, 81f.
Adria   26
Alemannien   9, 12–14, 31, 38, 41, 43, 48, 61, 70, 82, 91, 94
Alpen   17f., 21f., 25, 33, 35, 37, 41, 43, 48
Amblève (nahe Malmedy)   7
Andernach   41
Aquitanien   9f., 12–14, 19f., 23f., 29–33, 35–37, 47, 65, 78, 89, 96
Ardennen   2, 4
Asselt   43
Attigny   23, 30, 40, 90
Austrasien   2–8, 12f., 20, 59

Bagdad   26, 76
Baiern   9, 12f., 15, 19, 22, 24f., 29–34, 40f., 48, 51, 64f., 70, 77f., 92, 94f., 97, 103
Barcelona   23
Bari   39
Benevent   17, 21, 24, 26
Bergamo   49
Berny-Rivière   18
Berre, Fl. im Pyrenäenvorland   10
Bodman   82
Böhmerwald   25
Bonn   42
Bosporus   26, 62
Bremen   36
Burgund   3, 9, 12, 45, 47f., 50

Byzanz   18, 21, 26f., 65, 80, 90

Champagne   6
Chelles   13, 67
Churrätien   41
Colmar   32
Compiègne   6f., 47
Córdoba   22
Coulaines (bei Le Mans)   35, 105

Deutschland   1, 34, 53
Diedenhofen   33, 35, 51
Düren   71
Dyle (bei Löwen)   48

Ebro   22
Echternach   5
Eifel   4
Elbe   23, 25
Elsass   9, 14, 41, 70, 94
Enns   25, 51

Fontenoy (s. Auxerre)   34, 41, 65, 92, 98
Forchheim   40, 47, 49–51, 100f.
Fouron (bei Lüttich)   42
Franken   siehe Mainfranken
Frankfurt am Main   26, 30, 46–48, 58, 62, 75, 82, 98
Frankreich   34
Friaul   22
Friesland   5, 9, 15, 39

2. Vom Verlag erstelltes Ortsregister

Geismar 9
Germania 63, 95

Hamburg 36
Hessen 9, 14

Ingelheim 25, 34, 82
Italien 11, 17–19, 22, 24f., 29, 31–33, 37, 39–42, 44, 47–50, 65f., 72, 97–99, 102, 104

Jerusalem 76

Karantanien 36
Kärnten 42, 47, 102
Karlsburg 22
Klausen 21
Koblenz 34, 38, 96
Köln 6f., 42
Kohlenwald 2

Laon 4, 13, 15, 51
Le Mans 15
Lech 9
Lechfeld 25, 51
Les Estinnes 14
Loire 8, 63
Lorsch 25, 79, 81
Lotharingien 37, 39, 41–43, 48–52, 66, 93f., 96f., 99
Lucofao (bei Laon) 4
Lügenfeld 32, 46
Lüttich 5–7, 13, 42
Luni 18
Lyonnais 39

Maas 2, 5, 7, 33, 37, 39, 43, 81
Main 81
Mainfranken 9, 41, 48, 51
Mainz 15, 35f., 100
Mantaille (bei Vienne) 45
Meerssen (bei Maastricht) 35, 39, 42, 65, 96
Metz 2, 4, 39, 67
Mittelmeer 10
Mittelrheingebiet 94, 102
Monselice 18
Mont Cenis 15, 72
Montecassino 17

Mosel 2, 4, 37

Namur 2
Neustrien 2–8, 12f., 20, 37, 66
Niederburgund *siehe* Provence
Niederlothringen 61
Niederrhein 4, 8, 22, 37
Nijmwegen 42
Nördlinger Ries 98
Nordsee 34, 65
Normandie 48, 66

Ostfranken 15, 20, 24, 36, 38–40, 43, 48, 50f., 64, 82f., 85, 92f., 96, 99f.

Paderborn 22, 27, 82
Pamplona 23
Paris 2f., 8, 45
Pavia 18, 21, 40, 47
Plattensee 26
Poitiers 10
Ponthion 18, 40, 43, 58
Preßburg 51f., 103
Provence 12, 37, 45, 47, 50, 66, 99, 104
Prüm 26, 37, 42, 104
Pyrenäen 23, 26, 30, 77

Quierzy 18, 41

Ravenna 17f., 80
Regensburg 36, 47, 82
Reims 48
Rhein 2, 6–9, 14, 23–25, 32–35, 38, 43, 61, 63, 66, 70, 78, 81, 92–95
Rhein-Main-Gebiet 36, 48, 60, 81
Rhône 10, 33, 63
Ribémont (bei Saint-Quentin) 42, 99
Rom 11, 15, 17f., 21f., 24, 26–28, 41, 49, 63, 70, 73, 79, 81f., 86, 99
Roncesvalles 23, 77
Rotfeld *siehe* Lügenfeld

Saale 25f.
Sachsen 13, 15, 21–23, 26, 34, 38, 41, 43f., 51, 76f., 82, 94, 97f.

Salzburg 38
Sankt Goar 51
Saône 33, 39
Saragossa 22
Saucourt 42
Seeligenstadt 75
Seine 34
Septimanien 20
Sizilien 41
Soissons 7, 14, 32f., 92
Spanien 10, 20, 23, 76
Speyer 35
Spoleto 17, 21
St.-Denis 12, 17, 20, 33, 67
Straßburg 34

Tertry an der Somme 5, 68f.
Thiméon (bei Charleroi) 42
Thüringen 9, 12, 14, 41, 44, 48, 51, 70, 77
Tiber 26, 28, 34
Tours 10, 28
Transelbien 23

Trebur 46, 49, 82
Trier 4, 42

Unterelbe 8, 22f., 26
Unteritalien 26
Utrecht 9

Valence 47
Verden an der Aller 23
Verdun 2, 34, 65, 92, 105
Verona 21
Viennois 39
Vienne 17
Vieux-Poitiers 13, 20, 71
Vinchy (bei Cambrai) 7

Weser 8, 23
Westfalen 76, 94
Westfranken 17, 37f., 40–43, 47, 51, 60, 62, 84, 87, 93, 96, 98–100, 105
Worms 31, 33, 35, 49, 82

Enzyklopädie deutscher Geschichte
Themen und Autoren

Mittelalter

Agrarwirtschaft, Agrarverfassung und ländliche Gesellschaft im Mittelalter (Werner Rösener) 1992. EdG 13	Gesellschaft
Adel, Rittertum und Ministerialität im Mittelalter (Werner Hechberger) 2. Aufl. 2010. EdG 72	
Die Stadt im Mittelalter (Frank G. Hirschmann) 2009. EdG 84	
Die Armen im Mittelalter (Otto Gerhard Oexle)	
Frauen- und Geschlechtergeschichte des Mittelalters (N. N.)	
Die Juden im mittelalterlichen Reich (Michael Toch) 2. Aufl. 2003. EdG 44	
Wirtschaftlicher Wandel und Wirtschaftspolitik im Mittelalter (Michael Rothmann)	Wirtschaft
Wissen als soziales System im Frühen und Hochmittelalter (Johannes Fried)	Kultur, Alltag,
Die geistige Kultur im späteren Mittelalter (Johannes Helmrath)	Mentalitäten
Die ritterlich-höfische Kultur des Mittelalters (Werner Paravicini) 3., um einen Nachtrag erw. Aufl. 2011. EdG 32	
Die mittelalterliche Kirche (Michael Borgolte) 2. Aufl. 2004. EdG 17	Religion und
Grundformen der Frömmigkeit im Mittelalter (Arnold Angenendt) 2. Aufl. 2004. EdG 68	Kirche
Die Germanen (Walter Pohl) 2. Aufl. 2004. EdG 57	Politik, Staat,
Das römische Erbe und das Merowingerreich (Reinhold Kaiser) 3., überarb. u. erw. Aufl. 2004. EdG 26	Verfassung
Die Herrschaft der Karolinger 714–911 (Jörg W. Busch) 2011. EdG 88	
Die Entstehung des Deutschen Reiches (Joachim Ehlers) 3., um einen Nachtrag erw. Aufl. 2010. EdG 31	
Königtum und Königsherrschaft im 10. und 11. Jahrhundert (Egon Boshof) 3., aktual. und um einen Nachtrag erw. Aufl. 2010. EdG 27	
Der Investiturstreit (Wilfried Hartmann) 3., überarb. u. erw. Aufl. 2007. EdG 21	
Könige und Fürsten, Kaiser und Papst im 12. Jahrhundert (Bernhard Schimmelpfennig) 2. Aufl. 2010. EdG 37	
Deutschland und seine Nachbarn 1200–1500 (Dieter Berg) 1996. EdG 40	
Die kirchliche Krise des Spätmittelalters (Heribert Müller) 2012. EdG 90	
König, Reich und Reichsreform im Spätmittelalter (Karl-Friedrich Krieger) 2., durchges. Aufl. 2005. EdG 14	
Fürstliche Herrschaft und Territorien im späten Mittelalter (Ernst Schubert) 2. Aufl. 2006. EdG 35	

Frühe Neuzeit

Bevölkerungsgeschichte und historische Demographie 1500–1800 (Christian Pfister) 2. Aufl. 2007. EdG 28	Gesellschaft
Migration in der Frühen Neuzeit (Matthias Asche)	
Umweltgeschichte der Frühen Neuzeit (Reinhold Reith) 2011. EdG 89	

Bauern zwischen Bauernkrieg und Dreißigjährigem Krieg (André Holenstein) 1996. EdG 38
Bauern 1648–1806 (Werner Troßbach) 1992. EdG 19
Adel in der Frühen Neuzeit (Rudolf Endres) 1993. EdG 18
Der Fürstenhof in der Frühen Neuzeit (Rainer A. Müller) 2. Aufl. 2004. EdG 33
Die Stadt in der Frühen Neuzeit (Heinz Schilling) 2. Aufl. 2004. EdG 24
Armut, Unterschichten, Randgruppen in der Frühen Neuzeit (Wolfgang von Hippel) 1995. EdG 34
Unruhen in der ständischen Gesellschaft 1300–1800 (Peter Blickle) 2., stark erw. Aufl. 2010. EdG 1
Frauen- und Geschlechtergeschichte 1500–1800 (N. N.)
Die deutschen Juden vom 16. bis zum Ende des 18. Jahrhunderts (J. Friedrich Battenberg) 2001. EdG 60

Wirtschaft Die deutsche Wirtschaft im 16. Jahrhundert (Franz Mathis) 1992. EdG 11
Die Entwicklung der Wirtschaft im Zeitalter des Merkantilismus 1620–1800 (Rainer Gömmel) 1998. EdG 46
Landwirtschaft in der Frühen Neuzeit (Walter Achilles) 1991. EdG 10
Gewerbe in der Frühen Neuzeit (Wilfried Reininghaus) 1990. EdG 3
Kommunikation, Handel, Geld und Banken in der Frühen Neuzeit (Michael North) 2000. EdG 59

Kultur, Alltag, Renaissance und Humanismus (Ulrich Muhlack)
Mentalitäten Medien in der Frühen Neuzeit (Andreas Würgler) 2009. EdG 85
Bildung und Wissenschaft vom 15. bis zum 17. Jahrhundert (Notker Hammerstein) 2003. EdG 64
Bildung und Wissenschaft in der Frühen Neuzeit 1650–1800 (Anton Schindling) 2. Aufl. 1999. EdG 30
Die Aufklärung (Winfried Müller) 2002. EdG 61
Lebenswelt und Kultur des Bürgertums in der Frühen Neuzeit (Bernd Roeck) 2., um einen Nachtrag erw. Aufl. 2011. EdG 9
Lebenswelt und Kultur der unterständischen Schichten in der Frühen Neuzeit (Robert von Friedeburg) 2002. EdG 62

Religion Die Reformation. Voraussetzungen und Durchsetzung (Olaf Mörke) 2., aktua-
und Kirche lisierte Aufl. 2011. EdG 74
Konfessionalisierung im 16. Jahrhundert (Heinrich Richard Schmidt) 1992. EdG 12
Kirche, Staat und Gesellschaft im 17. und 18. Jahrhundert (Michael Maurer) 1999. EdG 51
Religiöse Bewegungen in der Frühen Neuzeit (Hans-Jürgen Goertz) 1993. EdG 20

Politik, Staat, Das Reich in der Frühen Neuzeit (Helmut Neuhaus) 2. Aufl. 2003. EdG 42
Verfassung Landesherrschaft, Territorien und Staat in der Frühen Neuzeit (Joachim Bahlcke)
Die Landständische Verfassung (Kersten Krüger) 2003. EdG 67
Vom aufgeklärten Reformstaat zum bürokratischen Staatsabsolutismus (Walter Demel) 2., um einen Nachtrag erw. Aufl. 2010. EdG 23
Militärgeschichte des späten Mittelalters und der Frühen Neuzeit (Bernhard R. Kroener)

Das Reich im Kampf um die Hegemonie in Europa 1521–1648 (Alfred Kohler) Staatensystem,
2., um einen Nachtrag erw. Aufl. 2010. EdG 6 internationale
Altes Reich und europäische Staatenwelt 1648–1806 (Heinz Duchhardt) Beziehungen
1990. EdG 4

19. und 20. Jahrhundert

Bevölkerungsgeschichte und Historische Demographie 1800–2000 Gesellschaft
(Josef Ehmer) 2004. EdG 71
Migration im 19. und 20. Jahrhundert (Jochen Oltmer) 2010. EdG 86
Umweltgeschichte im 19. und 20. Jahrhundert (Frank Uekötter) 2007. EdG 81
Adel im 19. und 20. Jahrhundert (Heinz Reif) 1999. EdG 55
Geschichte der Familie im 19. und 20. Jahrhundert (Andreas Gestrich) 2. Aufl.
2010. EdG 50
Urbanisierung im 19. und 20. Jahrhundert (Klaus Tenfelde)
**Von der ständischen zur bürgerlichen Gesellschaft (Lothar Gall) 1993.
EdG 25**
Die Angestellten seit dem 19. Jahrhundert (Günter Schulz) 2000. EdG 54
**Die Arbeiterschaft im 19. und 20. Jahrhundert (Gerhard Schildt)
1996. EdG 36**
Frauen- und Geschlechtergeschichte im 19. und 20. Jahrhundert (Gisela Mettele)
**Die Juden in Deutschland 1780–1918 (Shulamit Volkov) 2. Aufl. 2000. EdG 16
Die deutschen Juden 1914–1945 (Moshe Zimmermann) 1997. EdG 43**
Pazifismus im 19. und 20. Jahrhundert (Benjamin Ziemann)

Die Industrielle Revolution in Deutschland (Hans-Werner Hahn) Wirtschaft
**3., um einen Nachtrag erw. Aufl. 2011. EdG 49
Die deutsche Wirtschaft im 20. Jahrhundert (Wilfried Feldenkirchen) 1998.
EdG 47**
Agrarwirtschaft und ländliche Gesellschaft im 19. Jahrhundert (Clemens Zimmermann)
**Ländliche Gesellschaft und Agrarwirtschaft im 20. Jahrhundert (Ulrich Kluge) 2005. EdG 73
Gewerbe und Industrie im 19. und 20. Jahrhundert (Toni Pierenkemper)
2., um einen Nachtrag erw. Aufl. 2007. EdG 29**
Handel und Verkehr im 19. Jahrhundert (Karl Heinrich Kaufhold)
**Handel und Verkehr im 20. Jahrhundert (Christopher Kopper) 2002. EdG 63
Banken und Versicherungen im 19. und 20. Jahrhundert (Eckhard Wandel)
1998. EdG 45
Technik und Wirtschaft im 19. und 20. Jahrhundert (Christian Kleinschmidt)
2007. EdG 79**
Unternehmensgeschichte im 19. und 20. Jahrhundert (Werner Plumpe)
**Staat und Wirtschaft im 19. Jahrhundert (Rudolf Boch) 2004. EdG 70
Staat und Wirtschaft im 20. Jahrhundert (Gerold Ambrosius) 1990. EdG 7**

Kultur, Bildung und Wissenschaft im 19. Jahrhundert (Hans-Christof Kraus) Kultur, Alltag,
2008. EdG 82 Mentalitäten
**Kultur, Bildung und Wissenschaft im 20. Jahrhundert (Frank-Lothar Kroll)
2003. EdG 65**
Lebenswelt und Kultur des Bürgertums im 19. und 20. Jahrhundert
(Andreas Schulz) 2005. EdG 75

	Lebenswelt und Kultur der unterbürgerlichen Schichten im 19. und 20. Jahrhundert (Wolfgang Kaschuba) 1990. EdG 5
Religion und Kirche	Kirche, Politik und Gesellschaft im 19. Jahrhundert (Gerhard Besier) 1998. EdG 48 Kirche, Politik und Gesellschaft im 20. Jahrhundert (Gerhard Besier) 2000. EdG 56
Politik, Staat, Verfassung	Der Deutsche Bund 1815–1866 (Jürgen Müller) 2006. EdG 78 Verfassungsstaat und Nationsbildung 1815–1871 (Elisabeth Fehrenbach) 2., um einen Nachtrag erw. Aufl. 2007. EdG 22 Politik im deutschen Kaiserreich (Hans-Peter Ullmann) 2., durchges. Aufl. 2005. EdG 52 Die Weimarer Republik. Politik und Gesellschaft (Andreas Wirsching) 2., um einen Nachtrag erw. Aufl. 2008. EdG 58 Nationalsozialistische Herrschaft (Ulrich von Hehl) 2. Aufl. 2001. EdG 39 Die Bundesrepublik Deutschland. Verfassung, Parlament und Parteien (Adolf M. Birke) 2. Aufl. 2010 mit Ergänzungen von Udo Wengst. EdG 41 Militär, Staat und Gesellschaft im 19. Jahrhundert (Ralf Pröve) 2006. EdG 77 Militär, Staat und Gesellschaft im 20. Jahrhundert (Bernhard R. Kroener) 2011. EdG 87 Die Sozialgeschichte der Bundesrepublik Deutschland bis 1989/90 (Axel Schildt) 2007. EdG 80 Die Sozialgeschichte der DDR (Arnd Bauerkämper) 2005. EdG 76 Die Innenpolitik der DDR (Günther Heydemann) 2003. EdG 66
Staatensystem, internationale Beziehungen	Die deutsche Frage und das europäische Staatensystem 1815–1871 (Anselm Doering-Manteuffel) 3., um einen Nachtrag erw. Aufl. 2010. EdG 15 Deutsche Außenpolitik 1871–1918 (Klaus Hildebrand) 3., überarb. und um einen Nachtrag erw. Aufl. 2008. EdG 2 Die Außenpolitik der Weimarer Republik (Gottfried Niedhart) 2., aktualisierte Aufl. 2006. EdG 53 Die Außenpolitik des Dritten Reiches (Marie-Luise Recker) 2., um einen Nachtrag erw. Aufl. 2009. EdG 8 Die Außenpolitik der Bundesrepublik Deutschland 1949 bis 1990 (Ulrich Lappenküper) 2008. EdG 83 Die Außenpolitik der DDR (Joachim Scholtyseck) 2003. EDG 69

Hervorgehobene Titel sind bereits erschienen.

Stand: Juli 2011

www.ingramcontent.com/pod-product-compliance
Lightning Source LLC
Chambersburg PA
CBHW021357300426
44114CB00012B/1267